日本の著名的無名人 VI

―21世紀日本を地域地方から背負う覚悟の達人たち―

永野芳宣

財界研究所

もくじ

［第1編］久留米大学理事長兼学長　永田 見生 氏
実践的人材育成と地域社会に光を与え続ける達人……5

［第2編］株式会社ブロードリンク代表取締役社長　榊 彰一 氏
リユースで綺麗な地球再生に貢献する達人……47

［第3編］筥崎宮権宮司　田村 邦明 氏
神仏と共生する覚悟を決めた賢人……89

［第4編］イフジ産業株式会社取締役創業者会長　藤井 徳夫 氏

全ては鶏卵と共に生きる覚悟の賢者……131

［第5編］前APEC民間代表
（元三菱商事株式会社代表取締役副社長・元日銀政策審議委員）
亀崎 英敏 氏
地方創生ナンバーワンの街創りを目指す達人……177

［第6編］元 株式会社インテック会長
（現アイザック最高顧問）
中尾 哲雄 氏
渾身の社会貢献こそ、生涯現役の価値有りという達人……239

［第7編］前 株式会社博多座代表取締役社長
（現 取締役相談役）
芦塚 日出美 氏
電力から道州制&博多文化を懸命に追求する達人……297
あとがき……359

第１編

久留米大学理事長兼学長　永田見生氏

実践的人材育成と地域社会に光を与え続ける達人

【この編に登場する方々】（順不同、敬称略）
永田見生　村田博文　渡辺清孝　薬師寺道明　永田恒久　山田清志　横倉義武　亀崎英敏　石川和男
立石厚　瓦林達比古　末松誠　清家篤　五百旗頭真

〔歴史上の人物〕
室生犀星　石橋徳次郎　石橋正二郎　卑弥呼　豊臣秀吉　毛利元就　小早川秀包　立花宗茂　黒田官兵衛　石田三成　有馬豊　ルカ・パチリオ

九州の名医、久留米大学理事長兼長永田見生

福岡県久留米市といえば、筆者の故郷であるが、今までこの随筆では取り上げなかった。かつて、若い頃に読んだ「ふるさとは遠くにありて思ふもの」という室生犀星の詩の影響かもしれない。しかし、何となく触れて来なかったのには、理由がある。

それは、ビジネス誌『財界』の主幹・村田博文氏に、15年前に連載を書き始めた頃だったが、「もしもこの連載が20年以上休まず続き500回を超え、95歳になっても書いていた時は、お祝いをして頂けますか」と、問うてみると主幹がにこにこ顔で「そうなったら目出度い。表紙に出てもらい、同時に特製のブロンズ像でも贈りますよ」と言って握手をしてくれた。

むろん口約束だから、忘れたと言われればそれまでだが、男の約束だと思って密かに期待し頑張っている次第だ。だから、村田主幹がお祝いをしてくれる時まで、郷里のことはとっておき、その時期が来たらしっかり書こうと思ったのだった。

だが、考えて見ると私には郷里は二つある。この久留米と東京だ。長さからいえば、東京の方がずっと長い。

そこで、考えてみた。東京のことは95歳までとっておこう。久留米は、私のちょうど一回り前の年男の《38歳！》の歳に書いても良かろう。そう思っていたところ、何とも都合よく、最も心を許し合える男の1人、渡邉清孝が、とても立派な久留米の人物を紹介してくれた。

地元久留米の幕藩体制以来著名な、元藩校の県立明善高校の出身で、しかもその清孝の同級生、現在

久留米大学理事長兼学長の永田見生である。彼を今回取り上げることにしたついでに、久留米という土地を、若干紹介しようと思う。

私が清孝に誘われて学長の永田見生に初めて会ったのは、２０１２年の10月だったと記憶している。その後、清孝が溝江建設の会長に就任した直後、彼の部屋で会ったのが２０１３年の4月。そして、どうせ紹介するなら、久留米の街のどんなところに、どんな姿で永田見生の大学があるのだろうか。それを是非知りたいと思った。

その意を、清孝を通じて話したところ、見生が忙しい中をぬってキャンパスを汗だくで案内してくれた。同時に約３時間以上自分の出自や経歴や趣味などについて、真に臆することなく自然体で気楽に語ってくれた。実に篤実な方だと感心する一方、こういう人物こそ、この随筆に取り上げるにピッタリな達人に違いないと思った次第だ。

永田見生氏（右）と同大学特命教授・渡邉清孝氏

生まれも育ちも仕事も郷里で過ごす

見生は整形外科を専門とする日本だけでなくグローバルに知られた名医である。そして、正に生まれてから現在に至るまで、自らの故郷に躍動する知識と情熱を傾けて来たという、素晴らしい九州男児の１人だ。

清孝も私も、今や地元に帰り地域社会の発展のために、何がしかの貢献をしていると自負しているのだが、永田見生は、人生の全て65年間地元に根付き、名医として患者を診断し手術を施す、医師の本領を発揮すると同時に教育者として人材育成にもしっかり尽力している、真に大切な地元の逸材の1人である。だから、敢えて紹介する価値があるのだ。

一方渡邉清孝は、大学で東京に出た。一橋大学から三井物産に入社、主に鉄鋼部門で力をふるい、北米大陸に17年間滞在した。百戦錬磨の日本経済成長期をハングリーに支えて来た、企業戦士の1人である。だから、地元久留米に戻って来る余裕はなかった。

一方私は、残念ながら父親が国家公務員の端くれだったため、転勤に伴って終戦直後、一家諸共に焼野原の東京へ移住。何とも60年間以上、発展成長していく首都東京の姿を見ながら、せっせと過ごしてきた。しかもわが家は私を筆頭に8人もの子宝に恵まれた。その大黒柱の両親は疲れ果てたのか、今から35年も前にあっという間にばたばたと倒れた。それっきり、郷里久留米との縁も途絶えた。

私は一介の勤め人。地元には、とても帰れない。急遽用意した多摩墓地の小さな墓に両親は今でも眠っている。

九州転勤で付き合い始めた永田と渡邉

ところが、縁とは奇なものだ。すでに15年前になるが、私がようやく郷里に帰り、地元の電力会社のアドバイザーになる。同時に、恩返しのつもりで大学にて若者の教育に携わることになった。5、6年が過ぎたちょうどその頃、三井物産の常務執行役員に昇進していた渡邉清孝が、郷里九州の支店長として赴任して来た。

気取らず、しかも人脈豊富で気軽に何処にでもまた誰とでも付き合う清孝が当然故郷の久留米を訪問し、母校の明善高の仲間と今までよりも親しく交流し始めた。その中で、以前から同窓会などでも時々顔を合わせる度に言葉を交わすようになっていた同級生の永田見生とは、殊の外親しくなっていった。

過ごしてきた2人の世界は全く違う。〝ウマが合う〟とよくいうが、国際感覚豊かで事務系ながら医療や医学などの世界にも詳しく、気さくな清孝。だが彼は、長年地元とはあまりかかわってこなかった。一方の見生は、理系でまぎれもなく医者という技術屋である。彼は久留米大学医学部を卒業し、種々の修練を積んで、整形外科、特に脊椎・脊髄外科医の、日本で指折りの名医として活躍していた。しかも、真に性格が温厚篤実で、すでに母校の医学部整形外科学教室主任教授となっていた永田見生。この2人が、急激に一層仲良くなるのは、自然の成り行きだ。

その後清孝は、三井物産を退職したが、彼の20年近い北米大陸での国際的活躍を見越し、地元の電力会社の貴重なアドバイザーとなった。その後も、経営実務の優れた素質を世間が見落とすはずはない。

現在彼は、福岡に本社を置く一部上場の総合メディカルの取締役、酒類卸業を仲介する株式会社ルネサンス・プロジェクトの顧問、それに溝江建設株式会社の会長を務めている。また永田学長も、彼を放って置かない。清孝を、早速特命教授に迎え入れて、大学改革の良きアドバイザーにした。

久留米大学本館玄関前での永田氏

「私は、父親の永田病院をいずれは継ぐつもりでいたので、学長を命じられるなどとは殆ど考えておりませんでした」

学長室で面談した折、人懐っこい目と笑顔で語り掛けてくれた永田見生の言葉は、正直そのものだと思った。

手元に『永田見生主任教授、退職記念誌』と題する百余頁、カラー刷りの立派な冊子がある。彼は選挙で推挙されて、久留米大学学長に２０１２年１月から就任するが、その１年前には整形外科教室の主任教授として最終講義と最終手術を終えた写真が掲載されている。彼の長年の功績に報いるために出版されたものだ。

〝主任教授〟というのは、我々事務系の感覚では、とても実感が湧かない。だが、何しろこの記念誌に祝辞を述べている人たちを見ると、薬師寺道明前学長以下ＯＢ会（同門会）の方々を含め、約30名。それに、永田見生が直接指導した学位論文の取得者が約40名。直接教えを受けた学生は何百人あるいは１０００人以上に及ぶのではないだろうか。

懇談した折に提供してくれた面白い雑誌の記事があった。「週刊文春」の２０１３年４月17日号に「社長の出身大学」という特集記事である。

その総合ランキングでは、日本大学が２万５６９７人でトップ、２位が慶應義塾大学の１万３４７３人、３位早稲田大学の１万２４３５人、以下30番目が明治学院大の２１６０人であり、ここには久留米大学は出て来ない。銀行、百貨店、不動産、ゼネコンなど16業種の中の一つに、病院という項目があった。

そこに、何と久留米大学が２２４人というトップでの名前が出ていた。２位が日大１８２人、３位日本医科大１６１人、慶應大は７位の１０４名、８位が九州大の99名となっていた。

病院とは、入院患者のベッドを20床以上持ったところであり、常識的には少なくとも25床以上ぐらいは持たないと、維持は難しいと言われる。

久留米大の医師たちは、高齢化社会を、否応なく受け入れざるを得ないわが国のこれからを考えると、このことは現実問題として、極めて重要なことであると思った次第である。

名物、久留米大10万坪の二つのキャンパス

「勉強嫌いの私は、小学校４年までは学校から帰宅するなり、玄関にランドセルを放り投げ、暗くなるまで外で遊びまわっていました。これではいけないと親が心配したのでしょうか、５年生になって家庭教師が来るようになりました」

これは、永田見生が久留米大学医学部整形外科の主任教授を辞任した時、贈られた退職記念誌挨拶文の冒頭の一節である。

続く内容を要約すると、家庭教師が付いても勉強に身が入らない。そこで、図画工作が専門だったこの家庭教師と一緒に模型の自動車や飛行機を作ったのがきっかけで、逆に勉強好きの少年になっていったという。

「三つ子の魂、百まで」という諺通り、その面影が残っていると思ったのは、永田の長年の趣味の一つに「絵画の創作」があるからだ。その点について触れたいが、その前に久留米大学は何処にあるのかを全国の読者に示しておく必要があろう。

久留米大学は、九州新幹線停車駅のＪＲ久留米駅から、車で５分とかからない筑後川沿いの旭町に「旭町キャンパス」、そしてもう１カ所、旧市街地を跨いだ緑豊かな耳納山麓に近い御井町に「御井キャンパス」とに分かれている。

明善高校の正門（明治44年に大本営が置かれた際のもの）

それぞれ、約5万坪の敷地が広がる。ところが双方は、正に久留米市の繁華街を挟んで、概ね東西に直線距離で4キロほど離れている。旭町キャンパスは1928年に開設された同大学の母体である医学部と大学病院が中心。一方御井キャンパスは戦後の創設であり、文系4学部と、もう一つ進学校で有名な久留米大学附設中学校と高校がある。（こちらは敢えて野中キャンパスと称している）学長の永田は、大学時代にはラグビー選手として俊敏ラガーと渾名を取ったスポーツマンだ。

理事長室および学長室は久留米大学本部すなわち旭町のキャンパス内にあるため、彼が文系各学部や附設中学高校に出掛ける際は、せっせと歩いて、1時間はかかるだろうからきつい。それに、〝時間は大切な資源〟といわれる今の時代だ。車でなら片道最低15分ないし20分、往復30、40分。だが、今述べたように時間は資源と考えれば勿体ない。テレビ会議を増やすか、学長代行を置くか。近い将来の課題だと語ってくれた。（2017年から永田は理事長も兼務するようになっている。また、最近学長を補佐する副学長を置いている）

理事長兼学長の永田が鎮座する、旭キャンパスの見るからに古風な、しかし威厳のある洋式鉄筋と木造を併用した本部3階建ての建物は、86年前の昭和3年（1928）2月、この大学の前身、「九州医学専門学校」が創設されたその翌年、石橋徳次郎、正二郎（ブリヂストンの創設者）兄弟の寄付により建設され、同時に学校に寄贈されたものである。1万坪の土地も石橋家の寄贈だった。正二郎の立派な立像が、玄関右の植え込みの中に建てられている。また、その場所は親友で同級生の渡邉清孝と永田見生が学んだ、久留米藩校「県立明善高校」の近くである。

横道に逸れるが、昭和3、4年というのはどういう時期だったか。文献を紐解くと、正にわが国の政治・外交・経済などの歴史に名を留める、その分水嶺に当たるような年だった。昭和3年4月日本商工会議所創設、同年11月昭和天皇即位礼というめでたいことがある一方、同3月左翼政党大弾圧、同六月張作霖爆死すなわち満州事変勃発、翌年10月ニューヨーク株式市場大暴落で、世界恐慌が始まるという状況である。

だが、久留米地方においては、医療分野の充実と人材の育成を目指して、著名な石橋家という篤志家により、今日に繋がる新たな学校がしっかりと産声を上げていたという事実。それを知ってもらいたいと思った次第だ。

私が、初めて永田と面談した当時の学長室には、大分の由布岳をモデルにした水彩画が飾ってあった。都合4枚が掲げてあった。標高1583メートルの由布岳は、全国百名山の一つに数えられている名山であり、私も一度カミさんと登ったことがあるが、頂からは遠く大分湾が見渡せる素晴らしい場所だ。

永田見生氏の厳父・故永田恒久氏

さて、この絵について尋ねてみた。「こちらの2枚は実は父親の作品です。私の描いたものはこちらです。ご覧の通り、私より父親の方がずっと才能があって、絵筆の使い方はプロ級です」

そういわれて、改めて双方を見比べてみた。だが、素人の私には優劣は、なかなか分からなかった。

当時の懇談の折は、「親子で同じ山に登り、しかも同じようなアングルで描き続けられる……とても羨ましくて、幸せなご一家ですね」と述べたところだった。永田は、満足げに笑顔を作った。ところが、突然のことだったが、ごくごく最近この素晴らしい厳父の永田恒久は90歳の長寿を全うして永眠したという。私の両親は、すでに35年以上も前に亡くなっているが、永田の厳父は未だ元気だとその折に聞いていたので、この随筆をそのうち読んでもらおうと密かに思っていた。

子供が成長し偉くなっても、両親から見るとあくまでも可愛い子供だ。特に父親は、子供に向かい正面切って褒めたりしない。しかし、内心の期待は、逆に実に大きいのだ。そういう意味でも、亡くなられたと聞き、誠に残念でならない。

いずれ、彼に頼んでご冥福を祈りながら、恒久厳父の墓前に拙文を捧げてもらおうと思っている。

久留米と大牟田で生まれ育つ

永田は、昭和24年（1949年）2月、整形外科医永田恒久・愛子夫妻の長男として、恒久が勤務する久留米にある国立久留米病院で元気な産声を上げた。こうして見生は久留米で幼年期を過ごし、東国分小学校へ入学する。しかし、この時期に厳父恒久が大牟田で整形外科を開業したため2学期には大牟田の小学校へ転校することとなる。

永田の兄弟は2人であり、妹は医者に嫁ぎ、見生は医師としては4代目になるいわば、〝お医者さん〟一家である。前回述べたように、これから急激に世界でも稀に見る、超高齢化に突き進むことになるわが国にとって、医療福祉の充実は喫緊の課題だ。いくら施設などが整い、先端医療が施せるといっても、機器を駆使して立派に治療が出来る医者がいなくては、どうにもならない。

また一方で、地元を支える重要な人材がその同じ地域の大学からより多く輩出し、種々の業種と分野に就業する。そうして、いずれはこの地方の重要な産業の核に成ってもらい、社会貢献をも含めた連帯的な絆を創り上げることが、重要かつ必要なのである。久留米大学の卒業生が、地元とどの程度結び付きがあるかを、尋ねてみた。

「正に地方の時代ですから、卒業した学生には出来るだけ地元で就職してもらいたいと、長い間努力している結果でしょうが、約１０００名の文系学部の卒業生のうち、半数は福岡県内、他県を入れると、7割以上が九州に就職するようになりました。また、医学部の卒業生約１００名も、８割が九州内に就職しております」

永田学長が、笑顔で答えてくれた。

近年の入学式で祝辞を述べる永田見生学長

学長告辞に必ず出て来る歴史文化の紹介

この大学の二つのキャンパスの詳細については、後述するが、まず私が取り挙げたいと思ったのは、毎年の永田の新入生歓迎挨拶と卒業生への祝辞のユニークさである。

懇談の折「永田先生は、どんな挨拶をされるのですか」と、さりげなく聞いてみた。

すると「普通のお祝いを述べても、印象に残らないでしょう。だから、私は敢えてこの大学に学んだ若者が、一つでも二つでもこの久留米を中心とした筑後地方とは、どういう由緒ある所かいうことを、是非覚えてもらいたいと考えながら、毎年同じように地元の歴史を話しているんです」という返事が返って来た。

なるほど、そうすればこの地方に愛着を持ち、この地で骨を埋めようという人物も出て来るということだろう。生まれも育ちも仕事も、郷里で過ごしてきた永田ならではの卓見である。

そこで、その祝辞を見せてもらった。まず、2013年度の入学式の祝辞と、2014年度の同じく祝辞の原稿を読んでみた。見比べてみると、現状認識などに触れた部分については、流石に時代の変化を捉えて、毎年違った内容のものを簡潔に述べている。だがこれに対して、地域の歴史、文化を紹介する部分の内容は、殆ど変わっていない。しかもあまりにも詳しく、良く出来ている。では早速、例示してみよう。

これは、この4月に新入生に「遠方の方や留学生もいるので久留米とはどういう所か紹介したい」と述べた内容である。

◇「久留米」の由来には定説はない。だが、1800年前〜1500年前の古墳時代は、九州では久留米が農産物の最大の出荷地だったようだ。このためか久留米大学のすぐ近くには、卑弥呼の墓と思しき祇園山古墳など多くの古墳が発見されている……卑弥呼が出て来るし、なかなか関心を引く実にうまい引用であると思った。

◇筑後川の南岸耳納《みのう》山麓には、奈良よりも多く、うきは市と久留米市を合わせると28基の装飾古墳がある。

◇御井キャンパスの東側に聳える高良山には、総延長２・６㌖におよぶ神を囲む石（神籠石）という列石群がある。高良大社は、重要文化財だ。

◇「神籠石」は霊域説と山城説の大論争があるが、「山城説」が有力である。それは、西暦６６３年の白村江の戦いで唐・新羅の連合軍に敗れ、日本軍と共に百済の残党が九州に逃れたおり、連合軍が攻めてきた場合の防衛陣地として造られたという話である。

このように先ず永田学長は、久留米大学がある福岡県久留米市は筑後地域の中心地、人口30万人のこの街では歴史的にどういう政治行政が行われてきたのかと語りかける。彼は、毎年このように新入生に対する祝辞の中で、とても詳しくそうしたレクチャーを繰り返してきているのだ。

永田のレクチャーを、続けて分かり易く要約すると以下の通りである。

◇九州地域は、中世以来政治の中心地であった京都や大阪から遠く離れていたため、「九州」といわれるように、戦国時代を通じて小競り合いが続いたが、薩摩の島津家を中心に、概ね九つの地域に統括されていた。

◇大きな変化が生じたのは、１５８０年代に豊臣秀吉の島津討伐が始まり、九州が平定されたことである。

◇秀吉は、特に筑後地域は九州における〝軍事的な要衝〟だとして、５大名を配置し戦乱の世は収まった。この時秀吉は、５大名の中に自らの腹心を配することにした。その１人が久留米藩主である。そこには、秀吉が寵愛していた毛利元就の第９子で小早川家の養子だった《元包》を起用した。彼の名前「秀」の字を入れさせ《秀包》と改名し、13万石大大名の久留米城主に抜擢した。

久留米大学御井キャンパス（写真上）と図書館

もう1人の腹心は直参の立花宗茂であり、8万石の柳川城主に据えた。こうして、この2人を軸に九州鎮定に当たらせたわけである。なお、学長永田見生の郷里〈大牟田〉は、江戸時代は1万石の三池藩という小藩であった。

◇久留米城主としての小早川秀包の治世は、13年間であったが、この時代に久留米の城下町の原型が整ったといわれており、彼の業績は大きい。

◇大河ドラマの軍師官兵衛は、小早川秀包と親密な関係であった。西暦1600年の関ヶ原の戦いで、西軍（反徳川）に味方した久留米藩は、黒田・鍋島連合軍に支配される。だが、秀包の一族が毛利領に移され生き延びたのは、黒田官兵衛の計らいだという。大河ドラマの参考にしてもらいたいと、永田学長は新入生に語り掛けている。

◇さて関ヶ原の戦いで、石田三成を捕える武勲をたてた田中吉政という人が1601年筑後国1国32万石を与えられ、久留米藩はこれに併合される。しかしながら、田中家の二代目に世継ぎがなく改易となった。

◇そして、丹波福知山から1621年有馬豊氏が、突然に久留米藩21万石の藩主になった。それからの250年間、久留米は変わることなく安泰であり、幕末まで有馬藩の治世が続くことになった。

学長永田見生のレクチャーは、以上の2倍ぐらい詳しいが、紙面の都合もあり要約したことをご容赦頂きたい。

序ながら、最近は入学式で祝辞を英語で述べるところもある。京都大学や、つい最近では、私が親しくしている東海大学の山田清志学長も英語で挨拶している。「学生は解らなくても良いのです。入学式のことなど、多分年を取るごとに忘れるでしょう。だが、英語で学長が話したということは、一生憶えていてくれるでしょう」山田学長はそう述べている。なるほどと思った。

久留米の歴史は御井・旭町両キャンパスに息付く

入学式というのは、新入生にとって、緊張の連続であり、見ること、聞くこと、全てが新鮮であり初体験だろう。よって確かに、こうした歴史を入学式で学長が詳細に説明するというのは、ユニークであるが、それは同時に学生を大学の大切なクライアントと考えれば、これほど素晴らしいサービスだと思う。先ほどの山田東海大学学長の話と重ねて、永田見生学長の配慮が良く解る。

古代から中世、そして戦国時代から徳川江戸幕府の時代までレクチャーすると、きっと学生たちの頭に、この久留米という地域の歴史と文化の奥深さが、何がしか残るであろう。それが、学長永田の奥深い戦略でもある。

年度初めの「入学式」という重要な行事は、重要文化財が眠る正にその地に展開する御井キャンパス（文学部、法学部、経済学部、商学部）および野中キャンパス（附設中学校・高等学校等）の中に、しっかりと結び付いているということだろう。合計約5400名の大学生と、同じく約1100名の中学・

高校生が集う。もちろん、医学部が中心の旭町キャンパスにも約1300名の学生がおり、理事長兼学長の語り口を真剣に聞いていた。

しかも、ここには66万冊を超える蔵書が保管されている。また医学関連の図書27万冊余は、旭町キャンパスに保管されている。もちろんその中には、世界的な文化遺産や歴史的な医学書、それに先ほどから学長永田見生が重要視する〝筑後の歴史と文化資料〟がある。例えばちょうど私が図書館を含め、学内を丹念に見学させてもらったおり、簿記・会計学の分野では世界最古といわれるルカ・パチオリ（1445〜1517）の簿記書等を所蔵する「ハーウッド文庫」が同大学商学部50周年記念事業として、御井キャンパスの図書館に収納されたことを報じていた。

また上述永田学長の地域文化・歴史の紹介とも関連するが、明治10年（1877）の西南戦争の報道についての企画展が同図書館で公開されていた。この御井キャンパスの図書館は、午前9時半から午後9時（土日は6時）まで、一般市民に無料で公開されている。学生はもちろん、地域社会の人たちも大いに活用できる貴重な財産である。

魏志倭人伝から「呉女」と「久留米」

ついでながら、私が若干以前から調べてきたことがあるが、それによると「久留米」の根拠は、《呉女》から来ているようである。《呉女》が《久留米》になったようだ。

古墳時代（西暦200年頃）を描いた魏志倭人伝の中に《生口《せいこう》》という言葉が出てくる。中国の後漢時代だ。同書の説明によると、「生口とは、中国の皇帝と倭王国との間で〝人間〟を贈り物としてやり取りすることだ」と書いてある（※注　私は、20年前それを基に〈生口物語〉という小説を書いている）。

もちろん、卑弥呼或いはそれ以前の時代だろうが、中国の皇帝と倭の国、すなわち多分日本の九州を支配する王との間に、「生口」のやり取りがあったものと思われる。そして、これも多分ということだが、後漢の〝呉〟の国から九州の筑紫地方を治める王に「生口」として、立派な美女が贈られて来たのではないだろうか。

その《呉女》は、高貴な身分の女性だったように思われる。先に述べた、学長の新入生への祝辞の中に、「久留米は古代から、農産物の宝庫だった」という言葉があったが、ひょっとすると遠い昔は、この地方から高貴な彼女の国に向け「米」や「茶」のような貴重品を献上していたのかもしれない。ということで、いずれにしてもいにしえの話であるが、もし良かったら永田にこのことを入学式に話してもらおうかとも思っている次第だ。

永田見生の語り掛け〝チャレンジと夢実現〟

さて本論に戻ろう。手元に、「久留米大学　２０１７」というカラー刷りＡ４判、１５０ジペーの綺麗な冊子がある。要するに、これから久留米大学を目指す若者にこの大学を紹介する大学案内だ。

学長永田見生の堂々とした笑顔の写真と共に、「将来を切り拓く自己成長を」と題するタイトルとメッセージが書かれている。

「長い人生の中で、時間を自由にかつ有効に使うことができる《大学時代》。大学で過ごす時間は、勉学はもちろん、サークルや趣味など、個性に磨きをかけたり、自分の強みを見つけて伸ばすことができ

学生時代、永田氏はラグビーに熱中した（写真右側が永田氏）

る絶好のチャンスです」

まず永田の鮮やかな、短い言葉が見事に描かれている。

次いで、永田は「（諸君には）久留米大学在学中に、積極的に二つのことを取り組んでほしいと考えています」と注文を付けている。

久留米大学学長の永田見生が、新入生に強調してきた二つのことがある。第一は、目的意識を持って熱中出来ることを見つけ、それに真剣に取り組むこと。第二に「資格」を取ること。

グローバリゼーションとＩＴ社会の中にいる若者に対して、実に的確なアドバイスだと感心した。

第一の点だが学長は、次のように語りかけている。「一つ目は、目的意識を持つことです。自身が関心のある熱中できることを見つけて、精一杯打ち込みましょう。勉学でもサークルでも構いません。一生懸命取り組むことは、人間形成につながり、人としての幅を広げます。また、苦楽を共にした仲間は一生涯付き合える《真友》になります。きっとみなさんも夢中になれることをとおして《真友》と出会うことができるでしょう」

永田学長が述べる《真友》とは実に味のある言葉だ。以前、ＮＨＫの連続テレビ小説「花子とアン」から、「腹心の友」という言葉が流行ったが、私は永田がいう《真友》の方がとても良い言葉だと感心している。

二つ目に強調するのは《資格を取れ》、そして、国内だけでなく世界でも通用する〝キャリア〟になれということである。

彼が主張する理由は、極めて明瞭だ。すなわちこれからは、ますます地球が狭くなると言われるように、グローバル化の時代だからだ。例えば、組織社会のわが国ではあるが、『会社というような組織』が、全ての面倒を見てくれるという時代は、もはや過ぎ去った。定年後は、それまで帰属して来た組織の傘に頼ることは出来ない。自らの能力と努力で、老後を切り開いていくしかない。

こうしたことを前提に、永田学長は新入生に呼びかけ人生の計画を、大学に入った時からしておけと呼び掛けているのだ。時間が資源といわれるぐらい〈変化のスピードは激しくどんどん短くなっていく〉。だが、〈生活はますます長く人生１００歳時代に近づいていく〉。流石に、渡邉清孝が選んだ永田見生という人物は、奥が深いと思った。

久留米大学御井キャンパスの教室

とにかく大学に取っては、新入生は《金の卵》だ。学長の永田が強調するのは、上述のようなわが国の明確な社会構造の変化を捉えて、いみじくもこれから入学し、近い将来実社会に巣立たなければならない金の卵の学生には、「今からその覚悟を持て」と強調しているのが、〝資格を得よ〟、〝プロになるためのキャリアを得よ〟というメッセージなのである。

卒業し、彼らは何処かに就職し組織に帰属する。そして何時かは、組織から必ず離れなければならなくなる。もちろん、昔と違って転職も当り前になってきている。その時に、何らかのれっきとした資格すなわちキャリアとしての公式認定書が在れば、きっと独り立ち出来る道が必ず開けるという、金の卵たちへの立派なメッセージなのだ。

“資格キャリア”は人生の道しるべ

学長の永田は、「資格すなわちキャリアの証明書を持つことは、《人生の道しるべ》でもある」と強調する。このためか、久留米大学では、すでに述べた入学を希望する学生向けのパンフレットでも、学部ごとにきめ細かな資格の取得要件を列挙し、この大学が如何に入学した金の卵の学生たちを、大事に育てようとしているかを明確に示しているのだ。

例示して見よう。

◇文学部心理学科：認定心理士、図書館司書、博物館学芸員、高校教諭一種他

◇同右情報社会学科：社会調査士、上級情報処理士、ウェブデザイン実務士、秘書実務士他

◇同右国際文化学科：小・中・高教諭一種、学校図書館司書教諭出願資格、博物館学芸員他

◇同右社会福祉学科：社会福祉士国家試験受験資格、小・中・高教諭一種、産業カウンセラー受験資格他

◇人間健康学部総合こども学科：幼稚園教諭、保育士、レクリエーション、インストラクター他

◇同右スポーツ医科学科：中高教諭一種（保健・体育）、アスレティックトレーナー他

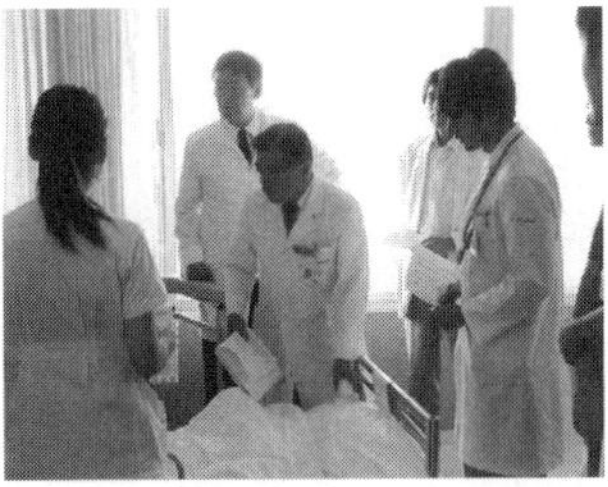

永田学長の最後の教授回診

◇法学部法律学科：中・高教諭一種、司法書士、行政書士、マンション管理士、法学検定他
◇同右国際政治学科：同右の他に、ビジネス実務法務検定、実用英語技能試験他
◇経済学部経済学科：中・高教諭一種、宅地建物取引主任者、旅行業務取扱管理者他
◇同右文化経済学科：同右他証券外務員、障害者スポーツ指導員、ファイナンシャルプランナー
◇商学部商学科：中・高教諭一種、図書館司書、公認会計士、税理士、日本商工会議所簿記検定他
◇医学部医学科：医師国家試験受験資格
◇医学部看護学科：看護師・保健師国家試験受験資格、養護教諭二種、第一種衛生管理者免許

全11学科について、このように決して欲張らずに、しかし学生たちが地道に資格（キャリア認定）を目指せるように詳細に紹介している。しかも、この大学では「キャリア・就職支援プログラム」という特別の講座を、全学生を対象に設けているのが印象的だ。1年生の時点から学生たちは順次、時間の許す限り自由に申し込んで、キャリア教育科目や資格取得講座を、さらには3年生から就職・進路サポートプログラムを受講出来る。

現地企業と連携し就職支援など

もちろん、今やどの大学でも当たり前のことかも知れないが、久留米大学では特に「教育・学習支援センター」を２００４年度から設け、「就職・キャリア支援課」と協調して、極めて親切に学生の希望や特性を踏まえて、地域の企業とも連携し事業所などへの訪問も織り込んで、適切な個人指導に徹している。このため、最近の就職率は殆ど１００％近い状況である。

具体的にいえば、この大学の就職・キャリア支援課が行っている就職支援の特徴といってもよいが、地元の有力企業と提携して、毎年春休みを利用して希望する学生を2日間の日程で、就職合宿を行っている。2013年は120名ずつ4回に分けて、銀行・証券・保険・自動車・不動産・サービス・運輸・製造業など30社程度の企業に模擬面接を実施してもらった。その結果が、確実な就職に繋がっていることはいうまでもない（医学部の場合は、別途取り上げる）。

また、久留米大学は学生数が約7千名（1学年13学科約1500名）と、いわゆるマンモス大学ではない。ところが研究施設が、極めて充実している。すなわち、外国語教育研究所、国際交流センター、ビジネス研究所、比較文化研究所、経済社会研究所、健康・スポーツ科学センターというように、数多くの研究機関を御井キャンパス内に付設している。また、最近新設された人間健康学部関係のレクリエーション関連設備や保育士のための実技設備なども同じく付設されている。学生たちは自分の特性を生かして多様な指導を受け、充実した施設を活用しながら実力を身に付けるチャンスに恵まれている。

国内外にキラリと光る久留米大学医学部

さて、学長の永田見生が学んできた医学部について、少し突っ込んでみようと思う。

そこでまずは、久留米大学医学部の特徴について率直に聞いてみた。

「現在わが国に医師の資格を持つ者は、厚生労働省の統計によると約30万人です。その中に、わが大学の卒業生が6400人余りいますから、比率でいうと2％です。100人の中の、僅か2人という勘定です。数は少ないのですが、この6400名は日本中の医師たちの中で、それぞれキラリと光る星にな

って、人の命を守るために、それぞれの分野で懸命に活躍し頑張ってい
ます」
学長永田の、温和だがゆっくりと話すその言葉には、とても重みを感
じた。
このように、久留米大学医学部卒の現役医師は、80歳以上の方も何人
かいらっしゃるようだが、２０１３年時点での平均年齢は42歳であり、
総数は、６４２７名だ。このうち自ら開業している者が２５８８名で、
全体の40％は開業医である。残りは病院などへの勤務者２６９２名など

永田学長の最終講義

となっている。

しかも、この40％の開業医のうち、８割以上に当たる２１２６名が、九州、沖縄で病院や診療所を開いているから、正に久留米大学医学部を卒業した医師は、学長の永田同様に、地元で地域にしっかりと貢献している者が、圧倒的に多いということになる。

しかも、学長永田がキラリと光る〝星〟のような存在だというのは、次のようなことだ。すなわち、先に挙げた「週刊文春」の記事に見るように、企業でいえば少なくとも中堅企業以上の社長並みに位置付けられる、いわゆる患者20人以上が入院出来る病床を持つ、〝病院の院長〟と呼称される者の出身大学のランキング。そのトップが、久留米大学であり２２４名だということを指しているのだ。

久留米大出身開業医の1割が病院長

このように、開業医2588名のうち約1割に当たる224名が、病院という経営のトップになっている。永田学長自身、自宅は病床120以上を持つ大病院であり経営者である。因ちなみに、久留米大学附属病院は、今のところ1094病床を持つ九州最大級の総合病院なのである。参考までに述べると、同じ福岡県内にある九州大学附属病院が約1200病床。福岡大学附属病院は、概ね1000病床である。(この「病床」数に関し、種々政府関係の政策が最近話題になっているが、この点は割愛させていただく)

話を戻そう。とにかく、全国の医学部を出た医師で、病院の院長になっている者の総数の比率が、久留米大学がダントツだということは、確かにキラリと光ることであることは間違いない。

すなわちあくまで私の推計だが、手元にある厚生労働省のデータによると、全国の医師約30万3268人のうち、病院に勤務している医師は18万8千人、すなわち6割である。ところが、いわゆる病院は8670カ所しない。要するに、院長は8600余人だから、全体の4・6%である。だから、前述のように久留米大学出身の医師の約1割が病院長というのは、特筆すべきことである。

参考までに、この〝医師〟の定義の中には、歯科医師(10万2551人)は含まれていない。ついでながら、現在薬剤師数は28万52名というのが厚生労働省の正式統計である。但し、後ほど詳しく述べるつもりだが、約20年前と比べて歯科医はあまり増えていないが、医師と薬剤師の数は約2倍に増えている。医療天国日本という一面を、示しているようだ。

本論に戻る。会社でいえば、社長のような存在である病院の院長が、久留米大学出身者の場合約1割いるということは大きな特徴であり、やはり学長の永田自身もそうだが、正にキラリと光る星だという表現は、決して間違ってはいないようだ。

それは、一体何処から来ているのだろうか。

理事長兼学長との懇談の中で分かったのは、やはり同大学医学部の、他とは違う指導方針が、大きく影響しているように思えた。

伝統的に続くしっかりした先輩医師との絆在り

「医学部には、約90年の歴史があります。多数の教授や名医を輩出しています。現在の日本医師会会長、そして、最近世界医師会の会長になられた横倉義武先生も、わが久留米大学の先輩です」と述べた後、学長の永田が次のように、にこやかに説明してくれた。

「今はグローバルな個性尊重の時代ですから、昔のように親の後を継ぐと言うのが普通だった頃とは違います。だから、決して押し付けたりはしません。アドバイスはしますが、自分の進むべき方向などについても、決めるのはあくまで本人です」

こうして、久留米大学では1学年１００人の学生に対して、独り立ちするまで8年間に亘って、概ね50人の教師が熱心に指導に当たっている。

「これは、私どもの医学部のとても優れた特徴ではないかと思います」と、学長が言った。

「今時、随分過保護ですね。コストもかかるでしょうし……」

と、私がうっかり述べた。〝しまった〟、永田が怒るのではないかと一瞬思った。すると、彼は私の顔をしっかりと見ながら、全く逆に笑顔で穏やかに口を開いた。

「人の命を預かる仕事ですから……武士道ですよ。もちろん、先端技術も益々専門技術を磨く必要があります」

彼が武士道と言うのは、〈秘伝〉のことである。先輩教授の指導教官との絆は、医師として先輩が持つ秘伝を、後輩に引き継ぐ場、すなわちサロンづくりということでもある。このため、泊りがけの旅行なども行われる。中には、海外旅行をしながら秘伝を引き継いだりすることもあるようだ。

もちろん、臨床医師としての心掛けや責任の持ち方、それに進むべき方向などについて、とことん納得がいくまで議論することを惜しまないという。

「だから、〝過保護〟ということではないですね」

と言うと、それには直接答えず学長の永田は暫く腕組みをしていたが、一呼吸置いて述べた。

「そういう、先輩医師との絆は今も昔も全く変わりませんね」

すなわち、彼は同窓の医師たちが、次々に新しい時代に即した新たな《秘伝》を身に付け、次の時代を担い、さらに彼らが次の時代へと引き継いでいくことを、学長の永田は当然に期待しつつあることを証明するように、もう一度口を開いた。

「常に、イノベーションがなければいけないと思いますよ。その点、渡邉清孝君は良きアドバイザーです」

友だちの話が出た。久留米大学の永田学長のことを書き始めた時、途中で思わぬ人物が登場するかもしれないと書いたのを覚えている。

日本医師会長横倉義武と同郷の亀崎英敏

それは、現在日本医師会会長として活躍中の横倉義武であろう。政財界などにも信頼が厚く、広く活躍中だと聞いた。もちろん、私はこの大人物に会ったことはない。とすると、誰から聞いたのか。言うまでもなく永田学長である。だが、最近別の人物からも横倉義武の名前を聞いた。

それは、永田見生の随筆を読んだという、前ＡＢＡＣ日本委員の一人、元日銀政策委員会審議委員だった亀崎英敏からの電話だった。

「いやー、懐かしいというか、びっくりして随筆の記事を拝見しましたよ。久留米大学病院には私は若い頃大変お世話になり、命を助けられました。それに、最近時々お会いする医師会会長の横倉義武先生は、久留米大学のご出身ですよ。同時に、この人は自分と出身地が同郷ですよ」というのである。

ごく最近発行された久留米大学の広報誌「ＥＱＵＡＬ」のよると平成30年1月21日同大学医学部同窓生の主催で横倉義武世界医師会会長就任の祝賀会が、同窓生、永田学長以下現役はもちろん同地域の各界の名士など総勢２４０名が集まり、久留米市内のホテルで盛大に行われた様子が報じられていた。世界に向け発信する久留米大学の姿が誌面を飾っていた。亀崎は、福岡県旧山門郡（現みやま市）県立山門高校の出身であるから、医師会会長の横倉義武も同市の出身に違いない。亀崎の話によると、横倉はみやま市の名誉市民になっているそうだ。さて、その亀崎と久留米大学病院との関係は次のような話である。

久留米大学病院の名医

亀崎は、横浜国立大学在学中の昭和37年（1962）に、左耳慢性中耳炎にかかった。それも、かなり難病の様相だったという。診断してもらったが、東京の病院には治せる医師がいなかった。夏休みに帰省した際に、久留米大学病院に名医がいると聞いて早速訪ねたそうである。その上で彼は、中耳炎の数時間にわたる大手術を受け約1カ月の闘病生活ののち、完治して退院した。

「とにかく、久留米大学病院は命の恩人ですよ。だが、もう50年も前のことで、大変失礼ながら執刀して下さった名医の名前が、直ぐに出て来なくてね……そう、立石先生という名前だったように記憶しています」

そこで、永田学長に電話をして調べてもらったが、55年前の記録は残っていなかった。だが、「耳鼻科で有名だった大先輩は、石川和男という部長です。もし立石という医師が執刀したのなら、おそらく石川先生のお弟子さんの立石厚先生だろう」と話してくれた。

亀崎の話によると、当時の中耳炎の手術は、耳の後ろを切り開いて手術する方式だったが、彼の手術は前の方を少しだけ広げ、足の股から取った皮膚で鼓室形成して行うという、最新の《3K方式》であったため、手術後の傷跡は外観では全く見られないという。その上で、話術に長けた亀崎が次のように述べた。

「退院後、横浜の病院に紹介してもらって定期検診に行ったら、そこの医師がびっくりして訊ねたね。〝こんな完璧な手術をしてくれた名医は誰ですか〟と。その後、会社に入ってドイツのベルリンに駐在した時も、外国の医者が〝こんな手術をした名医の名前を知りたい〟と言ったね」

いずれにしても、久留米大学医学部を卒業した医師たちが、名医となって活躍している一例だろう。その理由が、前回述べたように永田学長が話してくれた「臨床医を育てるための先輩教授の徹底した個人指導」であり、その絆がそれぞれの分野での名医となる〝秘伝〟として受け継がれているのではないだろうか。

永田見生の〝真友〟瓦林達比古

永田学長と渡邉清孝と懇談した折、「同期同窓の友人でお医者さんになった人物を1人取り挙げたいのだが」と相談した。2人が顔を見合わせていたが、期せずして同時に2人の口から出た名前が、「瓦林君だな」ということだった。

「瓦林という名前は、珍しいけど……昔、九州電力の著名なトップに同じ名前の方がおられたな」と、私がいうと「その人の、息子さんではないか。筑後地方の田主丸のご出身だ」と、永田がいった。「いや、大伯父さんだと聞いているよ」と渡邉。「じゃー、早速ご紹介を頼みます」という話になった。

瓦林達比古・福岡県すこやか健康事業団理事長

こうして、1週間後には私は永田の《真友》瓦林達比古と面談することが出来た。《真友》というのは、すでに書いたように永田が新入生に、大学で「生涯付き合える友を得よ」と話している言葉である。

永田見生と瓦林達比古の2人は進学校で有名な福岡教育大学附属久留

米中学校に入学する。その時から、お互いウマが合ったようだ。どちらかと言えば熊本県に近い「大牟田」という、久留米から は南へ30～40キロ離れた平野部で炭鉱地帯の街の小学校から通っていた永田。一方、大分方面に連なる耳納山麓に広がる筑後平野、やはり久留米から20キロ程の「田主丸」という農村地帯の小学校を出た瓦林。「お互いに遠いところから選ばれてやって来た」という意識が、2人を結び付けたのだろうか。それに、瓦林の方は、実家が地元の商家であり、かつ地方の行政や経済にも貢献する立場。一方、永田の方は地元で病院を開業して、同じく地域の医療や福祉などに貢献している。家業こそ違うが、2人とも実家の長男という跡取り息子である。

永田学長と瓦林理事長

しかも、今回この2人の名士と別々にじっくり面談してみて分かったことがある。2人は、同じ医師でありながら、人懐っこい点では全く同じ。だが、永田は、どちらかと言えば朴訥なタイプ。瓦林は温厚ながら元気溌剌型、という点も重要である。「人間は出会いが決め手」という諺があるように、幼年期に奇しくも出会った2人が、将来を夢見て切磋琢磨した姿が何となく目に浮かぶ。

「中学以来、ずっと一緒ですか」と瓦林に聞いてみた。

「永田君とは高校と大学は違いましたが、私達の中学校は1学年150人程で当時としては生徒数が少なく、家庭的でみんな仲良しでした。クラブ活動では陸上競技で私は三段跳び、彼は中長距離走の選手でした。特に親しく付き合うようになったのは、彼が久留米大学の医学部長に成った頃からで、偶々《たまたま》私が福岡大学の副学長になっていたからです」

すなわち、双方が私立医科大学協会理事会を始め、医学関係の各種の会合で、各々大学の代表として顔を合わせ、同時に意見を交換することも多くなった。そしてこの5年程は、渡邉と共に参加していた異業種交流会に永田が加入して、更に交流が深まった。

永田は福岡教育大学附属久留米中学校から、明善高校に入学する。ここで、渡邉清孝と出会うが、大学は久留米大学医学部に入った。何故久留米大に入ったかと言えば、永田自身が学長としてこの大学医学部教育の基本方針として実行しているように、「病院の跡継ぎになる臨床医をしっかり育てること」を、主目的に医師を育てるという伝統があるからだった。因みに、大牟田で厳父が開業した永田整形外科医院は、現在１２４床の病室を抱える大病院である。その跡継ぎになるためでもあった。

一方、瓦林達比古は、福岡の親戚に寄留して修猷館《しゅうゆうかん》高校に入学、卒業後は家業とは関係なく九州大学の医学部に進学している。母校の九州大学附属病院、その後新設された佐賀医科大学で経験を積み福岡大学に転じた。長く産婦人科の名医として活躍した後、同大学病院長を経て、9学部を有する同大学の副学長を務めた。その頃から、彼のライフワークで現在の活動につながる、少子高齢社会における「健康まちづくり」の構想を進めていた。

福岡県すこやか健康事業団の診療所での瓦林理事長

瓦林の現在の常勤場所は、福岡市の中心街天神に本部がある公益財団法人の「福岡県すこやか健康事業団」である。理事長として経営に携わる中、巡回健診・学術研究指導・各種のデータの調査収集と統計分析、さらに外来診療をも担当しており、従事する医師・看護師・薬剤師を含め、常勤の職員は約２００名だという。

約2時間にわたり面談している間に、次の4枚の名刺が出てきた。順不同だが「すこやか母子未来ネットワーク代表理事」「福岡県公安委員会委員」「医療法人相生会理事」「公益財団法人臨床研究奨励基金常務理事」。そして、この他にも十数の役職があるようだ。

〝若者に夢、そのビジョン実践を〟

久留米大学学長の永田見生の真友である瓦林達比古に、多忙な中2時間近く懇談してもらったお礼に、1冊の最新拙著を贈った。すると3日とたたないうちに、立派な文面の礼状が来た。

「私は産婦人科医を長年やって来ました。職業柄、すでに20年も前から出産数の減少を案じていました」「少子高齢化の課題解決こそ、世界に示す日本の役割です」「ところが、規制改革を謳った小泉内閣以来、その課題解決が声高に言われながら、具体策が進んでいません」

これは、お礼の言葉の直ぐ後に書いてあった〝福岡県すこやか健康事業団〟瓦林達比古の文章である。彼が、少子化の事態を心配しているのが、文面から伝わってくる。人口減少こそは、正に《国力》の弱体化そのものである。下手をすると、この国が消えてしまうような大問題だといったら、大袈裟過ぎるかも知れない。だがそれを食い止め蘇らせるのは、これからの若者の覚悟にかかっている。だが、瓦林が心配するのは、そうした若者の《覚悟の基になる教育》が、十分に行われていない実態が明らかだと指摘しているのである。私が彼からもらった手紙の表現は、真に穏やかだが正に、賢者の眼力が宿っている。

そのために、われわれは何をなすべきか。その〝われわれ〟の代表である政治家は、若者に対し現実的かつ具体的なメッセージの発信、そして行動を示しているのだろうか。彼は、それが見えないと言うのだ。全く同感である。

「海に囲まれた島国、多過ぎる人口と歪な人口構造。やはり政府が、若い世代に中長期的な夢を与える具体的施策を明確にできないのが問題です」と、彼は述べている。

政府は、最近漸く医療についても、今まで役人に任せっきりだった仕事を転換しつつある。例えば、この度発足した独立行政法人「日本医療研究開発機構」の初代理事長には、慶應義塾大学医学部長の末松誠を据えた。この人を私は知らない。だが、この大学からはしばしば立派な人物が誕生する。現理事長兼塾長の清家篤も、社会労働問題の素晴らしい学者である。前防衛大学校長五百籏頭真の後任の現校長も、慶應の出身だ。

随分と昔のことだが、人柄の素晴らしい人物が慶應の医学部にいた。だが、惜しくも40代の若さで亡くなったのは、愚息の日吉からの友人諸橋という人の父親で、確か事務部長になり将来を嘱望されていたと聞く。専門は瓦林と同じく、都内にある私立大学産婦人科病院の名医でもあったと記憶している。

スクールサポーター制度に注目

瓦林達比古は、久留米大学学長兼理事長の永田見生や溝江建設会長渡邉清孝と同年代の昭和23年（1948）生まれで今年70歳である。もっとも永田学長は、早生まれ（昭和24年2月）だから、2人より少し若い。昔と違って、今最も体力・知力ともに充実している年代だろう。先ほどの瓦林の手紙に、次のようなことが書いてあった。

「40年間の大学生活をやっと卒業したが、つまるところ幼児教育に行きつきます。礼儀作法や躾などの家庭教育も覚束ない〈親になれない親〉が増え（略）男女関係も極めて未熟な犯罪が多発している」「待機児童や保育所の数合わせだけでなく、教育の質を高める具体策が必要」

瓦林が、40年間の大学生活をやっと卒業したというのは、こういうことだ。彼は九州大学医学部を卒業し、産婦人科で臨床研修の後、大学院、米国留学を経て、九州大学病院、佐賀医科大学病院、福岡大学病院で産婦人科、特に産科診療を中心に教育や研究にも従事した。その上で福大病院長、福岡大学副学長と、大学関係の要職をも務めてきたという次第だ。また、前に述べたように福岡県公安委員会委員や福岡地方裁判所委員会副委員長、さらに民事調停委員なども務めている。

こうして、彼が今ひしひしと感じているのが、安全・安心を基盤とした地域コミュニティー再生の重要性と〝必要性〟である。そこで、瓦林が上記のような教育の現場に携わり、公安委員として社会貢献を果たす中で見付け出したのが、平成19年（２００７）すなわち11年前から実施されてきた「スクールサポーター制度」の活用と充実である。地域の安全・安心を守るのは病院も学校も警察も同じである。「スクールサポーター制度」が生まれたきっかけはこうだ。学校教育現場が今や不登校、いじめ、体罰、非行、モンスターペアレンツなどで、益々行儀が悪くなっている。さらには、青少年の暴力行為のうち刑法犯罪が70%、不良行為の60%以上が中学・高校生だという、由々しい問題をどうするか。それを解決する手段の一つがこの制度だった。だが、実態はどうか。

地元警察と学校とが連携を密にし、警察ＯＢなどを活用して地域の小中高を巡回し、先生方を支援しながら非行の芽を摘むということで始められた制度だが、福岡県の場合、必要数の3分の1以下の僅か14警察署で具体化されているに過ぎなかった。

しかも荒れる学校の実態は、先ほど紹介した瓦林の手紙によると、平成24年（２０１２）福岡県の少年犯罪は、検挙補導人数４８０４人で全国5位、非行者率人口１０００人当たり９・８人で全国3位、少年犯罪の再犯率36・８％で全国9位、シンナー等乱用補導検挙件数33人で13年連続ワーストワン、というような状態だと述べている。

そこで、スクールサポーター制度を拡充し、県下の少年非行防止が必須であると瓦林を含む5人の公安委員の考えが一致した。まず教育行政の管理者である県教育委員会と協議を重ね、さらに福岡市、北九州市教育委員会との意見交換会を実施し、県議会警察委員からも支援を受けた。その結果、平成26年度19名のスクールサポーターの増員が承認された。予算獲得には警察と教育部局や知事部局とが連携し、縦割り行政が改善できないわが国でも、多勢が共感できる提案であれば部局間の壁も乗り越えられるという貴重な実例となった。こうして県下33警察署、博多臨港、福岡空港署を除くすべての警察署に常時1名ずつ配置できるようになった。

「死生観」の教育が必要

こうした体験の中から、彼は現在、一般社団法人「すこやか母子未来ネットワーク」を立ち上げ、幼児教育向上のために保育士や幼稚園教諭の教育支援を始めている。礼儀作法はもちろんのこと、「いのち」には限りある尊い「個のいのち」と繋ぐべき「種のいのち」があることを教える必要があり、特にあらる世代に命を繋ぐ生殖生理としての後者の意味を伝えたいという。

面白いことに、私は最近、わが国の伝統とか歴史や文化の流れを解説してもらいたいという依頼を受けることが多い。世界の秩序が乱れ、凶悪犯罪や依然として無くならないどころか、〝振り込め詐欺〟などの事件も後を絶たないためだろうか。

それこそ、企業のコンプライアンス違反が増え出した一昔前、「マナー」すなわち「日本人の行儀」について本を出したことがあった。〈世界で一流の日本人のための、品格より一層優れたマナーすなわち〝行儀〟が大切〉ということを書いたものだったが、この本のタイトルが奇抜過ぎた。『資本主義バカの後始末』(西日本新聞社発行)。

だが、今読んで見ると我ながらしっかり勉強して書いている。当時学生に「資本主義の歴史とその欠陥」という講義をしていた内容を纏めたものだった。

ポイントは「グローバリゼーションの中で、ポスト欧米型資本主義のこれからの時代は、欧米型市場原理主義と組織の和型日本資本主義との《掛け合わせ》、すなわち全く違う文化的価値観の前向きの妥協を、如何に行儀よく上手に図るか」、という事だった。ところが、この本を書いた時から既に12年も経っているが、正に今世界もそして国内の政治も、相手の立場や国益を考えない《行儀》を忘れた行動が、世論に押しまくられている。マスコミに先導された世論という名の亡霊が国力を衰退させることを忘れ、呆れるばかりの仕草だ。

今行儀を整える具体策を、やれるところから手を付けようというのが、瓦林の提案である。

彼が言う通り、組織社会のわが国にはそれに相応しい自然発生型の、地域サポーティングシステムが、江戸時代から存在していた。例えば、代官所・奉行所・施療院・寺子屋・町火消などである。今日の警察・裁判所・病院・学校・消防組織だ。

しかし、核家族化して隣近所の付き合いさえ全く希薄化したのが現在の日本社会である。マナー（行儀）を、瓦林がいうような何らかのシステムで補完しなければ、未来を担う若者の《行儀》すなわちマナーは良くならない。行儀が良くならなければ、若者の人口減少も食い止められない。

九州の中心的存在である福岡は、当然ながら日本列島最南端のサービス産業のメッカであり、グローバル化の中で海外諸国と直に接する国際都市であるから、殊更に日本の行儀の神髄を持っていなければ、瓦林達比古が述べる少年犯罪や非行は防げない。防げないどころか、拡大していく可能性さえある。

福岡大学付属病院

若者の行儀教育が、地方創生の鍵

最近俄かに、〈地方創生〉などという言葉が飛び出してきた。〝すこやか健康事業団〟理事長の瓦林達比古がいみじくも述べた。

「地方自治の責任者は、地方創生特区によるベンチャー事業育成の前に、まずは未来を担う『若者の行儀（マナー）』の教育を、パッケージで進める必要があります」

福岡県の公安委員瓦林の鋭い意見だ。彼は、産婦人科が専門だけに、これからの幼児教育が気になっている。明治維新により開国したわが国が、西洋のマナーに接し驚いた時と、現代との最大の違いはスピードだ。

間違いなく、明治維新直前からの約50年間の変化は、おそらく現代では5年いや3年ぐらいの変化と同じだろう。すると、親が子に伝えるマナーも、スピードアップしなければならない。

だが、子供に行儀、すなわちマナーを教え込むのは容易でない。第一に、親が正しいマナーを理解しているのかどうか。しかも、親より子供の方がずっと情報量が多い。そこまで考えると、これからの世代への幼児教育とは、容易なことではないということがよく分かる。瓦林が担う〝すこやか健康事業団〟と〝すこやか母子未来ネットワーク〟の役割が、如何に重要かということだ。彼のような貴重な人材が、これからの地域社会に益々必要であると思った。

瓦林達比古と渡邉清孝は1948年生まれ、永田見生は1949年生まれだから、敗戦の頃の日本人の平均寿命と比較すると、彼らは少なくとも15歳ぐらいは若い。すると、3人共に漸く55歳だ。この年頃なら、これから人生一旗揚げようということがあってもおかしくはない。現在の65歳定年制というのは納得がいかないが、すでに彼らは定年となっている。

2013年1月に行った永田の久留米大学医学部での最終講義の演題は「整形・脊椎外科の発展」であり、27頁の写真を見ると、坂本龍馬の大きな写真を横に講義を行っている姿があった。一方、瓦林の方は、福岡大学医学部で2014年1月に「今、いのちを考える～安全・安心の地域社会再構築に向けて～」という演題で最終講義を行ない、3月には福岡大学医学紀要に「子宮収縮の基礎的研究と臨床応用」という彼の大学におけるライフワークを最終論文として発表している。

新入生に久留米の歴史を毎年紹介するほど歴史を紐解く永田が、傍に龍馬の写真を置き、医学の歴史的進歩を最終講義の専門分野にも価値付けて、自分が施した業績のその意義を重ね合わせた工夫が見事だと思った。一方、瓦林の論文を見ると、子宮収縮（陣痛）が起きる原因が、基本的な収縮特性とホルモン環境や投与薬物などの影響によって生じる変化とを、きめ細かく分析検討した研究内容を、彼の原著を中心に内外の事例を引用しながら見事に分析し、基礎研究の結果を如何に臨床に役立つようにするかの工夫が見られる。理論派の林ならではの最終論文であると考えた。2人とも、蘊蓄を傾け立派なわが国の医学界に名を残すような、名講義だったに違いない。

一橋の経済を出た渡邉清孝にその話をすると、「医者の世界は羨ましい。かなりの人たちが、そうした自らの人生の宝物を残せるから。文系は、よほどの著名な大学教授でもないと、そうはいかないですね」と述べた。その通りだ。もちろん、私自身も、学生に講義を行っていたが最終講義などという、晴れやかな舞台の経験はない。

スリランカを訪れた永田見生学長と渡辺清孝特命教授

海外に貢献する久留米大学

前述の通り、先輩の横倉義武が世界医学会会長を務めるぐらいだから、理事長兼学長の永田が、世界を視野に据えるのは、当然のことであろう。

例えば、2014年秋、永田見生は、海外経験が豊かな同窓で、友人の渡邉清孝を伴ってスリランカを訪れ、同国の医療関係者はもちろん、政府や実業界の要人たちを訪問した。さらに、2016年には、エジプトのカイロ大学と文化交流協定を結び、2017年には医学関係も含めて、学生の育成や研究交流も行うことを決めた。中国や台湾なども含め従来からの国際貢献をより一層活発化していくつもりであろうと私は思った。

だが、私も内々彼から意見を聞かれたときに述べたのは次のことだった。

「各国大学等との交流は、大学の威信を賭けた、素晴らしいことです。人生最高のチャンスではないですか。久留米大学医学部の新たな記念碑の一里塚を築くつもりと覚悟すべきですよ」

すると、永田は〝うむ〟と言って、いつものように真剣に私の顔を見詰めていた。永田のような使命感がありラガー精神を誇りとしている《覚悟の男》なら、郷土のためにもしっかり奉仕してくれるだろうと期待している。

本邦初公開、永田学長の鼻髭の由来

最後になったが、3人の趣味を紹介しておこう。その前に、写真に見るように学長の永田見生に、立派な鼻髭を持っている理由を尋ねてみた。その理由は、友人の渡邉も瓦林も知らなかったようだ。

「とても素敵な髭ですが、何時頃から？　また、どういう理由からですか？」

永田は、「これですか……」と言って、照れくさいというような表情で、少し間を置いておもむろに述べた。

「実は、若い頃うっかり、顔面を切ってしまったことがありましたので」という答えが返って来た。本人の了解を得ているので、本邦初公開で述べておこう。話はこうである。

彼は、すでに述べたように大学時代にラクビーに熱中していた。若い頃は今よりも体も細く、俊敏であったのは間違いないようだ。

結婚して間もなくの頃、毎年行う日本整形外科学会が、久留米大学整形外科主催で久留米で開催されたことがあった。彼が、まだ30歳になる前だったようだ。すでにその頃、石橋美術館が久留米市に開館してあり、その広大な敷地内の会場を借りて行なわれた。会議が終わると、直ぐに出発するバスツアーが組まれていたが、若手の彼らは会場の後片付けなどを命じられていた。漸く終わって、急いで廊下伝いに玄関に走った。バスの前にいる係員が〝急いで〟と云うような合図をしている。彼はボールを追うラガーマンのように、そこに向けて突進した。〝ガシャン〟というものすごい音がして、永田の頭が透明な一面ガラスに飛び込んでいた。周りが、突然鮮血で染められた。

「その時、脳震盪を起こすほどガラスが砕けたため、鋭利な刃物のようになったガラスの破片で、鼻の下を切ってしまったわけです」

その傷が、どうしても残って目立つようになった。そのため、髭を伸ばしたという訳である。

「そうでしたか……でも確かに髭があると、全く気付きませんね」

余暇についてだが、永田、渡邉の２人はゴルフ、瓦林はテニスが得意のようだ。他に趣味はないかと尋ねてみた。すると思いがけなく、三者三様の答えが返って来たが、３人とも夫婦仲が良く、旅行にもそれぞれ時々出掛けるようだが、永田はあまりに忙しいため大牟田の自分の病院は、奥方に今のところ預けっぱなし。それでも、寸暇を惜しんで以前紹介した父親譲りの水彩画を丹念に描いている。

瓦林は、「私は今〝ぐい呑み〟造りに精進しております」という思わぬ返事が返って来た。「磁器ですか」と聞くと、「いや陶器です。〝かたち〟です」と短く笑顔が返って来た。さて、渡邉だが彼は趣味の多い男だ。北米に17年間勤務し、世界を股に掛けた男でも、先ごろ永田と共に訪れたスリランカは初めてだったようだ。「旅行と読書かな」とこれまた短く言って、同じく笑顔で応えてくれた。

最後に書いておくと、3人とも奥方が素晴らしいと思った。そのうち、何時も拙著に登場する私の上さんも入れて、4組で会ってみたいと思っている。

第2編

株式会社ブロードリンク
代表取締役社長　榊彰一氏

リユースで綺麗な地球再生に貢献する達人

【この編に登場する方々】（順不同・敬称略）

榊彰一　三枝稔　若原泰之　豊田章一郎　藤田譲　殿井正純　古河潤之助　村上崇　鶴岡担　藪野昌彦　小宮山宏　村田博文　三木克彦　名倉良

〔歴史上の人物〕

古河市兵衛　福原有信

人間の命を支える達人から、人工物寿命回復の達人へ

ここしばらく、今最もわが国の国民的課題になっている社会保障福祉の適正化に、懸命に尽力している会社を取り上げ、医療改革についても私見を述べてきた。結局こうした、人の命を扱う事業は、立派な倫理哲学と使命感に支えられていなければ、とてもなし得ないということである。

だが同時に、これからの高齢化社会を支えるシステムや組織は従来のままではないかという疑問があった。さらに、年老いた成熟国家は当然に生産性が落ちていく。どうやって、古い設備や機械を更新して行くのだろうか。そこで、もう一度考えてみた。すでにわが国が直面している〔成熟した超高齢化社会〕とは一体何かという問いである。

人間の生命は、如何に健康体を維持していくかにかかっている。部分的な改造をしたとしても、限界寿命は125歳ぐらいだと言われる。一方、人間が創り上げた人工物は、改造・改良を加えれば、何倍も長く使い続けられるはずだ。例えば、ヨーロッパの建築物は、木造建築が主体のわが国とは違い、何百年も厳然として昔のままに輝いている。

だが、今の地球は汚されさらに悪化しつつある。地球を綺麗にしながら、人工物の長生きを考える事業家が現れてもおかしくない。そこに、目を付けた事業があるはずだと考えていた時、偶然そうした事業家に面談する機会を得たのだ。

ついては、地球環境改善事業に取り組んでいる、株式会社ブロードリンク代表取締役社長の榊彰一を中心に、同社の事業内容を紹介しようと思う。環境改善事業といっても、ダイレクトにCO_2を除去す

るとか、太陽光発電をやるとかいうようなことではない。

140年前の偉人、古河市兵衛に結び付く

パソコンや携帯をはじめあらゆる情報機器を主体に、機械の寿命が来て廃棄物となるものを買い取り、それを再生、販売するという事業を構築し、さらに「オフィス不要品を全て買い取り《活かす事業》」というのが、この会社の事業目的である。

文明、文化が成熟し切った社会から、廃棄されようとするものを、何でも最少エネルギーとコストで再利用、すなわちリユース出来るように甦らせるというのだから、正に地球環境改善に間違いなく貢献しているということだ。

榊彰一を紹介してくれたのは、元朝日生命保険相互会社の取締役専務だった三枝稔だ。今から33年前同社の社長だった若原泰之は、当時経済団体連合会の社会貢献推進の実行委員長と、ワンパーセントクラブの会長を豊田章一郎より引継ぎ、阪神・淡路大震災支援にも尽力していたが、その折、若原の直属部下として活躍していたのが三枝だった。彼は朝日生命を辞した後、同社系列の車両運行管理や、人材サービス事業を行なっている株式会社セーフティの代表取締役会長を3年間ほど務めた。その後、3年ほど前に発足した、「事業構想大学院大学」の設立に奔走し、現在は特別参与・客員教授を務めている。同時に、日本経団連の関連機関である経済広報センターのシニアフォロー・メディアフォーラム委員長として、黒子に徹しながら忙しい毎日を送っているようだ。今回紹介するブロードリンクも、彼は顧問の一人として社長の榊たちを懸命にサポートしているという。それに忙しい中、私が主宰する蒲島郁夫

熊本県知事の私的な集まり「かばしま政策研究会」や、異業種経営者の「明石研究会」などにも必ず出席してくれる。そうした場での、彼の警世の一言はとても貴重である。

彼は、親切な男だ。榊彰一に会っても良いよ、と電話で伝えると、早速1冊の書籍を届けてくれた。それは、ごく最近、日経BP社から発行された四六判の『飛躍するベンチャー7社に学べ！』（森部好樹著）という本で、ブロードドリンク社長榊彰一のことを紹介する内容が載っていた。

同時にこの会社の成り立ちが、一流企業や朝日生命のOBを含む、「大顧問団」によって支えられていることを記した、三枝の手紙が添えてあった。その結成の中心人物、三枝の先輩専務の殿井正純ブロードドリンク取締役会長に関する資料も含まれていた。殿井と榊彰一のとの出会いなどは、後ほど詳しく触れることになる。

まずは、社長の経歴を見た。なるほどと思った。榊彰一は、今から24年前、まだ三枝稔が藤田譲社長（現最高顧問）の下で広報部長をしていた1994年、神戸大学を出て朝日生命に入社した逸材だったのだ。朝日生命は読者もご存知のように、あの著名な古河市兵衛が興した古河財閥の主要事業の一つである。

明治10年（1877）、日本の近代産業の基礎となる鉱山事業を興した。明治・大正そして昭和初期を支えた巨大な一次産業である。古河市兵衛は公害問題の解決に尽力する一方、資生堂の創業者、福原有信が社長を務めていた「命の尊さ」を支える生命保険会社の朝日生命（当時帝国生命）を買収した。

長い年月を経て、「命の尊さ」を引き継いできた朝日生命出身の1人の若者が、「地球環境改善」に繋がる素晴らしい事業に挑戦しているのである。

余談になるが、私は15年前の平成15年（2003）4月、『小説・古河市兵衛』（中央公論新社）を著している。この平成15年が、ちょうど戦前の古河財閥を興した古河市兵衛の没後100年目に当たる時でもあり、当時5代目の当主で古河電工の社長だった古河潤之助にアドバイスを受け、ドキュメンタリー風に市兵衛の生涯を中心に書いた。今読み返してみると、市兵衛がまだ小野組という、当時の京都・大阪を舞台に三井組と並ぶ商社の大番頭（現在の社長）として活躍していた状況を披露している。読み返すと市兵衛の正に熱意と事業展開への行動力と覚悟の凄さが、今でも生々しく現代に迫ってくるような気がする。（残念ながら、ごく最近古河潤之助は、永眠された。心から、ご冥福をお祈りする）

大阪生まれ、起業への夢を実現したい

榊彰一は、1971年古河市兵衛が生まれ活躍した大阪で生まれている。現在47歳の、IT時代を代表するベンチャー起業家である榊は、市兵衛と同じく商売に長けた関西という土地の気質・気風を受け継いでいるような気がするのだ。

榊彰一氏

彼はとにかく朝日生命で現場を含む幾つかの重要部門、特に法人営業部門などを6年間渡り歩いた後、ブロードリンクの現副社長をしている村上崇と2人で、世の中に役立つベンチャー事業を創造する、という信念のもとに同社を退社し、新たな目標に向かって進み出した。それは2人とも、大学時代からの夢であり野心だ。

2人は、技術屋ではない。だが、榊は6年間の朝日生命での営業現場の仕事で、クライアントとスケジュールを作り、どのように運用して行くかということについて、パソコンによるシステム化がとても重要であることを学んでいた。しかも、顧客と接触する現場の情報こそ重要だということも、学ぶことが出来た。

ブロードリンクを立ち上げた頃の榊社長

ITないしICTといわれる、現代のビジネスの進化は驚くほど速い。さらに、世の中はIoTの時代。実物経済が、こうした仮想空間の情報ネットによってシステム的に組まれた中を、よどみなく人間の手を介さずに流れていく。そうして、不要になった品物はどんどん廃棄され、新しい商品が新たな付加価値を期待しながら世の中に生まれ出る。

一見素晴らしいことだが、不要廃棄物は山のように溢れ出る。企業倒産の記事と、それらが重なる。「勿体ないな」と呟き、そうした状況を横目で見ながら、榊彰一と村上崇の2人は、ワンルームマンションを借りて、システム開発の仕事を開始した。

1年がかりで準備を進めて来た甲斐があり、早々に1億円以上の大型システム案件の受注に成功したため他の顧客からの評価も大いに高まった。しかし商売は、顧客が注文を了承し、その注文通りの製品を仕上げ引き渡し、その上で代金を約束の通り支払ってもらって、初めて成り立つ。だが、どこの会社でも普通は代金後払いである。大型案件が上手くいっても、その代金が入って来なければ不都合なことが生じる。

ブロードリンクの資本金は、当初300万円であった。ワンルームマンションの家賃、会社設立登記、電話・パソコン・コピー機などの事務所経費、車のレンタルその他もろもろで、キャッシュフローは底を突いていた。これではいけないと２人は考えを改めることにした。

発想の大きさ抜群、関西出身ベンチャーの希少価値

前述した通り、ベンチャー企業の経営者を夢見て創業した榊彰一と村上崇の２人は、利幅は小さくても早々に売り上げが収益に結び付く事業はないかと、改めて考え始めた。

「今の事業へのヒントは何ですか？」と、東京・日本橋の本社で社長の榊彰一に面談した時に聞いてみた。

「最初に手掛けたのは、中小企業家がホームページ（以下ＨＰ）を立ち上げるお手伝いです。２０００年頃は、事業家の中では未だＨＰはおろか、パソコンも持っていない所が多かったからです」

確かに、そうかもしれない。私の経験を言えば、僅か30年前は未だポケベルが中心だった。埼玉県の支店長になり、何が自慢だったかというと、社有車に携帯電話が付いたことだ。急速にＩＴ化して行く時代の走り、未だ携帯には希少価値があった。15年前、榊たちは、同じくパソコンのＨＰという希少価値を自分たちの商売にしたのだ。

しかし、手元資金を持たない彼らには試練が待っていた。だが顧客から出された要請がヒントになって乗り越えた時、未来が急激に開けてくるのである。その話は置いて、少し横道に逸れよう。

これは、病院数や医師数の分布が、何故「西高東低」なのかという理由とも、やや関連する話だが、元来わが国では企業経営者、社長は関西出身者には少ない。何故だろうか？　それは、土地柄と関連す

るという。だが、技能・技術に優れた人材は、極めて多く輩出している。

言うまでもなく商売は、生き馬の目を抜くと言われるように、関西の事業者は伝統的に親代々技能・技術を磨き大事にして来た。要するに、他人に負けない「匠の技能・技術」の専門家を育てて来た。だが、近代的経営者のマネジメントを育てるという風潮ではなかった。演繹的に言える例示として、プロ野球選手で大リーガーになった人物の大半が、関西出身者だというのだが、本当のようだ。ノーベル賞の受賞者も、調べたわけではないが関西の出身者が多いのではないだろうか。そうした状況に比べて、経営者すなわち社長は少ない。もちろん、パナソニック、ダイエー、サントリーなどの創業者は関西出身だから、居ないわけではないが比率的に少ないのは本当のようだ。そう言えば、関西に拠点を置くオムロンの創業者は熊本出身、京セラは鹿児島出身である。

パソコンの中古品販売風景

そういう次第であるから、ブロードリンクの榊彰一には、その希少価値的存在である関西出身の経営者として、より一層事業に磨きをかけ発展していってもらいたいと思っている。

時代の要請もあって、HPを開設したいという中小企業がどんどん現れてきた。もちろん、顧客のニーズに合うように、パソコン、プリンター、コピー機など「情報機器」もセットでHPの開設と一緒に受注し、レンタルサービスを開始。業務が順調に進むかに見えた。

ところが、金融機関などから見ると、非上場の小規模企業に対し、情報機器をリースするという、リース会社の与信がなかなか取れない。無担保で金融機関が資金提供していた、高度成長期やバブル崩壊前の時代ではない。困ったことになった。

こうして、折角の商売の糸口がなかなか開けないで困っていた時、ある顧客がこう言った。

「そうですか。では、お支払いは何とかします。どうでしょうか、もっと安いパソコン、例えば《中古品》でも良いのですが、現金で払いますから譲って頂けませんか？」

この顧客の申し出が、新たな事業へのヒントに繋がったのである。もちろん、その顧客には早速、中古市場からパソコンを調達して届けた。それからは、暫くＨＰ開設を要請して来た顧客で、リース会社の与信が取れない場合には、中古品を紹介し現金支払いで要請に応じた。

この頃は未だ社員が5、6名だったが、全員で会議をしていた時、ある社員が
「社長、どうでしょうか。いっそのこと中古品のパソコンを、直接販売してみませんか」

と提案した。確かにこの頃、パソコンは高級品だった。数十万円するパソコンが、やっと一家に1台という状況。よって、2台目は安ければ買ってもらえるはず。中古市場から調達して、若干マージンを乗せて試しに売ることにした。

社員の提案に、最初社長の榊は若干躊躇したという。

「具体的に言うと、こういうことです。常識的に考えると、パソコンのような精密機械はちゃんとした量販店などで顧客は購入するはず。道端のようなところで売っても、多分売れないだろうというのです。店を構えてやればいいのでしょうが、かなりのコストがかかります」

さらに付け加えて述べた。

「でも、やってみようと思いました。失敗するかもしれませんが、やってみることによって、失敗の原因が分かると思ったからです。原因が分かれば、それが新たな経営戦術を生み出すきっかけになると思

ったんです」

榊は、まずは出品場所にコストをかけないで済む場所を見つけるように、指示を出した。するとと間もなく、社員たちが良い場所を見つけて来た。それはシーズンオフの甲子園球場の駐車場である。そこでは、毎年恒例のフリーマーケットが開催されるという事である。その場所代は、土曜と日曜の2日間で、畳2畳分で僅かに4千円。こうして、1月半ばの寒風吹き荒ぶような寒さの中、その場に大きな宣伝の旗を立て、中古パソコンの販売を始めた。電源は、エンジンをかけたままの車から電気を引き、「安いですよ、新品同様のパソコンを買いませんか」と、ぞろぞろと会場に遣って来る客に呼びかけた。

しかし、客は珍しそうに眺めたり、時に立ち止まって値段などを聞いたりするが、購入しようとはしない。遂に、初日の土曜日は売り上げゼロ。そして日曜日。この日も寒かったが、社員たちは元気に声を張り上げて、パソコンにお客さんが注目するように用意したビラも配りながら懸命に働いた。だが、状況は前日と変わらなかった。

すると、小学校低学年と思われる男児を連れた客が、子供の「パソコンのゲームがしたい」という声に催促されて、しばし立ち寄った。社員が早速、その子のゲームの相手をした。その間に、別の社員が客にパソコンを勧めた。結局その客は、子供がお世話になったからと言って5万円ほどの中古パソコンを1台買ってくれた。2日間通して、売り上げはその1台だけだった。だが、その客との会話が、貴重な反省材料になった。

大阪難波駅で販売成功

「お兄さんたち、売る場所を間違えましたね。フリーマーケットに来るような人は、大金は持っていません。こんな高級品を買う人はいませんよ」

パソコンを買ってくれた貴重な客が述べた言葉に、みんなはぎくりとした。確かにその通りだと思った。みんなはお礼方々その客に深々と頭を下げた。

世の中は、電子機器を使う時代に突入しつつある。パソコンの中古品市場の発展性は高い。だから、われわれの販売相手、すなわち客は沢山いるはずである。販売する場所さえ間違わなければ、必ず売れるはずだ。社長の榊と副社長の村上は、社員たちと共にそう考えた。

パソコンが必要なのは、おそらく中年のビジネスマンやオフィス勤めの女性層、それに内職をするような家庭の主婦だろう。そうした客の目につきやすい場所で、販売するしかない。議論を重ね、アイデアを出し合ったが、場所代が安く、客が集まる場所となると、そう簡単には見つからない。

ところがある朝、社長の榊がいつものように大阪難波駅を降り、改札口を出た時ふと目に留まったのが、改札口の横の空間。駅員が何か大きな荷物でも一時的に置くために空けてあるのかどうか分からないが、商店街の一番手前である。見ていると、電車が到着する度に、どっと大勢の人が改札口を通り、商店街の中へと消えて行く。

榊は一瞬、「ここだ」と閃いたという。電鉄会社が所有する場所だろう。上手く交渉すれば、貸してくれるのではないかと考えた。知人を通じて交渉し1週間ほど借りることが出来た。

甲子園での失敗を反省しながら、次の月曜日から難波駅での販売を始めた。あっという間に数十台用意した中古パソコンが売り切れてしまった。慌てて社員に、翌日のため中古品卸市場へ買い出しに走らせた。榊たちは思わぬ大成功を収めた。新たなリユース市場を自ら創り上げる時期が、近づいていた。

「株式会社ブロードリンク」の誕生

私の手元に、「BROADLINK15th」と記された記念誌がある。15周年を記念して出版したものだ。その冊子を捲りながら、社長の榊彰一から聞いた話と織り交ぜて紹介する。

この記念誌では、設立の2000年から2002年までを《第1期》として、それを「システム開発・通信サービス時代」だとしている。15年前、榊彰一と村上崇は「有限会社イーリング・システムズ」を、「経営などのシステムのコンテンツを企画提案し、企業と受託契約を結ぶこと」を目的に設立した。早速1億円規模の受注は出来たそうだ。しかしそれは、糠喜び。相手がコンテンツを採用し、きちんと代金を支払ってくれなければ、売り上げにはならない。資本金300万円の会社だ。キャッシュフローは直ぐに底を突いた。これでは、半年ともたずに倒産する。実績のない会社に、金融機関の信用はなく、借金も出来ない。

2人は「直ぐに稼げる会社に転換するしかない」と考えた。そこで考えたのが、中古パソコン販売だ。この時から、すなわち2003年から2006年までは、《第2期》「中古パソコンの小売り時代」と、榊たちが自称するように、漸く彼らのベンチャー事業に、本格的に光が差し込み始めた時だった。時代の流れに乗っていたためか、パソコンはどんどん売れる。創業3年目の2002年、2人は自分たちの商売をシステム開発の事業から一転し、「パソコンを中心とした中古販売事業」に切り替えることにした。

会社の名前を議論した。自分たちのやっていることを広めたい、そういうお客さんの輪を作ろうということだったようだが、《ブロードリンク》という社名は、自然に出て来たという。こうして、「株式会社ブロードリンク」が誕生した。この時の資本金がやっと1千万円となる。2003年初頭、「リユース事業部」を創った。以前、甲子園球場のフリーマーケット会場で、声を張り上げて営業してくれた若者などを従業員として採用し、社員が11名になった。

中古パソコンの需要は自宅で使う2台目で、50代、60代の中高年に多いと気付いていた榊は、「私の母親の世代以上は、スーパーや百貨店に頻繁に行っている、そこなら売れるはず」と考えた。スーパーや百貨店で催事コーナーを設け、中古市場から卸してもらった中古パソコンを精力的に販売し始めた。

会長に就任した殿井正純氏（左）と社長の榊彰一氏

もちろん、企業と個別に契約を結ぶ必要がある。この年、オークワ、丸善、イズミヤ、イトーヨーカ堂、大丸ピーコック、アピタ（ユニー）、長崎屋、ヒカリヤ、京阪百貨店、ダイエー、東急ストア、名鉄パレ百貨店、イオングループ、トヨタ生協など26社と「催事コーナーに出店」の契約を結び、中古パソコンの販売に精を出した。

時は正に、ITによるデジタル化の時代。政治や社会・経済の動きが、瞬時にネット上で読み取られ、金融経済に反映される。それが逆に、ネットの最新情報によって、人間行動に素早く利用されて動く。携帯とパソコンとのモバイルが必要な状況が増幅されていく。榊たちが創った事業と、ＩＴの寵児たちが創った事業は、社会的に必要なニーズを呼び起していたのである。

２００５年には、中古パソコンの販売台数が年５万台を超えた。売り上げは27億円、従業員は30人へ、そして累計催事販売契約会社数は61社に増えた。準備金も含んだ資本金は、３億９千万円と、創業時の１３０倍に達していた。

企業ＰＣ買い取り、直販開始

しかし、世の中の回転は速く、買い取った中古品を催事市場で販売すれば売れる、という事業が楽観出来たのは、３年ほど。２００５年から２００６年にかけて、売り上げが急激に落ちて来た。競争相手が現れたためかと思ったが、主因は、パソコンの新製品の価格の、大幅な値下がりである。大量生産とイノベーション、すなわち技術革新を懸命に発揮したメーカー各社が、海外企業を含めた他社との市場競争に勝ち抜くために、販売価格を３割ないし５割も引き下げた。このため、ビジネスマンや家庭の主婦たちが、わざわざ中古品のＰＣを買わなくなった。

どうすれば、この危機を乗り切れるか。社長の榊彰一と副社長の村上崇、それに２人の側近である取締役の藪野昌彦は、彼らが以前お世話になった会社の先輩たちに会いに行って、知恵を貸してもらおうと考えた。朝日生命に勤めていた榊は、人を介して元専務取締役の殿井正純に面談した。当時殿井は退任していたが、後輩の訪問を気軽に受け応対した。

彼らの悩みを聞いて殿井が聞いた。「会社経営には二つの戦略がある。百メートル競走のような短期決戦と、エベレストに登るような長期戦略があるが、どっちなの？」

「うちの会社は、エベレストダッシュです。世界一の山を早いスピードで登頂を目指しています」。それを聞いて、殿井が答えた。「成程そうか。では考えてみよう」。こうして、先輩の殿井が協力を約束してくれた。

まず殿井と榊が考えたのが、多くの企業と直接リユースを結び付けるという、ユニークな発想だった。従来の「ＢｔｏＣ」、すなわち中古卸市場や個人からパソコンを仕入れて、個人を対象に販売するスタイルは限界に来ている。いっそのこと、企業のパソコンの廃棄を一括で引き受け、自ら中古品を整備し、直接環境に良いリユース製品に仕立て販売出来ないか。そうすれば新製品のコストダウンに対抗でき、中古ＰＣ市場のプライスリーダーとして販売が優位となる上に、自らが中古市場の卸業者ともなれる。企業から廃棄予定のパソコンを買い取り、リユースするなら企業にとっても環境貢献が出来るはずだ。企業で使用中のパソコンには、機密情報が詰まっており、信頼のおける者にしか譲渡することが出来ない。

殿井は誠実な付き合いにより信頼を築いてきた男である。「この事業の成否は信頼にこそある」と考えた。企業側からも信頼できる人物に次々と声を掛け、協力を願った。こうして、ブロードリンクと企業を繋ぐ総数40数名の顧問団が出来上がった。企業、団体の元役員を中心に、商社、メーカー、証券、銀行、保険、建設、放送、ＩＴ、大学教授と、多彩な人材である。

彼らは、かつて付き合いのあった大手企業に、次々に声を掛けていった。「会社で古くなったパソコンを、一括して買い取って、再生してくれる《ベンチャー事業》が育っています」「データは完全に消去します。廃棄予定のパソコンを売れば企業にとっては収益になるし、新品同様に整備して再導入すれば、リユース品は地球資源の節約になり、CO_2排出も抑止でき、環境問題の解決に貢献出来ます」

ビルの全てをリユース・リサイクルする次のステップへ

こうして殿井正純は、2005年に社長の榊彰一たちの要請で、同社の会長に就任し、上述のように、他人から中古品を卸してもらい小売りするというスタイルを創り出した。上流で直接中古品を買い取り、自ら整備してリユースする事業体に転換したのだ。

別の言葉で言えば、「パソコンのリユース」ではあるが、製造から流通そして小売りまでを一貫して行う本格的に責任を持った信用ある事業体に変身したことになる。

新たに開設した東京都大田区東海の本部テクニカルセンター

2007年には、10万台以上のパソコンが整備可能な「東日本テクニカルセンター」を東京の新木場に新設。大阪の「西日本テクニカルセンター」も機能を高めた。2009年には、大阪のセンターをさらに増強すると同時に、東京のセンターも千葉に増床移転した。同年には買い取り企業数が1700社、取扱い台数も32万台、社員数が71名、準備金も含め資本金は4億円になった。2015年現在、6千社以上の引き取りを行っている。

また東日本大震災以降、毎年、義援金を日本赤十字に贈っている。さらに、環境保全活動や、学校などへリユースPCの寄贈も行っている。現在では世界各大陸と取引を加速させ、リユース事業を拡大中だ。こうして、同社はいよいよ新たにビル全体をリユース・リサイクルするという壮大な地球環境貢献事業に挑戦し始めた。

「世間」という言葉が意味するもの

日本人には、二つの癖がある。どうしても「組織的に行動する」ということと、妙に「世間を気にする」ことだ。それが、いわゆる利己的ということだろうが、そうした判断の前提に組織があり、世間が存在するということである。要するに日本人は、決して主体的に行動していないということだ。

しかも、この上記の二つのことは別々の話ではなく、繋がっている。もちろん、日本だけでなく、他の国でも似たようなことはあるだろう。だがどうも日本人は、殊の外「世間」という言葉に支配されているように思う。子供の頃から、世間様に迷惑をかけてはいけないと、よくよく両親や家族に言われて来たものだ。

ここで取り挙げているのは、「リユースで綺麗な地球に貢献する人たち」のことだが、私はその基本に、日本人の「癖」、特に「世間を気にする」習性が、寧ろ良い意味で結び付いていると思う。では一体「世間」とは何か?

漢語新辞典（大修館）によると、「世間」とは「あたり、外聞、交際の範囲」などと、その意味が書いてある。なるほど、《外聞》とか《交際の範囲》というのが「世間」だというのはよく分かる。だから、私たち日本人は外聞をはばかり、また特に交際している範囲の人たちに引けをとらないように、身の回りを綺麗にしたり整えたりする。

ところがこれを、英語ではどのように考えるのであろうか。同じく今度は三省堂のコンサイスを開いてみた。そこには「世間」の訳として、「World、Society、People」などと記してあった。要するに、これを見てお分かりの通り、英語圏の国では、私たちが普通に何でもなく使う「世間」という言葉は理解出来ないのだ。自己中心に主体的に行動する欧米人には、「世間」を気にするなどという発想はないのかも知れない。

兎に角、日本人は《綺麗好きである》という、その原点はどうやらこうした《風土的組織文化》に結び付いた「基本精神」によるものというのが、私の考えである。

私が住んでいる福岡の伝統的な祭りに、5月の「博多どんたく」、7月の「博多祇園山笠」、そして9月の「放生会」というものがある。昨今は、海外にも知れ渡り、観光客が計百万人にもなろうかという盛況振りだ。

そうした祭りの期間中は、屋台や露店が軒を連ね、娯楽物や飲食物などが売られ、それに伴いゴミが発生し、街中は汚れる。ところが、祭りが終わった後はどうだろうか。その直後から、老若男女を問わず、一斉に大勢の市民が手を貸して、祭りの道具や屋台、そこから出たゴミの全てを綺麗に片付ける。正にアッという間である。

これこそ、祭りを主宰する組織の力でもあり、かつまた地域地方に根を張るボランティア精神を発揮しなければ気が済まない、律義な日本人の文化的意気込みではないだろうか。こうしたことを指して、外国人は「日本のクールさ」と表現したりする。

そう考えた時、榊彰一、村上崇たちが、殿井正純が中心となり招聘した顧問団と営業・渉外の智者である顧問の一人、三枝稔や税理士で監査役の鶴岡坦等の支援の下、懸命に進めようとしている「オフィス活業化事業」は、正にわが国のこうした元々からの風土的組織文化を背負って、これから是非とも取り組まなければならないのである。同時に、なくてはならない「日本的な国創り（都市造り）事業」の基本ではないか。私は、最近そう思うようになってきている。

先日、同社会長の殿井正純と懇談した折、彼が述べた言葉が実に気に入った。「当社の社長以下幹部はみんな若いですが、とても行動と実行が早い。ＰＣの買い取り事業から、新たにオフィス活業化事業に進むことを決めたのは彼らです。私も三枝君や鶴岡君も、彼らにアドバイスし必要なことを下支えしているだけです」

若者たちが、自分で考え行動する。そういう会社でなければ長続きしない。その信念が、殿井の表情に表れていた。続けて、顧問の三枝が述べた。

「私たち顧問やＯＢは、業種は違ってもコンプライアンスを守る経営システムや、ＣＳＲの大切さという神髄を弁えております。そうした基本を念頭に置いたアドバイスが、私たちシニアの役割だと思っております」

「活業」がブロードリンクの理念

ここで若いビジネスパーソンたちの事業を、私なりにもう一度整理してみようと思う。

「コインの裏と表」という例え話が良く使われる。現実の世界において、わが国は成熟社会のトップを切って進んでいるが、しかし成長の限界ということがあるのだろうか。

アベノミクスといわれる成長戦略が進められている。これがコインの表だ。とすれば、コインの裏が前提の地球環境問題を解決しなければ、表が如何に成功しても必ず綻びが出る。

現代社会の成長の限界は、正にコインの裏の負の経済、すなわち「地球環境問題」の解決を疎かにしてきたために、表の経済にストップをかけざるを得なくなったということである。別の言い方をすれば、コインの裏の「負の経済」をプラスに転じることが出来れば、いわゆるコインの表に当たるリアルな世の中は、正常に作動し付加価値を殖ふやし、成長の限界を突き破れるはずだ。

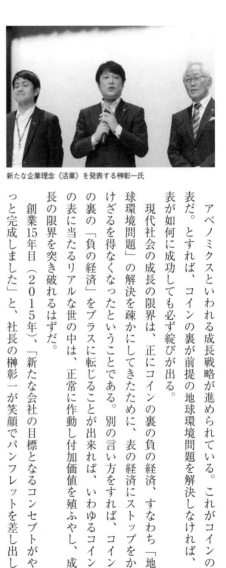

創業15年目（2015年）、「新たな会社の目標となるコンセプトがやっと完成しました」と、社長の榊彰一が笑顔でパンフレットを差し出した。溌剌として、気持が良い男だ。

新たな企業理念《活業》を発表する榊彰一氏

最近は、デザインの時代である。どんなに素晴らしい内容宣伝も、人々の目を引くクールでスマートかつ躍動感のあるものでなければ、人は見ない。見てもらわなければ、役立たない。

掲載写真は、つい最近この会社が作成した、榊彰一から貰ったパンフレットである。表紙の8割を覆う緑色の真ん中に白抜きで《活業》と表示。その下には、小さくOne Stop Solutionと書いてある。また、白色の下部空間部分に配された2頭の白熊が、「活業」という字を見上げる図柄だ。そこには、なんとも上品でクールかつ安心感を誘うソフトな雰囲気が漂っている。誰が考案したのかと聞くと原図はあった。だが、若い榊社長以下で議論し自前で考案したという。

半世紀前、この国を「ジャパン・アズ・ナンバーワン」にした、当時の若き企業戦士たちが活躍したオフィスが、今次々にリニューアルされつつある。首都圏に限らず、地方都市も同じである。今迄のように、そのまま壊してしまうのでは全く持って《勿体ない》のである。「廃棄物」にするのではなく、「活そう」、すなわちかつての企業戦士たちが使ったものを、もう一度生かそうというのである。

その冊子の最初に、榊彰一社長のメッセージがある。

「私たちは、情報機器リユースのリーディングカンパニーとして、全国規模で適切にリユースする体制を構築することにより、情報機器の排出・取扱いに関する《セキュリティー》《IT技術》《経費削減》《環境保全》を、総合的に解決し支援して来ました」

その上で、榊は創業15年目（2015年）にして《活業》ということに会社存立の原点を置き、しっかりと地球環境問題を解決し、社会貢献を立派に果たしていく事業に邁進していくことが出来るという確信を得たと言うのである。よってメッセージには次のように述べている。

「リユース事業を中心に、企業理念である《活業》で人と地球を豊かにするため、事業領域に囚われず、〔環境〕×〔物流〕×〔IT〕×〔建設〕が四位一体となった《活業ワンストップソリューション》をお客様へご提供いたします」

正にコインの表の活動を支えて来たものを、古くなったから今迄のように「廃棄する」という考え・価値観を180度切り替えて、逆に100パーセント有効活用して行くという工夫を、「プロフェッショナル」の私たちブロードリンクにお任せ下さい、というのが社長の榊彰一の迫力あるメッセージなのだ。

その上で彼は、情報機器リユースビジネス分野でのリーディングカンパニーとして、堂々と次のように述べている。

「みなさまと私たちを繋いで下さる全てのご縁に感謝し、日本発《世界の活業企業》として、広く社会から認められる企業となるべく、私たちは更なる努力を続けて参ります」

3Rと益々重要になる《環境負荷軽減オフィス》

「3R」という言葉が、やたらと言われ出した。この考え方が出て来たのは10年以上も前のことだが、本気になり出したのは数年前からの話だ。一般的に言われる「3R」とは、環境省が最近宣伝に力を入れている「Reduce（廃棄物の発生抑制）」「Reuse（再使用）」「Recycle（再生利用）」の略語である。すでに述べて来たように、わが国が国策として、地球温暖化の問題に懸命に取り組もうという姿勢を表明するものだ。

「活業」を表紙にしたパンフレット

よって、都市から出る巨大なゴミと廃棄物の処理に悩まされ、以前から懸命にリサイクル運動を進めている地方自治体も、リデュース（発生抑制）とリユース（再利用）、すなわち2Rに最近は殊のほか熱心である。
ところで、すでにわが国には、2001年4月に施行された「資源有効利用促進法」がある。製造の上流工程に着目し、省資源並びに製品の長寿命化を目途に、自動車・パソコン・家電など10種類69品目を対象に《3R》に取り組み、循環型社会の構築を目指そうという強い意志表示である。ブロードリンクが、企業や官庁などのオフィスから、直接パソコンなどの電子機器を買い取り、リユースに結び付けるというビジネスは、正にこの資源有効利用促進法が改定施行された時と重なっていた。

それから15年後の、2016年6月に発行された平成27年度『環境白書』（環境省・編）は、初めて廃棄物処理法や小型家電リサイクル法など、11本の「環境負荷リデュース」に関連する法律の円滑な活用を奨励する内容を、数頁に亘って紹介している。

榊彰一と村上崇の取り組みが、如何に時代を先取りして進められてきたかが、読者にはご理解頂けると思う。「段々、僕が言う通りになって来たよ。日本は資源の宝庫だし、2Rそして3Rが重要だし必要だ」と強調するのは、元東大総長の小宮山宏。彼に請われて創った「産学研究サロン」は、彼が事務局長をしているため時々会う機会があり、つい最近そう述べていた。小宮山は「プラチナネットワークは、ますます必要になる」というのが口癖だ。「都市鉱山」という言葉を聞いたのも、おそらく小宮山からだったと思う。

ブロードリンクも、正にこの3Rを主として全国のオフィスに焦点を当て、地球環境に貢献する《活業→不要となった物を再活用→環境負荷軽減》という理念で、都市鉱山資源の一角の有効活用を手伝おうということではないだろうか。

都市鉱山の一角を有効活用

今わざわざ、榊の事業が「都市鉱山」の一角の有効活用と述べたのは、都市というより「わが国の」

と述べた方が良いと思うが、年間のゴミと廃棄物の総量は4億2400万トンといわれるように、この膨大な廃棄物は日本国民が働き、かつ生活していくために消費した資源とエネルギーの「残渣《ざんさ》」であり、この残渣こそが小宮山が言う「都市鉱山」。今のところ、その極々ほんの一部を、ブロードリンクが再利用しているのである。そのことを、検証してみよう。

もっとも、先ほどの4億2400万トンという数字は、5〜6年前のものであるが、最近は前述の3Rの効果もあり、そう増えてはいないようだ。因みにゴミと廃棄物が最も多かったのは、リーマンショックが起こった約10年前で、現在よりも2割なわち1億トン多い年間5億トンであった。

現在の数字に戻るが、このうち「家庭」から出るゴミと「事務所や商店など」から出るゴミである、いわゆる一般廃棄物が約112%の4500万トンで、その中には町内会などが行っている古紙回収分も含まれている。残りの88%に当たる約3億7900万トンが、産業廃棄物である。

読者のご参考に、《産業廃棄物》とは何かを説明しておこう。それは、企業の経営者や官公庁の責任者（それを「事業者」という）が、廃棄物処理法に従って自らまたは委託した産業廃棄物処理業者に運搬・処理・処分をさせるゴミである。

この産業廃棄物の内訳は、「直接再利用」「中間処理」「直接最終処分」の3つに分けられる。手元にある資料によると、中間処理量は、セメント、木材、貴金属、鉱物資源、非鉄などであり全体の75%（3億2800万トン）を占める。また直接最終処分量は、し尿や汚泥など約3%（1300万トン）である。

ブロードリンクの事業と関係のある、オフィスを中心としたパソコンや携帯電話・スマートフォン・タブレット・テレビ他電子機器など「直接再利用量」が、概ね残りの22%、8300万トンといわれる。

この内、リユースされるのは52%とされている。すなわち4300万トトン。（丸善出版発行の『ごみハンドブック』より）

パソコンだけを取り出すと、概ね毎年約1千万台が排出されているとみられる。但しリユース分を同じく52%とし、1台3キロで計算すれば約1600万トンである。パソコンがリユース分全体の35%となる。わが国のゴミ・廃棄物の総量からすれば、約4%ということになる。

これまた、2015年に出版された杉本裕明著『ルポにっぽんのごみ』（岩波新書）の中にあったと記憶しているが、このゴミ・廃棄物は約3兆円市場だという。今のところ、榊たちの事業は都市鉱山の一角と述べたのはこのことだ。

ブロードリンクのパンフレットを見ると、2014年度の実績が具体的に示されている。先ず「法人パソコン買取台数」100万台。「新規のお客様」978件。「累計取引社数」5千社、うち「上場企業」500社（上場企業の6社に1社がお客様）。資源有効利用促進法と小型家電リサイクル法が奨励する、環境基本法と循環型社会形成推進基本法等に則り、榊彰一が懸命に追い求めている「きれいな地球にするための事業」なのである。

榊が、「私たちの貢献度は、未だ僅かですが」と言って、同じパンフレットに示してある今迄の累計「CO_2」の排出抑止量の数字を指して述べた。

分かり易く、パソコンのリユース台数285万台が、齎した効果が事例的に示してある。

※CO_2排出抑止量約23万5千トン

※乗用車換算約10万2千台

※東京ドーム換算約3万8500個
※杉森林換算約18万1千ヘクタル

「まだまだこれからです。CO_2の排出抑止は、当社の地球貢献です。5年後には、この10倍の貢献を目標にしています」榊彰一の目が輝いていた。

「企業理念、将来ビジョン、そしてポリシーは何ですか」と、聞いてみた。

「先ず企業理念ですが、資源を再利用し《「活業」で人と地球を豊かにする》ことです」

「次いで、ビジョンは資源再利用という《「活かす力」を世界に示し№1になる》ことです」「ポリシーは三つです」と、次のように述べた。

第1に「お客様」に、プロフェッショナルとして、常に誠実に責任ある言動を貫くこと。第2に「社員」に、年齢・性別・国籍を問わず、人の能力を「活かしつなげる」ことで、物心両面で豊かになるよう目指すこと。第3に「社会」に、《活業》により人類の進歩・発展と、持続可能社会の実現に貢献すること。

信用信頼は着実な組織創りと実行で示す

ブロードリンクの社長である榊彰一を取り挙げる話を総合ビジネス誌『財界』の村田博文社長にしたのが、企業の不誠実な行いにより、社会的関心事にまで発展した様々な事例を2人で少し前に話した後だった。

「お話だと、とても素晴らしい会社ですね。3Rという、わが国が地球環境に貢献するために、絶対に進めなければならないことを率先して事業化しているということなら、是非取り挙げて下さい」

と村田社長は、ニコニコしながら述べた。

「もちろんですよ。私は丸5年間も、大学で特に法学部でコンプライアンスと内部統制のレクチャーを学生に対して行って来ました。ブロードリンクは、この点もしっかりした会社です。単に組織があるだけでなく、着実に機能しています。私は、コインの表と裏が共に、きちんとしていない会社の経営者は、紹介しないことにしています。今迄もそうですが」

「そうでしょうね。ところで3Rについては、不法投棄とかいろいろありますので、今後国民運動にするぐらいこれは重要なことですね」、という村田社長の意見。これに対し、また即座に「同感です」と述べた。

活業ワンストップソリューション

何しろ、成熟社会の日本である。この国の国民と産業が、栄えていくために使った資源とエネルギーの残滓は、ピーク時より減ってはきているが、前述した通り、何と年間4億2千万トン以上にもなる。しかも、その大半の8割に当たる約3億4千万トンが、廃棄物（97%、3億3千万トン）とゴミ（3%、1千万トン）である。

残りの2割、すなわち約8千万トン強が、直接再利用可能なもので、そのさらに5割の4千万トンが、パソコンなど企業等の上流部門から買い取れるものである。だから、ブロードリンクの榊彰一たちが対象にしている分野は、廃棄物という静脈事業全体から見ると、今のところごく一部の話に過ぎないということになる。

このため、政府の求めに応じてわが国の環境負荷を軽減するためには、先ずは直接再利用可能分の上述8千万トンの、現在5割程度のウエイトをもっと増やす努力が必要である。榊彰一が、設立15年目にして新たに「活業ワンストップソリューション」という経営方針を定めたのは、正にこうした国家的要請に合致しているのだ。

私は、彼らの取り組みを見ていて、最近真剣に思うようになった。それは、この榊たちのような、3Rと真剣に取り組むものが増えなければ、この地球は環境負荷の重みに耐えられなくなるのではないかということである。

問題は、地方自治体が受け持つ分野である。すなわち、上述のように日本中から出て来る廃棄物とゴミ全体の8割という大部分を、多くの廃棄物処事業者に委託して処理する役割を担っている。もちろん、如何に有効資源として再利用（リユース）するかに、自治体も腐心しているという訳だ。だがそれが、上手く新たな資源として再利用出来なければ、捨てるしかない。

しかし、それを勝手に捨てることは許されてはいない。けれども、不法行為が起きる可能性が大きい分野であることは間違いない。

反省してみれば、文明文化の発展に浮かれていたわれわれにとって、確かに人間が廃棄したものを上手に処理する人たちの存在が、これ程重要な時代が来るとは、最近まで誰の眼中にもなかったのではないか。だが今や、私が比喩的に述べるように、コインの「表」に当たる人間の活動と「裏」の整え方が、表裏一体となって進まなければ、コインとして成り立たなくなる。コインの「表」は日本経済、すなわちアベノミクスよろしく、年間名目500兆円近い付加価値を生まないと成り立たない。そのコインの「裏」は、3兆円ないし4兆円の市場であり、今のところGDPの1％にも満たない。しかし、この「裏」をどんどん磨いていかなければ、環境負荷が益々大きくなり「表」さえも輝かなくなる。

私は、これから地域・地方の企業家が、地方自治体の廃棄物処理に積極的に参画して、3Rを追求してくれれば、近い将来コインの「表」というGDP付加価値の1割に当たる、すなわち50兆円ぐらいの静脈事業の市場に、十分成り得るのではないかと思っている。

そういう意味でも、榊彰一が、「《活業》で人と地球を豊かにする」という企業理念を掲げたのは、実に鋭いことである。それは上述したように、コインの「裏」をどんどん磨き、リユースによって「表」に人工物の資源の活用を戻す仕組みに、懸命に挑戦しているという発想だからだ。

しかも、《ワンストップ》で事業を推進しようというのである。すなわち、「オフィス再建」→「不要物買い取り」→「撤去・解体」→「レイアウト・修理再建」を、一括して企業や官庁などお客様の要望に対応出来るシステムを創り挙げているのだ。

静脈事業の成果を動脈に復活させる喜び

ご存知のように、われわれ人間を含めて哺乳動物は、動脈から血液が供給されることで、生命を維持し活動している。その使用済みの血液が今度は静脈に流れ、不要物を処理してくれることで、生命体としてのバランスを保ち続けることが出来る。これは、いわゆる血液の循環活動が、如何に重要であるかを示している。

それがちょうど、経済活動と似ていることから、上述のコインの「表」が動脈事業で、コインの「裏」に当たるもの即ちブロードリンクの事業活動は、重要な静脈事業だということになる。

何故わざわざ、こうしたことを述べるのかといえば、このわれわれが住む地球が、自然界の法則を破って人間の動脈事業により、今やバランスを崩しつつあるという現実が明確になって来たからである。それを救うレスキュー隊が緊急に必要になってきた。

私はそのレスキュー隊が、ブロードリンクだと思っている。すなわち、ブロードリンクは確実に環境破壊を防止するため、リデュース（廃棄物の発生抑制）をしっかり行い、リサイクルの道筋を定め、その上で明確にリユース（再利用）する企業だからだ。

もちろん、こうしたレスキュー隊の隊長である榊彰一はもちろん、全ての隊員すなわち社員は、「地球を救う、日本を救う」というぐらいの使命感がなくてはならない。よって、言うまでもなくコンプライアンス、すなわち《遵法精神》が徹底していなければ、人の命も地球の環境も守れない。

すでに、前号で述べたように、この会社は「経営の内部統制」を、きちんと守るようにあらゆる重要課題がシステム化され、常時チェックすることを取締役会が決めた常設委員会によって、事業行動の透明性を内外に高くしている。もちろん監査役とも連携して、非上場企業とはいえ、二重の経営管理が行われているのが特徴である。

何故それ程に、自らを厳しく律するのか。それは、この会社の企業理念である《資源を再利用する「活業」で、人と地球を豊かにすること》を基本に、この分野のプロフェッショナルとして、誠実に責任ある行動を貫くことが生き甲斐だという喜びが、社員全員に行き渡っているからだと言える。こういう会社が、どんどん静脈事業に現れてきて欲しいと願うばかりだ。

2百名の社員が全国の営業拠点・テクニカルセンターなどで活躍

設立15年目にあたる2015年、ブロードリンクは、今までのパソコンを中心とした、企業や官庁からの買い取りによるリユースという事業から脱却した。

すなわち、新たに前述のように「オフィスの全ての不要品を一括買い取りして、ワンストップで再利用、再資源化していく」という経営方針に、一段ステップアップしたのである。

より正確に述べれば、それは《環境負荷を出来るだけリデュース》し、かつ《リサイクル》によって、新たなソリューションを生み出すイノベーションでオフィスを修理し、全てを《リユース》していくという発想である。

私が住む九州でも、すでに13年前からブロードリンクのこの事業が始まっていた。

福岡支社長の三木克彦は、まだ40歳そこそこの若者だが、いわゆる九州全域をカバーする責任者として、10名の部下と共に活躍している。

ちなみに、全国的に見れば、東京の本社の他に全国を7地域すなわち東京・大阪・名古屋・仙台・福岡・(広島)・沖縄に分けて、支社（広島は営業所で福岡に所属）を置き分轄管理している。

また、それぞれの支社ごとに、それぞれテクニカルセンターと称する施設がある。ここは契約先となる企業や官庁・大学・病院などから回収された、再利用物件の搬入場所であるだが前述のように、回収された機材の「今ある不要なモノの能力を最大限活かす」という《活業》の理念に従って、正に雑多なモノを手早く選り分けする作業が、懸命に行われるのだ。

しかも、そこでリユースの行先を決め、修理物件の作業量を判断しなければならない。もちろん、パソコンなどの消去作業は極めて重要であり、テクニカルセンターに設置されている高能率のデータ消去、破砕設備により、慎重に行われている。こうした高度な骨の折れる仕事こそ、この会社の社員が持つ特殊技能である。「私たちはプロフェッショナルだ」と、社長の榊彰一が述べるゆえんである。

ワンストップソリューションと環境問題への挑戦

榊彰一という若者が、パソコンなどの電子情報機器を中心に、リユースをメインとした事業を起こし、修理して寿命が尽きるまで排出を抑止するリデュースに繋げ、今ではオフィス不要品を全てリサイクルする事業、所謂3Rにより地球温暖化に貢献している姿を紹介して来た。こうしたやる気のある若者がどんどん育ってもらいたいという願いを込めて書いている。

だがこの事業は、よく考えて見ると簡単なように見えて決してそうではない。よくも、此処まで立派な事業に押し上げることが出来たものだと感心するばかりだ。というのは、誰にでもやれるかというと、それなりの厳しい技能力の集と、それを踏まえ苦心惨憺の営業努力がなければ難しいと思うからだ。何故か。

それは一言でいえば、今やネット上の仮想空間が、実物経済や政治社会を動かすという重要問題が介在しているからだ。特にブロードリンクの事業は、データを完全消去して、リユース出来るようにすることが本命である。そこには、クライアントの会社との間に信頼・信用関係が構築されていることが、真に必要なポイントであろう。それ故、彼らはここまで来るのに、15年かかっている。

そして今や、もっと幅広くオフィスから出る不要廃棄物を全て引き受けて、そのオフィスのリニューアルまで「ワンストップ」でソリューション事業を行うという企業戦略の経営方針を打ち立てたのだ。正に、彼らの事業こそ、地球環境問題に対する企業の貢献として、静脈産業が本格的に地歩を築き上げるための新たな挑戦であり、益々重要視されて行くように思う。

だが、もう一つ重要なのが、地球上の廃棄物の、全ての始末だ。これが上手に運ばれなければ、地球の温暖化問題の本格的な解決は出来ない。そこに果敢に挑戦している、榊たちの事業の必要かつ重要性を痛感している次第だ。

以下若干、それに触れてみよう。

益々異常現象が示す地球温暖化

海水温上昇で、猛烈な台風多発、各地で突然発生する集中豪雨による洪水や山崩れ、突風の竜巻、火山爆発、気温40度と熱帯化する日本列島。そこに、異常な害虫や感染症の発生等々を含め、これらによるトータルの犠牲者や被害者は、おそらく毎年100万人以上にも及んでいる。「観測史上初めて」という言葉がもっぱらだ。兎に角、わが国だけでなく世界中が異常である。地球の温暖化と海水温の上昇は、あらゆる手段で防ぐしかない。

最近、ハーバードとNASAの研究者たちが書いた、「2093年に世界は終わる」という物騒な本が出ている。何と、今世紀末の話である（『こうして世界は終わる』ダイヤモンド社）。

同書によると、両極の雪が完全に消え、巨大な山火事・洪水・ハリケーン（台風）の続発で、世界の陸地が半減し、人類の大移動と混乱。最大でも、生き残るのは僅かに3割。現代文明は、完全に崩壊する云々。決してSFではない。正に、恐ろしい人類滅亡に関わる話である。特に、昨年から今年にかけての日本列島の災害状況は、段々にこの本のような状況に向かっているような気さえする。少なくとも、最悪の状態にならないようにするためには、廃棄物をリデュースし、リユースを徹底して、既存の製品を徹底的にリサイクルする知恵が、最も重要かつ必要になって来るのではないのか。

すなわち私たちは、インターネットと金融手段に支えられた、GDPの成長こそ必要という「経済繁栄」中心の指向を、《人間の幸福とは何か》という原点に返って、人間の生き方を真剣に、もう一度見直さざるを得ないということではないだろうか。しかし、今の世の中はこうした地方の一学者が発する貧者の一灯など、おそらく殆ど注目してもらえないだろう。

少し運命論的な懐の寂しい話になった。だが、現実に万に一つにも現代文明が消滅するというような大変なことにならないようにするためにも、先ずはブロードリンクの社長榊彰一たちのような、着実に環境改善に貢献する静脈産業の発展を何としても一層進め、CO_2の削減など、環境負荷の抑制を地道に推進していくべきことが強く実感される次第だ。

情報機器を活かすプロフェッショナル

「活業ワンストップソリューション」とは、こうした私の期待に応えてくれるような、実に素晴らしい経営戦略だと思う。すなわちそのコンセプトは、第一に「情報機器を活かす」、第二に「不要品を活かす」、第三に「オフィスを活かす」という、3点セットをワンストップとし、あくまでお客様であるオフィスビルユーザーの環境負荷を軽減し、かつ効率的に事業を継続するとする、強いニーズを踏まえたものだ。

そこで、この際ブロードリンクの《3R》の実態を、読者に分かり易く説明しておこうと思う次第だ。

先ずは、「情報機器を活かす」というコンセプトの内容である。再利用可能な情報機器すなわち、パソコン・サーバー・周辺機器、スマートフォン・タブレットなどの物件は、正当な価格で買い取る契約が、企業や官庁ごとに結ばれ、そこには秘密保持条項がある。だが、別途必ず秘密保持契約書が取り交わされ、お互いに情報漏えいがあってはならないことが厳しく契約されている。

ブロードリンクのパンフレットには「安全・安心への取り組み」という頁がある。そこには「システム」「施設・設備」「認証・免許・認可」という順に、詳しく内容が掲載されている。

自社の物流

こうして契約に基づき、再利用可能な上述の物件を、お客様である個々の企業から買い取る場合には、安心安全のトレーサビリティー管理の下に、「CO_2削減効果証明書」を発行した上で、全国の地域別拠点5カ所（東京・大阪・名古屋・仙台・福岡）に設置した、テクニカルセンターと称する工場に、自前で用意した大型トラックによって、その車ごとにセンター内に搬入される。

なお、現在の所では規模の拡大に伴い、ブロードリンク同様に情報機器の取扱いに長けた運送会社と協力して離島を含め日本全国どこでも回収・

運搬するネットワークも完全構築している。因みに、東京（大田区）にあるテクニカルセンターは、約3000坪もある。それほど、広大な施設の管理は、それこそ盗難や情報漏えいを防ぐため、超一級の監視体制が取られている。よって、作業員や運転手はもちろん、技術員などに対するセキュリティーのための管理はもちろん、作業エリア毎に区分けされた入退室権限など二重三重のチェックが厳しく行われている。

このように同社はプロフェッショナルとしての、高度な技能と技術を持っている。すなわち、テクニカルセンター内では「パソコンデータ、スマートフォン・タブレットデータ、サーバデータ」を消去するため、物理破壊・磁気消去・光学フラッシュメモリ破壊が行われる。

官公庁を含め多くの企業から、ブロードリンクが全面的な信頼信用を得ているのは、実は次の「4つの高度セキュリティーシステム」を保有しているからである。

◇国際規格に則った情報機器取扱いのコンプライアンスを図るため、2007年10月、情報セキュリティーマネジメントシステム「ISO27001」を取得

◇世界の標準規格に準拠した確実なデータ消去を実施するため、米国国防省のデータ消去規格他世界標準7規格を含む全13消去規格を保有し、業界最高水準のデータ完全消去サービスを実施

◇世界最大規模の損害保険制度、すなわち「情報漏えい損害保険（最大5億円）を導入している

◇営業社員は、全て情報機器リユース・リサイクル取扱い検定を取得し、情報機器リユース・リサイクル協会より中古品情報機器取扱事業者の認定を受け、3Rの知識を完全に共有している

もちろん、買い取る全ての電子情報機器をはじめ、オフィスから出て来る不要品を、ブロードリンク

のテクニカルセンターに問題なく搬入するセキュリティーシステムも完璧だ。

産業廃棄物リサイクルの重要性

このところ毎日のように、活発な火山活動や集中豪雨と台風被害、さらに海水温上昇で海産物の異変等々……わが国だけではない。世界中が異常である。このままでは一体どうなるのだろうか。誰しも心配になる。

最近、重要な静脈事業として活躍中のブロードリンク社長、榊彰一を中心に紹介し始めてから特に、こうした地球の環境問題が殊の外、気になってきた。何しろ世界のゴミ・廃棄物は、年間１００億トン。わが国は約５００兆円のＧＤＰを稼ぐために4億トン以上、世界のゴミ・廃棄物の４％を出しているわけだ。

これを何とかして有効に利用できないか。有効利用出来れば、その分だけCO_2など地球環境の悪化の害を減らすことが出来る。漸く環境省も動き出した。

年間、4億トンのゴミ・廃棄物のうち家庭や事務所などの分は約2割。残りの8割、3億トン以上が、産業用のオフィスや工場などから出る巨大な廃棄物だ。ブロードリンクが携わっているのは、このうちの数％に当たる分、企業や役所等オフィスビルから廃棄される、電子情報機器などを中心としたものである。

拡大されるテクニカルセンターの量質

今までは、パソコンやサーバなどの電子情報機器の、環境負荷を減らすためのリユースが中心だった。だが、ブロードリンクは15周年を機に環境事業戦略を強化し、オフィスから排出される廃棄物は全て引き受け、可能な限りリユースの努力をすること。さらに、オフィスの撤去から移転、内装工事、デザイン、リユース情報機器の導入、ネットワーク工事までオフィスのリニューアルを一括で引き受けることを宣言した。これは、何を意味するか。経営の量だけでなく「質」の大きな転換である。何故なら、オフィスリニューアルということは、正にGDPに正面から貢献することになるからだ。

こうして、今や同社のテクニカルセンターは、東京大田区東海にある巨大なセンターだけでなく、大阪・名古屋・福岡・仙台等全国各地で、その拡張が慌ただしく行われ始めた。

「鉄道の駅は、電車を運行させながら、並行して拡張工事が行われていますが、あれと全く同じですね」

つい先ごろ、現場を見たいという要請に、多忙極める中、親切に分かり易く現場を案内してくれた、名倉マーケティングPR室室長が、応えて述べた。

「私たちの作業の心臓部はパソコンなど、電子情報機器の中にある記録の完全消去です。ご覧のように何万何十万台とある廃棄電子情報機器から、記憶装置を取り出して一つずつ丁寧に行うデータの消去及び物理破棄作業は、徹夜で行われています。だから、考え方によっては、鉄道の駅の運営よりも厳しいかもしれませんね」

そういう会話の間にも、巨大な「データ消去室」には、すでに仕分けされて処理を要請するパソコンやハードディスクなどが、1トン以上もあるようなカーゴで、奥の方にどんどん積み込まれて来ている。特別に見学させてもらっていると、「やあー、先生。お疲れさまです」と、パソコンのデータ消去作業を指導していた元気溌剌の男が、右手を挙げて一段低い作業台の中から挨拶している。取締役の1人、藪野昌彦だ。人柄も抜群、この道のプロである。この作業室には何十人かが懸命に作業をしている。その作業が円滑に回るように指導をしながら取締役自らも、場合によっては作業ラインに入るのだ。

話によると、3交代で数十台を同時に、性能抜群の電子情報機器の記憶消去装置で丁寧に作業を行っているが、完全に消去するのに、データ容量によっては1台当たり数時間かかる。

作業は8つの分野に分けて、順次きちんと処理されている。といってもそれぞれが巨大過ぎて、案内してくれた名倉室長がいなかったら全て迷路だ。迷子になることは確実である。

本部テクニカルセンター内部

第1セクションは、センター入り口の、大型の3トントラックがそのまま入れるような大きなゲートがあり、その階のドームが「荷受け&仕分けエリア」である。「トラックが機械をそのままセンターへ持ち込むことが出来るということで、お客様からの信頼と安心感が得られています」「概ね1日、15台ないしそれ以上のトラックが搬入しています」と名倉が述べた。

オフィスから出て来る廃棄物全てだ。小型のフォークリフトなども活用して、パソコン・スマートデバイス・サーバ・ハードディスクなどは勿論、机・椅子・テーブル・卓上電話器・扇風機・クーラー・冷蔵庫・

印刷機・カートリッジなど、あらゆるオフィスからの不要品が運び込まれる仕組みだ。但し、現在は千葉のセンターが狭くなったため、今いる本部センターへの移転作業の途中ということもあり、電子情報機器以外のものは臨時的に別途処理しているとのことだった。

次いで第2セクションの「入荷保管エリア」に移される。ここでは、先ず「荷受け」、すなわち入荷個数の確認。次いで品物にバーコードを貼り付け「どのエリアの仕事か、扱い者は誰か」などのトレーサビリティーを明示する。次いで「仕分け」という大事な作業がある。搬入された、パソコン・スマートフォン・タブレット・液晶モニター・その他情報機器などと、オフィス内のその他不要品別に仕分けされる。耐震設計された部屋で、倉庫専用に造られた「ラックシステム〔ネステナー〕」を利用」して、さらに錠前掛けの上セキュリティーカーゴで、エリア分けをして保管している。

東京本社

第3のセクションは、「リサイクルセンター」だ。オフィスから出て来た電子情報機器以外の「その他不要品」は前段階で一応仕分けしてあるが、それをさらに用途別に再整理し、リサイクル出来るものと、解体処理するしかないものに、物品別に細分化する。「このセンターへ持ち込まれたものは全て有効に処理します。当社は一つの資源も無駄にしません」。名倉室長が胸を張った。

第4セクションは、「入荷作業エリア」であり、ここで数万台のパソコンやスマートデバイスなどの機器ごとに一つ一つメーカー名・型番・サイズ・シリアル番号・外装状況などをチェックし、お客様からの預かり書類とチェックし、間違いがないかどうかを確認している。

第5セクションは、「データ消去待ち保管庫」だ。巨大な部屋に、注文に間に合わせるよう順番にカーゴに入れた数万台のパソコンなどが保管されている。1日のデータ消去数は約3千台。

第6セクションが、前述した藪野取締役が陣頭指揮していた「データ消去室」である。パソコンのハードディスクデータ消去、ハードディスク物理破壊、サーバデータ消去、光学メディア・USBフラッシュメディアなどのデータ消去・物理破壊を行い、データ消去証明書・写真証明書を発行する。

第7セクションは、出荷仕分けと梱包エリアだ。ノートパソコン・デスクトップパソコン・液晶の三つに出荷の仕分けをする場所だ。再生した製品を検品しクリーニングを行い、新品同様に磨き上げる作業が行われていた。第8セクションが出荷エリアであり、少なくとも数千台のリニューアルしたパソコンなどが次々にトラックに積み込まれ、企業のオフィスなどに持ち込まれて行く。

21世紀の助っ人ブロードリンク

恰もパソコンの生産工場のような雰囲気が漂っている部屋があった。「キッティング&リペアセンター」だ。同社は、インターネット通販を通じて、個人からのリペアサービスを、10年以上に亘り行っている。具体的には、再生技術を有する「マイクロソフト・オーソライズド・リファービッシャー」企業としてマイクロソフト社から認定されている。社員はプロとして日々技能を磨き、他に恥じないナンバーワンとしての誇りを持って、業務に励んでいる。10年間で既に5万件以上の修理実績があるのは、年間約100万台以上の上述した買い取りの部品を活かすことが出来るからだ。

ネットが益々高度化していく中で、ブロードリンクは今世紀に、益々地球をきれいにすることに貢献しながら、新たななくてはならないナンバーワンのプロ集団として輝き続けるだろう。

第3編

筥崎宮権宮司　田村邦明氏

神仏と共生する覚悟を決めた賢人

【この編に登場する方々】〔順不同・敬称略〕

田村邦明　田村靖邦　西高辻信良　杉尾政博　村田博文　石原進　貫正義　田中優次　田村豊彦　太田雄貴　廣瀬俊朗　諸橋轍次　諸橋晋六　米山寅太郎　鎌田正

〔歴史上の人物〕

応神天皇　神功皇后　玉依姫命　醍醐天皇　明治天皇　昭和天皇　昭憲皇太后　フランシスコ・ザビエル　宮本武蔵　新渡戸稲造　小早川隆景　徳富蘇峰　ロバート・ベーデン＝パウエル　乃木希典　亀山上皇　伊邪那岐大神

筥崎宮権宮司・田村邦明

博多の三大祭といえば、5月3～4日の「博多どんたく」、7月1～15日の「博多祇園山笠」、そして9月12～18日の「放生会」、すなわち生き物を供養するため、神に祈る祀りごとというのが本義である。その放生会を主宰するのは、九州で一、二を争う著名な神社、応神天皇を祀る《旧官幣大社筥崎宮《はこざきぐう》》である。

この神社の現在の第56代宮司・田村靖邦を、本著で取り挙げたのは、12年ほど前のことだ（第一巻に収録）。今回改めて、彼の長男であり将来跡継ぎになる権宮司・田村邦明を取り挙げることにした。その理由を述べておこう。

神職の著名人については、田村靖邦宮司の後、大宰府天満宮の西高辻信良・菅原家第39代当主を取り挙げたことがある。読者の方の中には、天満宮の傍に12年前、九州国立博物館が九州電力など九州経済界トップの全面協力と、天満宮が土地を寄付したことで建てられたということを覚えている方もおられるだろう。その後、神社仏閣に関することは書いてこなかった。

だが、今や地方創生の時代だ。2年後の東京オリンピック・パラリンピックだけではなく、これからは地域に埋もれた文化文明の遺産を輝かせて、日本の良さ、美しさの原点を整える必要がある。それが、本当の「おもてなし」に繋がり、観光インバウンドにも役立てば最高だ。当然、経済成長や雇用にも結び付くはずだ。

そんなことを考えていた折、地元マスコミ重鎮の一人、かつて西日本新聞社の旗手だった杉尾政博が座長の月例勉強会「3F会」に、筥崎宮の権宮司・田村邦明が講師として招かれた。「3F会」とは、毎月第3金曜日に開催される勉強会のこと。主に地元経済界や弁護士、マスコミ出身者など異業種の集まりで多彩だ。参加は自由だが、そこはやはり座長の暗黙の了解が前提。その座長である杉尾政博は、昔からビジネス誌『財界』主幹の村田博文ととても懇意であることから、15年前に私が故郷九州に戻った折、紹介を受け、講師に招かれたことが切っ掛けで入会した。入ってみると、メンバーは大物揃いだ。

例えば、JR九州のトップになった石原進も古くからのメンバーの一人だ。彼が弱冠42歳の時からである。旧国鉄が解体され1987年（昭和62）全国にJRグループが出来て、九州の経営管理室長として赴任した頃、石原が3F会に入った時は、既にこの勉強会は活動していた。だから、3F会は発足以来30年の歴史がある。日本経済は絶好調……だが昭和48年（1973）のオイルショックで、石油価格が暴騰し電気料金をはじめ諸物価が高騰。世界経済、ひいては世の中の動きが微妙に軋み始めた。

このため、企業の若者たちが杉尾を頼って、情報や人脈を得ようと入会し3F会は活況を呈した。当時この会に入り、その後経営トップに成った人物が沢山いる。杉尾に聞いてみたところ、現在の九州電力会長・貫正義、西部ガス会長・田中優次なども当時広報や営業関係などの部長クラスであり、熱心に出席していたメンバーだったという。

現在もメンバーは35名以上いるが、毎回15ないし20名程度が集まる。最近まで朝食会だったが、今は昼食会に切り替えたが、やはり、第3金曜日での開催である。講師は主として、メンバーが交代で務める。石原は今でも中心メンバーの一人だから、毎年正月の集まりは彼がレクチャーする。経済社会の問題観光事業の動向などを含め、貴重な話をしてくれる。

もちろん、種々な智者がいるので、これからの街づくりの話から、医療・医薬や介護、観光、地域興し、教育、少年犯罪、大学改革、ベンチャーの海外進出等々、とても勉強になる。メンバーが皆多忙で、講師を引き受けられない時には、座長の杉尾が凄腕を発揮する。今回も、彼が田村権宮司を連れ出したようだ。

弁舌爽やか！ これは、逸材

２０１５年7月21日。偶々、次の会合との間が空く昼の時間帯だったので、２カ月振りに３Ｆ会に出席した。開始時間ギリギリに会場に到着したら、一番前の席しか空いていない。「博多時間で済みません」とみんなに挨拶して座に着くと、真正面の講師の席にいた若者が、ニコニコ顔で名刺を差し出した。それが、田村邦明との初対面だった。

何時ものように、食事が終わる頃を見計らって、講師の隣席の座長杉尾政博が、最近の重大ニュースなどについてコメントする。この時は、オリンピック国立競技場やエンブレム問題、それに東芝事件などが話題だった。彼は日本型組織に潜む有識者と称する影の実力者集団の存在が、こうした事件の起きる原因だと指摘し、みんなが納得する状況を視て、再度その口が開いた。

「今日の講師、田村邦明権宮司は、実は私が頼み込んで、忙しい中、来てもらったわけです」

そうして、田村邦明を呼んだ理由を座長の杉尾が説明し始めた。

「実は、最近お宮さんに関心がありましてね。それは、ひょんなことから私の名前の《杉尾》という神社が、全国にあることが分かったんですよ」

そこで、「一体お宮さん、すなわち神社とは何か、どんなかたちになっているのか?」それを知りたくなって、宮司の田村靖邦さんに相談した。そうしたら、「うちの息子は《トビタカ》だから色々なことを知っている」と、自分のことを謙遜して、「息子（邦明）に説明させる」ということになったというのだ。

筆者も調べてみたが、全国に「杉尾」という名の神社が少なくとも10カ所ぐらいはあるようだ。その中で最も有名なのが、和歌山県海南市にある「大山祇神・誉田別命を祀る杉尾神社」である。もちろん、神社の組合に当たる組織「神社本庁（明治神宮鎮座の渋谷区代々木に所在）」にも所属しており、主祭神は「杉尾大明神」という地域の守り神だと言われている。

話が横道に逸れたが、今や昔のしきたりや伝統、さらには文化や日本的な思想などというものが、何となく忘却されてしまいそうな世の中である。それを考えた時、当日の権宮司・田村邦明のレクチャーは、確かにとてもインパクトが大きかった。何しろ、弁舌爽やかに、「神様」とは何かを非常に分かり易く噛み砕いて、小中学生でも十分理解出来るような内容で解説してくれた。確かに、父親の宮司田村靖邦が自慢する通りの逸材だと思った。

（旧）官幣大社「筥崎宮」本殿前で、田村邦明・権宮司

以下、権宮司田村邦明のレクチャー内容、さらにその後筥崎宮を訪れ約2時間近く懇談した内容などを踏まえて、この世に生を受け奇しくも「神仏と共生する運命を背負った賢者」のことを、出来るだけ判り易く紹介していこうと思う。

全国に8万社近くある神社のうち、最も格式が高いものが「一の宮」だという。その数は、僅か95。1千分の1である。九州には17。筑前の国と言われた現在の福岡県には二つしかないその一つが、田村邦明権宮司の筥崎宮だ。（注）他の一つは住吉神社

そこで早速、それ程著名な筥崎宮のことと権宮司・田村邦明のことを紹介しなければならないのだが、その前に杉尾政博が言う通り、一体お宮さんすなわち「現代における神社」とは、どういう存在なのかという点を、前提条件として述べておこう。そうすれば、読者の方々の興味も一層湧いてくると思う。

文化庁が、毎年発行している「宗教年鑑」という辞典によると、平成26年度末（２０１５年3月）の全国の神社数は、７万９３０２社である。尤も神社庁に登録せず、神主も不在という神社も多数あるようだ。懇談の中では、２万社ぐらいあるかな?ということだった。それを加えると10万社ぐらいになるが、不確かなのでここでは省いて考えよう。

さてふと思い付くのが、片やお寺さんすなわち寺院の数であり、そちらの数の方が多いと思った。確かに、江戸時代までは寺に現在の市町村役場に当たる住民登録管理をさせていた（いわゆる「檀家制度」）ので、当時は10万カ所以上あったという。

だが、先ほどの文化庁の宗教年鑑では、寺院は7万４６９４社であり、神社の方が４６０６社ほど多い。しかも、不思議なことに同じ文化庁の資料によると、「教師」と呼ばれる《神仏との共生》を職業とする人たちは、神社に勤める神道の教師が2万５６６３人に対し、寺院に勤める仏教の教師は何と11倍に当たる30万７９１５人だというから、奇妙でありまた驚きでもある。

どうしてだろうか?　理由は後ほど記す。

「一の宮」の筥崎宮

《筥崎宮》にとって重要な社格の一つに、《一の宮》という称号がある。田村邦明権宮司の人となりを紹介する前に、彼が仕える神社の重さを紹介しておこう。この神社は「一の宮」と言われてきた。「一宮」或は「一之宮」とも書く。日本全国に同じ地名がいくつかある。例えば九州の熊本県阿蘇市の「一の宮町」だ。愛知県には「一宮市」、そして山梨県笛吹市に「一宮町」がある。しかも、そこには、言うまでもなく格式高い「一の宮」と称する神社が厳然と鎮座しているのだ。熊本県阿蘇市一の宮町の阿蘇神社、愛知県一宮市の真清田神社、山梨県笛吹市一宮町の浅間神社はそれぞれ「一の宮」なのだ。このように市や町の名前にまでしたのは、「一の宮」という存在が、如何にそれらの地域で権威を持っていたかの証しである。だが《筥崎宮》がある場所は、「一の宮」という地名ではない。《筥崎宮》の知名度は、一の宮という地名がなくても、強く周囲に印象付けられていたという証拠ではないだろうか。

さらに調べてみたところ、全国7万9千社のうち、「一の宮」と称される神社は、僅かに0・1％104社しかない。筥崎宮がある福岡（奈良・平安の世から江戸時代まで呼び名は「西海道・筑前国」）の神社数は3400社以上である。だが「一の宮」は、《筥崎宮》と《住吉神社》の2社のみだ。奈良・平安時代の昔、国を安定的に治めるための朝廷制度と結び付いた重要な役所組織の一つだったのではないかと思う。全国を筑前国など68カ国に区分して統括するのに、それぞれの国の最上位神社を、「一の宮」と称し、その国に赴任した国司が最初（一番目）に参拝して来た、というのが由来である。場所によっては「二の宮」という神社が定められ、さらにまた「三の宮」という神社がある。だがこの福岡（筑前の国）には、「一の宮」があるだけで「二の宮」も「三の宮」もない。これまた、神社制度という特別な組織の中では常識だろうが、われわれ凡人には知る由もないことだ。

歴史を紐解くと、実に面白い。わが国に、《日本国》と称する国のかたちが始まったのは、8世紀初頭だといわれる。仏教が中国から伝わり、同時に宦官制（官僚制度）を見習って導入したといわれる《大宝律令》を、西暦702年（大宝2年）に法制化し、国家の組織を制定、統一した頃である。

しかも、興味深いのは後述の『日本書紀』に、このわが国の官僚制度（大宝律令を改正した養老律令）を制定し、同時に今迄《倭の国》と呼ばれていたこの国の名称を、中国に朝貢（第7次遣唐使派遣（派遣次については第8次その他諸説あり））して《日本国》と、海外に向かって初めて唱えた時の天皇は女帝（元正天皇）だったということだ。この頃から《日本（「ニホン」または「ニッポン」）》と、称するようになったと思われる。さらに注目すべきは、同時期に編纂された最古の歴史書といわれる《記紀》が第43代《元明天皇》と、上述の第44代《元正天皇》のご治世（母娘二代続けての女帝となったご時世）に編纂されているということだ。わが国のもっとも古い歴史書である《古事記》は、西暦712年（和銅5年）に太朝臣安萬侶という人物が編纂して、上述の《元明天皇》に献上している。さらに続いて8年後の720年（養老4年）に、舎人親王という人物が編纂をした先ほどの《日本書紀》は《元正天皇》に奏上したといわれる。

BC660年に第1代の《神武天皇》が即位したという神話の頃から、現在の《第125代今上天皇》までの間で、女性天皇は8人10代（但し皇極天皇と斉明天皇、孝謙天皇と称徳天皇は同一人物）存在する。現皇室典範では、天皇は男系の長子と定められていて、男子が引き継ぐことを前提としている。

何故、女性天皇が登場したのか。現在と違い平安時代頃までは、トップリーダーの天皇が実質的な政治の執行者であった。飽くまでも推測に過ぎないが、どうやらいずれの場合も、天皇家に直系の世継ぎがいなくなり、あるいは対等な順位者が現れて勢力争いになったような場合、すなわち新たな歴史の変わり目などに止むなく政権の調整役として、「中継ぎ」的に《聡明な女性天皇》が現れたということではないだろうか。

天皇家の守り「朝廷制度」の基本が《一の宮》

この時代、わが国の政治体制にとり、とても重要なことが、もうひとつ行われている。それは、天皇制の基本とも考えられる所謂「朝廷制度」を全国に広めるために、《神祇官》という行政組織（役所）を創ったことである。

すでに述べたように西暦７０１年（大宝元年）に、日本国家組織体制の原点でもある《大宝律令》が、中国の制度に習って定められ、翌年（７０２年）から実施された。同じく上述したように、全国を58に区分して国を治めた。その後１世紀以上経った西暦８２４年（天長元年）に《68ヶ国》に変更されている。

この《神祇官》の場所に当たる「地方の役所兼信仰の中心地」が、68カ所の《一の宮》だった。各地の「一の宮」の代表は、その神祇官という役所から《大宮司》という職を任じられ、朝廷を支えた。《幣帛》と称する「供物・祭祀料」を下賜され、それを祭壇に奉って、各地で「祈年祭」「月次祭」「新嘗祭」を執り行ったのである。幣帛を下賜される神社（「官社」と称す）は出仕して「供物・祭祀料」を恭しく拝受した。その行事を《班幣《はんぺい》》と称した。この時、古事記、日本書紀に謳われている神話に基づく《祝詞》を奏上し、天皇制とそれを支える朝廷制度の強固な基盤を固めていったと考えられる。

今の福岡県に当たる当時の「筑前国」には、時代は異なるが筥崎宮と住吉神社の2ヵ所が「一の宮」と定められている。それぞれ祈年祭や新嘗祭などが、厳かにかつ賑やかに行われたことだろう。

筥崎宮「放生会」での御神幸行列

「二の宮」「三の宮」の由来は？

ところが、この福岡県には「二の宮」以下はない。現在の京都府に当たる「山城国」では、賀茂別雷神社と賀茂御祖神社の2社が、「一の宮」であり、ここにも二と三はない。島根県に当たる「出雲国」も、「一の宮」は出雲大社だけで、二と三はない。広島県に当たる「安芸国」も「一の宮」厳島神社のみだ。だが同じ広島県でも「周防国」では、「一の宮」玉祖神社、「二の宮」出雲神社、「三の宮」仁壁神社と賑やかである。熊本県の「肥後国」にも、「一の宮」阿蘇神社、「二の宮」甲佐神社、「三の宮」藤崎八幡宮と一、二、三が整っている。

トータルで見ると、①一、二、三の宮が揃っているところが32カ所　②一の宮だけのところ31カ所　③三の宮だけがないところ11カ所である。これは何を表わしているのだろうか？　調べてみたが、正しいことはどうも分からない。

しかし専門家による、種々調査結果はある。それを推察してみた。私の結論だが、日本列島のそれぞれの地域や場所において、拮抗する「人間集団の勢力関係」を上手に、要するに政策的に裁いた結果ではないかということだ。

別の言い方をすると、役所が一方的に定めた「一の宮」の実力や勢力と拮抗する力や能力のある豪族が、偶々隣の場所にいたとする。そこで、争いにならないように、全く甲乙付けがたく拮抗する場合には、「一の宮」を2社にした（但し上述の筥崎宮と住吉神社の場合は拮抗ではなく中世末頃に戦国時代の諸事情により「一の宮」の役割に支障を来した住吉神社に代わって筥崎宮がその役割を担ったとされる）。それでも収まらない場合は、伊勢国のように3社にした。

だがそれでも収まらない場合が出て来た。例えば、今の富山県の越中国だ。ここでは3社でも収まりがつかず、「一の宮」を4社としたのではないだろうか。さらに、やや実力は劣るが、なお力があると認めた地方の豪族等には、「二の宮」さらには「三の宮」という、要するに一種の格式を定める辞令を次々に渡し、争いにならないように治めたのだろう。《阿吽の呼吸》などという、わが国に独特の言葉があるのも、多分にこういうことと恐らく深く関係していると思う。

こうして見ると、この時代天皇家を守る《朝廷制度》という政治体制は、かなりの年月をかけ、実に巧妙に組み立てられていったと思われる。そうした尊い歴史文化の遺産が、この《筥崎宮は「一の宮」》という「かたち」になって、残っているとみるべきだろう。

筥崎宮は「旧官幣大社」で、「八幡宮」

前提が長過ぎると、お叱りを受けそうだ。そろそろ本筋に戻って、田村邦明権宮司の人となりなどを書かねば、読者の方々も飽きて来られていると思う。

しかし、神仏の世界がどういう仕来りになっているかなどを最低限理解しておけば、そこに仕える達人たちの真の生き甲斐を、一層理解して頂けると思う次第である。

そこで、中途半端にならないように、ほんの少し続きを述べさせて頂く。すなわち、もう一つ「筥崎宮」が《大社》ともいわれる理由、さらに《八幡宮》ともいわれるのは何故かをも述べておこう。

前述の通り、《一の宮》である神社の神職は毎年《神祇官》に出仕して、「班幣」の儀式を行わねばならなかった。それが、時代と共に「かたち」と成っていく。遂には、中央の《神祇官》から祭祀料を受け筥崎宮のような《一の宮》の他に、各地方の國から祭祀料を受けるところも出て来た。

要するに、朝廷からの「供物・祭祀料」を拝受する神社の数が増えた。こうして、日本国と称するようになった8世紀初頭から約80年経った延暦17年（７９８）に、朝廷は《官国幣制度》を正式に発足させている。

すなわち、中央朝廷直属の神祇官からご供物等を授与されるところを《官幣社》、地方地域（すなわち68カ国を通じて朝廷からのご供物等が授けられるのが、《国幣社》と称すると決めた。ちなみに、こうした官幣・国幣社は、神社総数7万9千社の3・6％に当たる２８６１社であり、神社の規模や伝統、朝廷や国との関わりにより《大社》又は《小社》に列せられた（明治時代に《中社》が設けられた）。

筥崎八幡宮は「日本三大八幡宮」の一つ

最後に、筥崎宮が「八幡宮」ともいわれる理由を説明しておかねばならない。

約12年前に、田村邦明権宮司の御尊父に当たる田村靖邦宮司をこの随筆で取り上げたのを思い出した。『日本の著名的無名人』という著書に、「第20話　市民に愛される名人宮司」というタイトルで掲載されているので、おそらく20人目に全国の読者に紹介した《著名的無名人》ということだったと思う。それから、時は流れ、本編で取り上げているのが、ご長男の邦明権宮司なのである。さて、その約12年前に靖邦宮司を取り挙げた時のメモ帳を探してみたところ、面白いメモが出て来た。私は面談の際に、相手の前では原則メモを取らない主義である。新聞記者ではないからだ。もちろん、大学では学生に「ぼーっと聞いていないで、メモを取れ」と要請するし、自分が講演を聞く時は、しっかり手帖にメモを書く。

だが、自分が取材する立場になると、相手を緊張させてはいけないという思いが強い。見付かった12年前のそのメモは、おそらく後で思い出して書いたものだろう。だから、正確では無いかも知れないことをお断りしておく。

さて、どんなことが書いてあったか。私が、「この立派な神社の特徴は、何ですか?」と質問をしている。その質問に対して、にこにこしながら対応してくれたというメモの後に、次のような記述があった。

『流石に、この道を究めて来た賢人！　宮司は、『日本三大八幡《筥崎宮》』と表記したカラー刷りのパンフレットを私に示して述べた。「要するに、筥崎宮の一番の特徴は《八幡宮》ということです。この神社では、２月と11月、御祭神の八幡大神に縁の深い卯の日に《初卯祭》を行っています」と、説明有り』

その後のメモは、自分でも良く分からない。『そうか、そうか……』という文字が躍った後、次のような結論が書かれてあった。

『何で《八幡宮》というのか聞いたが……兎に角「八幡大菩薩と言うでしょう。兎に角敵国から、日本を守る神様だ。《八幡》というのは、その教えが八方に広がっていくことです」と説明して貰った』

メモは、大体こんな調子だ。

そこで、この宮司との面談のメモがどう生かされているかを、興味深く調べてみようと当時の『財界』に掲載された原稿を調べてみた。ところが、残念にもこの時取材したはずの《八幡宮》のことは書いて無かった。何故書かなかったか？　当時のことを懸命に思い出してみたが、何故かは思い出せない。

しかし何となく、「《八幡宮》という名前を誰がどうして使ったのか？」ということへの、正確な回答が無かったからじゃないかなと思う。そこで、今回も敢えて権宮司の邦明氏に、同じく次のような質問をしてみた。

「八幡」とは、日本人が創った言葉

「八幡宮は、全国にかれこれ4万社も在るようですね。その中で、『筥崎宮は筥崎八幡宮とも称し、宇佐、石清水両宮とともに日本三大八幡宮に数えられます』と、頂いたパンフレットにも書いて在りますが、どうして《八幡宮》というのでしょうか？」と訊ねてみた。

すると、権宮司は、次のよう教えてくれた。

「（この神社の御祭神（祀って在る神様）は、筑紫の国「蚊田の里」、現在の福岡県宇美町にお生まれになった応神天皇（第15代）が主祭神です。同時に、神功皇后と玉依姫命がお祀りされております」

（注）神功皇后の御子が応神天皇。時代は、弥生から古墳時代の3世紀頃。

さらに邦明権宮司は、「いつ頃、この神社が建てられたかは諸説が在る」と述べた後、次の説明があった。

「古録によれば、平安時代の中頃である延喜21年（921）、醍醐天皇（第60代）は神勅により《敵国降伏》の宸筆《しんぴつ》を下賜され、この地に壮麗な御社殿を建立されたと在ります。しかもその2年後、延長元年（923）に筑前大分（穂波宮）より、現在の福岡市東区箱崎に遷座し新たに創建されました」

続けて述べた。

「この地に創建されてからは、祈りの場として朝野を問わず篤い崇敬を集め、海外との交流の玄関口として、重要な役割を今日まで果たして来ました」

ではと、質問しようとした時、一瞬早く権宮司の口が開いた。

「そうですね、私の父が申した通り応神天皇の事を八幡大菩薩又は八幡大神と称していますので、応神天皇がご祭神の神社を《八幡宮》や《八幡神社》と呼称しています」

なるほどと、了解した。

《八幡》は、大学者から恵贈された漢語辞典に無い

確かに《八幡》という言葉は、有名な漢和辞典にも無い。大修館発行の『漢語新辞典』を見たが、見当たらなかった。実はこの辞典には、思い出がある。

すでに、17年以上前になる。編者は、惜しくも数年前に他界されたが、三菱商事の名リーダーの一人

と謳われる故諸橋晋六元会長の実父に当たり、戦前戦後に亘り『漢和大辞典』（全11巻）を、身命を賭して創り上げた、諸橋轍次翁である。百歳で亡くなるが、その頃は宮内庁の参与でもあったと聞いている。

「このわが父、諸橋翁の苦心惨憺の様子を最も良く知っているのは、その直属の弟子だった2人の学者だ。良かったら、紹介するよ」

そう言って間もなく、諸橋晋六元会長と、東京世田谷区岡本に在る、岩崎小弥太が建てた由緒ある「静嘉堂」で米山寅太郎、鎌田正の2人の著名な漢学者と面談した。お二人ともに、すでに百歳前後だった。もちろん、残念ながら双方ともに暫くして他界された。しかしこの時は、実に品格の在る温和な大学者を前にして、恐縮しながら歓談したのを覚えている。

その様子を踏まえて、私はこの随筆「著名的無名人」で、お二人を紹介した。実は、そのお礼に頂いたのが、両氏の共著である先ほどの『漢語新辞典』なのだ。

その辞典の説明。先ず《八》は、「やつ、やたび、八番目、数の多い意」とある。そして解説（難読）という解説文の中の何十番目かに、やっと《八幡》という文字が出て来るが意味は無く、読み方が三つ、「やわた、やばん、ばはん」と書いてあるだけ。次いで《幡》は「ハン、ホン、のぼり、はた、ひるがえす、放射状に広がる」などと在るが《八幡》の字は載っていない。

要するに、こういうプロが創った辞書に無いのだから、漢字と共に中国から輸入したものでは無い。やはり、田村宮司と権宮司が言う通り、八幡大神は「やわたのおおかみ」と訓読みし、八幡大神がご出現なさった際、白旗4本、赤旗4本の合わせて8つの旗のお姿となって天上界から降りて来られたので

「八幡」という言葉になったという事である。この「八幡《やわた》」は、古代イスラエルの神「ヤハウェ」を表しているとの説もあり中々興味深いものがある。

さて、これからいよいよ、田村邦明権宮司の幼少期のことから、順次ご紹介させて頂く。

純粋《博多っ子》の権宮司、田村邦明

これまで15頁に亘って、《神社》とは何か、筥崎宮を例に取りながら、読者の方々のご参考までにご紹介してきた。もちろん勝手な推測なども交えたので、見識ある方々には種々ご意見もあろうかと思うがお許し頂きたい。

さて、筥崎宮の権宮司に就任している田村邦明は、昭和43年（1968）、田村靖邦宮司夫妻の長男として元気な産声を上げた。長子誕生を願っていた宮司一家にとっては、この上も無い喜びであった。権宮司邦明は、純粋な《博多っ子》であり、出生と同時に、将来「神職」に成ることを運命付けられたということである。ちなみに、権宮司邦明の叔父（靖邦宮司の弟）に当たる田村豊彦も、現在福岡に在る福岡縣護国神社の宮司として、同じく神職の道に励んでいる。ついでに述べれば、権宮司邦明には、2人の弟が誕生している。

邦明自身は、物心が付く頃までは自分が将来、父親と同じ道に進むなどとは思いも寄らないことだったろう。但し、このことは権宮司田村邦明だけのことでは無い。考えてみるとわれわれ人類と言われる「人間社会」にとり、一つだけ自ら、すなわち自分ではどうすることも出来ないモノが在る。

それは、生まれ出る場所についてだ。世界73億人、日本人1億2千万人の全てが、この世に生まれ落

ちる場所が決まっている。そのことだけは、自分自身で選択することが出来ない。こんな不平等なことが在るかと、そう思うのは勝手だがこれだけはどうしようもない。だから、不平等という言葉が当て嵌まらないのである。この当て嵌まらない決まり事を、私たちはどうやって埋めていくかという難問題は永遠に続いている。したがって、「人類愛とは何か」「何故必要か」ということの基本は、此処に在る。そこを埋めるという発想から、出て来ていると私は思っている。

地元の小学校で楽しく元気に

両親は「家系を継ぐのだぞ」などとは、一切言わなかったようだ。自由奔放に、約3万五千坪も在る神社の境内を、友達などと駆け回って遊んだ。筥崎宮では、1年中さまざまな行事が在る。その最中に、父親たちの仕事振りを遠目にすることもあっただろう。それが、一体どういうことなのか？　はっきりとは理解出来なかったにせよ、幼少期から〝家を継ぐ〟ということを意識していたようだ。

以前面談した折に、「子供の時分から、神職に関する躾けが在ったんですか」と聞いてみた。すると、邦明権宮司から頂いた幾つかの資料の中にも書いてあった。

「子供の頃の、我が家での躾ですか。それは、一般家庭と変わりませんでした。母からは多少厳しくされましたが、父から細かいことを言われることはありませんでした。父は仕事を自宅に持ち込んだりすることは、殆ど在りません。今の私自身も同じスタイルです」

さらに続けて述べた。

「ですから、家で観ているテレビも、アニメだったりバラエティーだったり、遊びの内容も、周りの友達と全く変わりません」という意外な答えが返って来た。

父親の靖邦宮司は、以前から付合いもあり良く存じているが、素晴らしい人物だ。一言で述べれば、間違いなく博多の街を光らせている旦那衆、すなわちリーダーの一人である。そういう大人物だからこそ、精いっぱいに自らの長子が幼年の時にこそ、世の中の自然な姿や動きや、そして人間関係を何の束縛もなく吸収してくれるのを願ったのだろう。

自然体で耳から覚えた《祓詞《はらへことば》》

「でも、神職のご家庭ですから、ご自宅でも神様に関することが、一般の家庭よりも在るんじゃないでしょうか」そういう、一般的な世間の認識を踏まえて聞いてみた。

すると、「もちろん、そうです。例えば、毎朝神棚に手を合わせてお参りしました。また、その神棚の掃除もしていました。朝晩一緒にお参りするとき、父親が発する『祓詞《はらえことば》』は、何だろうと思いながら、何時の間にか暗記しました。こうして、決して強制的ということではなく、知らず知らずのうちに自然と少しずつ《神道》の基本を体験させられていたと言ってもよいでしょう」

「祓詞」と言えば、第1回で紹介した昨年の《3F会》で、権宮司の田村邦明がみんなに、如何にもすらすらと紹介した、次の賢い言葉そのものである。

『掛けまくも畏き　伊邪那岐大神　筑紫の日向の橘の小戸の阿波岐原に　御禊祓へ給ひし時に生り坐せる祓戸の大神等　諸諸の禍事　罪穢有らむをば　祓へ給ひ清め給へと白す事を聞こし食せと　恐み恐みも白す』

「祓詞は、全国的に統一して唱えられている詞だ」と、邦明権宮司は説明して、さらに「このお祓い言葉の中に出て来る《筑紫の日向の橘の》という文句が、とても意義深い」と話してくれたのを憶えている。このことについては、後ほど筥崎宮の門前の鳥居に掲げられている、《敵国降伏》の尊い扁額のことを説明する際に、改めて取り挙げる。

母が教えてくれた《陰膳《かげぜん》》

邦明権宮司が、子供の頃に家庭で無理なく自然に教えられたことが、その他にもあると言う。

「いろいろと知らないうちに、教えられたことが確かに幾つか有ります。その中でとても印象に強く残っているのが《陰膳》ということです」

「ほう…それは、どういうことでしょうか?」と尋ねると、爽やかな笑顔で、興味深い話をしてくれた。

その話は、こうである。「父が家を空けることがあると、母は必ず一膳分余計に食事の用意をしました。私が、これは何ですか? と聞くと、『外出するお父さんをしっかり守ってもらうためのものよ』、と言われました」

そう言ってさらに付け加えた。

「そうした、家の中の仕来りから、自然に《そこに本人は居ない。しかし、見えない存在でも大切にしなければいけないモノが在る》という神道の教えを、母から学んだということです」

普通の子供と同じでしたという筥崎宮の長子は、やはり神に仕える一家の自然の教えの中に居ながら、次第に両親から自覚を持つようにされていった、ということでもあるようだ。確かに私も子供の頃、例えば出征して外地に赴いた人に対し、必ず仏壇にその家の者が、「陰膳」を権宮司の話と同じように、お供えしていたのを思い出す。

《宮司》を継ぐというプレッシャー

「やはり神職は、長男が継ぐという掟が在るんでしょうか?」

素人の私の質問に、また権宮司邦明は、今度はちょっと頭を右手で掻きながら、笑顔で応えてくれた。

「昔の原則は、そうだったかも知れません。しかし、明治以降段々に近代国家になってからは、必ずしもそうではありません。現に、筥崎宮の場合、先代の宮司である祖父は三男でしたが、宮司職を継いでおります。子供だった頃それに気付いた私は、どうしてだろうかと不思議に思ったりしました」

「なるほど……」。さらに邦明が述べた。

「小学校などで、先生や友達から《お前は、長男だから神社の跡取りだな》などと言われたりしました。その時などは、そういうことかと思いながらも、ふと先代の宮司である祖父のことを思うと、みんなが言うように長男の自分が継がなくても良いような気もしました。しかし、段々に神社というものの存在について、色々と学ぶ中で次男や三男に譲って良いものだろうかと悩んだりもしました」

田村靖邦宮司（左）と邦明権宮司

彼なりに、人には言えない大きなプレッシャーが在ったのだろう。

横道に逸れるが、2015年10月31日に、私は自宅の近くに在る福岡市立春吉中学校に、出前授業に行った。内容は省略するが、1年生から3年生まで六百数十名の全校生徒が一人の居眠りも無く聞いてくれたのが嬉しかった。その時「長生きの秘訣は何ですか?」と質問が出た。

突然だったが「プレッシャーを感じないようにすること」と答えた。

若い時の、沢山の経験が大切だ

今紹介している田村邦明は、父親の宮司靖邦に等しく明るく人懐っこい性分のようである。そのためか、私との懇談もあっという間に雑談で過ぎてしまった。筥崎宮の社務所の奥まった一室で権宮司との懇談後、帰りぎわに頼んだ資料が、数日後に事務所へ届いた。その中に、彼が最近、企業や経済団体などに出向いて講演した様子を紹介したペーパーが在った。読むと、次のような文章が目に付いた。

「子供たちの目は、純粋でキレイですね。ただ、昔と遊ぶ内容がずいぶん変わっている(中略)、自然と触れ合う場所がどんどん減ってきている」

そして、自身が子供の頃に、父親が海や川へ連れて行ってくれた数々の楽しい思い出話を紹介している。そしてその後に、

「自分の子供時代と同じ経験をさせたいと思っても、そうした自然の場がダムになったりビルになったりして残念だ」というようなことを述べている。

その通りだと思う。私も、孫が夏休みにやって来ても、近くに一緒に飛び込む清流などは無く、残念に思っていたので同感だ。だが権宮司田村邦明の、このような話は次のような文章を見て、実に奥深い

考察だと感心した。

「そもそも、子供は炎のようなもの。エネルギーの塊だから、色々な経験をさせてどんどん燃え上がらせてやらないとダメだと思うんです。その火を消そうとしてもダメだと思う。その火を消そう、抑え込もうとしてしまえば、子供の良さがなくなってしまいます」

さらに次の文章では「人間の脳は興味の在ることしか覚えないため、さまざまな刺激を与えてあげないと、どんどん凝り固まって偏ってしまうそうです。そのため色々な経験をさせてあげたり、自然に触れさせるなどして、あらゆることに関心を向けさせることが大切ではないでしょうか」と書かれてある。これが、権宮司田村邦明の本音である。

明治100年記念の年に生まれた田村邦明

昭和43年（1968）7月生まれの田村邦明は、地元の小中高を卒業すると、法律を学ぶため東京の大学へ進学し卒業する。そしてその後、跡取りとして筥崎宮を自分が継ぐ、という覚悟の下、國學院大学文学部神道学専攻科へ入学する。もちろん彼の國學院への入学は、父親の宮司靖邦もそれを望んだからでもあった。

邦明が生まれた昭和43年（1968）と云えば、10月23日に「明治百年記念式典」が政府主催で賑々しく行われた年である。明治の世から百年目を迎えたことを記念して開催された式典であるが、この年の前年の昭和42年3月、優秀な成績で國學院大学神道研修部専攻科を卒業と同時に、明治天皇と昭憲皇太后を祀る明治神宮の神職に奉職したのが、弱冠24歳の厳父田村靖邦である。日本武道館で執り行われ、昭和天皇、皇后両陛下も出席した盛大な式典は、当時大きなニュースとなったので、邦明の厳父靖邦も、自分が勤める社に奉られている明治天皇の重みを一層心に感じ、毎日の業務に励んだことであろう。

誰しもそうであろうが、初めての職場で上手く仕事をこなすということは、なかなか大変である。先輩や上司に叱られ、取引先等になじられながら経験を積んでいく。ましてや神職という、私などには想像がつかない職業は、若いうちは眠る暇も無く大変だったろうと思われるが、宮司のあの性格からすると、おそらく落ち着き払ってそつなく仕事をこなしていったのでないだろうか。一見大らかに、そして、家庭も大事にしたことだろう。

前述したように、「家庭では、とても優しく両親が、何でも好きなことを自由させてくれた」と述懐する邦明権宮司の言葉からすると、両親の気持ちがとても良く分かる。邦明という名前には、「あの記念すべき百年目という素晴らしい節目に、神宮の神から授かった子宝」という気概が込められていたのではないだろうか。

オイルショックの年に、筥崎宮に転任した邦明権宮司一家

この後、生活が一変することとなる。邦明に物心が付いた5歳の時に、懐かしい郷里福岡に鎮座する筥崎宮への転任となったのだ。昭和48年3月、靖邦は筥崎宮の権禰宜として、新たに神職の道を辿ることになった。最も幸運だったのは、子供たちだった。

東京の佇まいと違って、そこには海、山、川といった広大な自然、それに田や畑や林が在ったからだ。だが、その自然の風景とは裏腹に、世の中は大きく回転しはじめていた。邦明が、5歳になり友達と何

の拘束も無く、毎日、興味溢れる出来事と接しながら楽しく過ごしていた頃、わが国は新たな世界への踊り場に差し掛かっていたのだ。突然の激震が、世の中を駆け巡る。オイルショックである。新興国に向かって躍動しようとする、中東を中心とした産油国が、先進国に対し挑戦状を付きつけたのだった。すなわち世界の原油価格が、バーレル当たり1、2ドルから突如14ドル、さらには24ドルと、僅か半年の間に10倍以上に値上がりし、世界中が火の車となった。無資源国日本では、トイレットペーパーが店頭から消えるという騒ぎまで起きた。当時5歳の邦明には関係の無いことだったろうが、この騒ぎは全国に広がり、紙の節約運動が起きる。

　神社は特に、紙を沢山使わなければならない。神事の全てに亘り何事にも、白い紙しかも和紙が必要である。筥崎宮に取っては、その調達は大問題であった。当時弱冠31歳だった権禰宜靖邦は、懸命に博多の街の有識者などを訪ねてその工面をしたことであろう。

　序でながら、田村邦明が博多に移り住んだ昭和48年の様相を、読者のご認識を興すためにも、重要な事件をランダムに羅列しておこうと思う。何故かと言えば45年前のこの年の様相が、何やら近年の世界政治経済の変わり目（但し今回は悪化の心配）に、似通った気がするからだ。

・1月27日　パリでベトナム和平協定調印
・2月4日　ドル売り殺到し東京外為市場閉鎖
・2月14日　円が変動相場制に移行、円急騰
・3月20日　熊本地裁、水俣病訴訟患者全面勝訴
・4月2日　全国土地平均価格前年比30・9％上昇

・4月27日　春闘ゼネスト、20・1％賃上げ要求
・6月5日　環境週間始まる
・7月17日　アフガニスタンでクーデター、王制廃止
・7月20日　パレスチナ・コマンドが日航機ハイジャック
・8月8日　金大中韓国大統領、白昼帝国ホテルから拉致
・8月15日　米軍、ラオス・カンボジア空爆停止
・9月11日　チリで軍事クーデター
・9月25日　通産省、初のエネルギー白書発表
・10月1日　OPECが日本への禁輸発表、トイレットペーパー騒動
・10月6日　第4次中東戦争勃発
・10月16日　学生運動でタイのタノム政権倒壊
・10月16日　OPEC原油価格　70％値上げ通告
・11月16日　政府が、大口産業への石油使用制限通告12月10日三木副総理中東へ特使
・12月21日　ジュネーブ中東和平国際会議
・12月25日　OAPEC、日本を友好国と宣言

ざっとこんな状況である。もちろん、日本の地位も、内容も事件もそして経済状態も、現在とは殆ど異なる。だが、世界の政治経済が大きく変動する局面（この当時は、上昇に転ずる先駆け）には、さまざまな事件が渦巻いていたという実証を見て取って頂きたいと思う。

そういう状況下で、神に仕える田村一家の姿と現権宮司田村邦明の姿を、さらに綴ってみることとする。

ラグビーに夢中だった権宮司

日本中がラグビーで湧き立っている。何しろ、２０１９年のワールドカップ日本開催を控えた日本が、２０１５年に、強豪南アフリカを破った勢いで、サモア、アメリカに連勝。予選リーグで敗退したものの、３勝１敗の見事な成績を挙げたからである。

そのラグビーだが、筥崎宮の権宮司田村邦明は、高校ではラグビー部、大学ではラグビーサークルと、ラグビーで汗を流していた。端正な顔立ちに、細身長身のりりしい権宮司の姿からは、激しくぶつかり合うラグビーの選手だったとは、正直想像が出来なかった。

つい最近まで巷の話題となれば、ラグビーよりもサッカーや野球、それにゴルフなどが中心だったが、それが今では、ラグビーの方が、マスコミの取り上げ方も大きくなってきている。権宮司の田村邦明も、大学選手権や社会人トップリーグなどの試合には大いに関心を示していることだろう。

ラグビーの精神とは何か、それは進化と信頼

昭和48年（１９７３）、オイルショックの年に明治神宮から、福岡の筥崎宮に田村家が神職として移住した。よって5歳になったばかりの邦明は、それからの約20年間の日本経済が安定成長した時期に、逞しくかつ明るく青春を謳歌した。

子供の頃から神事に携わることになるのではないかと、肌で感じていたと語る邦明権宮司である。それを聞いて、ふと彼のインタビュー記事に目がとまった。

「会社で言えば、権宮司は副社長のようなものです」と述べた記事だ。それは、ある雑誌のインタビューの中にあった。大組織の筥崎宮は、一種の会社と考えても当然おかしくない。

よって会社と同じ理念が「神社の運営」にも繋がるという考え方を持つのは当然であろう。邦明権宮司が、中学から高校へ、さらに大学へと進む過程で、こうした企業的感覚を、徐々に認識していったということだろう。そう考えた時、邦明権宮司が高校、大学を通じて熱中した「ラグビー」というスポーツの精神が、経営感覚の成熟に役立った。「ラグビーの精神」とは何か。辞典を開くと、まず出て来る言葉が《伝統と歴史》を大切にする、その上で述べるのが、「ONE FOR ALL, ALL FOR ONE」（1人はみんなのために、みんなは1人のために）という合言葉である。その上で、選手達は懸命に技を磨き「進化」しているのだ。

ラグビー日本代表の元主将、廣瀬俊朗が書いた『なんのために勝つのか。』という本を読むと、《進化を楽しむ》という言葉があった。どういうことか。

「僕はいつも新しいことに挑戦し進化してきた。だからこそ、ラグビーをやって来られたのだ。そして、これからもこの道は終わることはない」と述べている（東洋館出版社71頁）。

また次のようにも書いている。

明治神宮奉職時の田村邦明権宮司

「仕事もスポーツも報酬をもらってやる以上、成果を出して当たり前。一流の人とは、自分のことがしっかりできて、いつも進化し続けようとする人のことだと思っている」

要するに、勝つためには自分を犠牲にしてまでも、ボールをチーム（組織）全員のために繋げ徹底的に工夫し進化していくという、自らの努力とその上での組織全体への信頼・信用が、その前提に在るということだ。上述の合言葉は、日本の選手やチームだけの独特なものではない。

確かに試合の前後に、チームの連帯感を高めるため、全員で「ONE FOR ALL…」と唱えるのは、日本のチームだけかも知れない。だが、元々は英語である。だから、その精神はむしろこのスポーツと共に、ヨーロッパから伝えられたものなのだ。それが、何故わが国にこれ程強く伝わったのだろうか。

神事の祝詞に通じるラグビーのルール

そうした連帯感は、次のような格言が基礎になっているというのである。

まずは、「LAW」すなわち、「ルール」を守ること。違反行為すなわち反則は絶対に行わないという精神が重要である。すなわち、嘘を付かない、「正直」という信頼・信用の精神の持続である。その上で、激しい戦いの中の確執は、全てルールに従って審判員が判定する。審判員が見ていないところでも、違反行為は絶対にしないということだ。

次に、「NO SIDE（ノーサイド）」。これは、激しいチーム同士の戦いが終われば、相手の敢闘精神を讃え合い、お互いに友情を温めるという人類愛の精神である。

この「ルール死守」や「ノーサイド」が、すでに述べた神事の祝詞に出て来る、「祓詞」すなわち《祓

へ給へ　清め給へ》ということに通じるのだと思う。

例えば、神道を極めた達人が書いた書籍の一節に次のような説明があった。

『「祓え」とは、私たちの神性の本性が知らず知らずのうちに犯した罪や穢れによって覆われてしまうが故に、その罪・穢れを祓って捨て去り、《清明の本姿》に復することなのです』（小野善一郎著『あなたを幸せにする大祓詞』青林堂）というのである。

では、「清明の本姿」とは何か。私の解釈は、これこそ武士道の基本である「仁義礼智信」を実行することであると思う。この武士道の精神と、ラグビーやサッカー、さらにはフェンシングなどの基本にある騎士道の精神とは、大いに相容れるものがあるようだ。

《神》は異なるが、武士道と騎士道の精神は一緒

このラグビーの精神は、例えばサッカーの精神にも、ゴルフやホッケーやテニス、さらにはフェンシングなどの多くのスポーツの精神に共通のものである。歴史を辿れば、殆どがヨーロッパにおいて開花したものだ。キリスト教の精神からくる「騎士道」というものがあるが、その教えがこうしたスポーツのルールを定めた考え方の奥にあると考えるべきだろう。

一方、日本にも剣道や相撲、柔道などがある。その基本の教えが「武士道」である。邦明権宮司は、大東文化大に学び、その上で國學院大で神道の奥義を極めている。当然だが、わが国に伝わる「武士道」の歴史やその精神は何かも学んだ。この武士道の本義は、先ほどのラグビーやサッカーなどの競技の精神とも通じるものがある。

ヨーロッパの中心的な宗教、キリスト教が宣教師によりわが国に入って来たのは16世紀、足利時代である。フランシスコ・ザビエルが伝来のため、鹿児島に上陸したのが天文18年（1549）8月である。ヨーロッパは、神聖ローマ帝国時代、また中国は明王朝時代である。ちょうどこの頃、日本では仏教中心思想が崩れ、吉田神道という「非仏教神道流派」が興り、儒学思想が中心になりつつあった。

それが可能だったのは、西欧の唯一神「キリスト教」と、わが国の神道「八百万の神」とは全く異なるが、しかし考え方即ち「仁義礼智信」に繫がる《精神あるいは思想》は同じだったからだ。

「日本人の魂は騎士道に通ず」と述べる銀メダリスト

2008年の北京オリンピックの折、日本人としてフェンシングで初めて銀メダルに輝いた太田雄貴選手が書いた『騎士の十戒――騎士道精神とは何か』（角川新書）という本を読んでみた。1985年生まれの31歳の若者は、単にフェンシングの技術・技能をマスターしているだけではなく、騎士道とは何かを深く追求しているという点に、注目し感心した次第だ。

彼は日本人だから、先ずは「武士道」とは何かを、深く勉強し追求している。明治時代に西洋人に武士道を紹介すべく英語で書いた、新渡戸稲造の『Bushido：The Soulof Japan（武士道　日本の魂）』を読み、それを基に新渡戸が紹介した「Chivalry（騎士道）」とを比較している。もちろん、宮本武蔵の『五輪書』も勉強している。

その上で、武士道の『武』とは「戦い」を「止める」ということ、すなわち「武士道とは本来身を守ること、《防衛》することが基本であるということを彼は悟っているのだ。
いよいよ筥崎宮の「敵国降伏」に繋がるのだが、次回に譲る。

「敵国降伏」の扁額は、飽くまで《国防》の意

『筑前国』に1千年以上に亘り、その名を残してきた筥崎宮の歴史と神事と文化に関して、是非とも紹介しておかねばならないのが、3万6千坪以上もあるこの社の入り口に当たる楼門と、掲げられている「扁額」の話である。

但し、そのこと自体は12年前に、権宮司田村邦明のご尊父、田村靖邦を紹介した折にも取り挙げている。だが、改めて邦明に説明を求めたところ、彼は待っていましたと言わんばかりに、淀みなく20分以上に亘って語ってくれた。それを全て事細かに紹介したいところだが、今回は要点のみを記させて頂く。そして、厳父靖邦の時とは、違う紹介の味付けが要る。前述したように、権宮司邦明が、ラグビーに打ち込んでいた。彼が武士道と騎士道とに通じる哲学に神道の奥義を極めることに、大いに役立っている点だ。

それより先ずは、話の筋道として「筥崎宮に在る楼門の扁額」のことを取り挙げよう。

筥崎宮は、醍醐天皇の勅命を大宰府政庁から受けたことが切っ掛けで、延喜21年（921）に建立された。それから約5百年以上経ってから、亀山上皇のご宸筆『敵国降伏』の扁額を、文禄年間（1592～96）に、当時筑前国の領主だった小早川隆景が楼門を建立した折に、その新しい門の鏡に据えるという目的で、この扁額を掲げたというのである。大きさは縦2・3メートル、横1・4メートルの、大きなものであ

る。

　これについて、宮司も以前述べており、今回もまた権宮司が同じように説明してくれた。「敵国降伏の意味は、かつて徳富蘇峰がこの扁額を見て、《道義立国こそ敵国に対する国が自ら心服する道》であると読んだように、道理を説き話し合いによって、相手を納得させ説き伏せることであって、決して力により相手を征伐して降伏させることでは無い」

　こう述べた後に、そこには歴史的に四方を海に囲まれた島国であるわが国の、集団主義的な防衛本能が、基本に存在すること、「その現れがこの扁額の真意だ」と、権宮司邦明の力のこもった自信溢れる説明があった。

　さて私は、神社や神職とは全く関係のない質問をしてみた。「権宮司は中学の頃から、身体は大きかったんですか」

邦明、空手からラグビーへ――役立った辛抱、我慢

　一瞬彼は瞬きをしたが、落ち着いて口を開いた。

「そうですね。決して大きな方ではなくむしろ中くらいよりも小さい方で、高校卒業までの間に20チセン程伸びて今とあまり変わらない身長になりました」

「中学の頃は、何かスポーツは？」

　私は、彼の長身で細身な体格から、剣道かなと思った。「空手です。空手道場に通っていましたが、学校の部活はしていませんでした」

なるほどと思った。さらに権宮司の方から話が出た。

「高校に入ったら、何か部活をしようと思っていました。中学では空手でしたが、格闘技的なスポーツに興味があり、心身を鍛えるために、ラグビー部に入りました」

そこで学んだことは、何ですかと聞くと、オウム返しに返事が来た。

「一人は皆のために、皆は一人のためにの精神です。その集団の組織力によって発揮される凄さという力学、そういう価値観を踏まえたスポーツに取り組み実践出来たことが、今考えると大きな収穫だったと思います」

そして、次の説明があった。

「タックルやトライを、自分が決めた時の快感は、今でも忘れられません」

「何か、ラグビー部の体験で、今の仕事に役立っていることは在りますか」

邦明は、暫く考えていたが、次のように述べた。

「練習は、辛く厳しいものでしたから、辛抱や我慢ということでしょうか。それらを超えたところにある達成感も学んだと思います。神職の仕事は、その連続かもしれません」

神職の掟に通じる騎士道と武士道の融合

「もちろんラグビーも勝負事なので、勝てば嬉しいし負ければ悔しい。試合では常に相手の動きや味方のことを意識しながら走ったりパスしたりぶつかり合ったりして、攻守に亘る仲間たちの好プレーに一瞬凄みを感じたり、逆に相手の猛攻に度肝を抜かれたりするのですが、ノーサイドまでプレーの連続で集中しています。様々な余韻に浸る余裕はありませんでした」

「権宮司は個人競技の方が向いているということですか？」

即座に、笑顔で「そうです」と返事が来た。

「私には、個人技が合っていると思います。空手をやったのも、多分そういうことだったのではないかと考えます。中学1年生の時に、夏の九重キャンプで星生山に登山しました。牧ノ戸峠を縦走したのが、今でも心地良い思い出です。あの時の夜空や自然は、とても美しかった」と、懐かしそうに話す権宮司田村邦明には、一人で達成出来ることが、合っているようだ。

ふと私は、フェンシングの銀メダリスト、太田雄貴のことを思い出した。彼も本の中で、フェンシングは個人技だから自分に合っていると書いていた。そこで、再度武士道と騎士道のことを、取り挙げてみたいと思う。太田は『騎士の十戒』に、実に素晴らしいことを書いている。私は、若きスポーツのプロが、その奥義に宗教や哲学を学び、かつ立派にそれを実践しているということを知らなかった。

イギリスの軍人ロバート・ベーデン＝パウエルが、新渡戸稲造の『武士道』を読み、騎士道の現代版として彼が創設したボーイスカウトの理念としたことが書いてある。

それだけではない。ボーイスカウトの「三つの誓い①神仏と国とに誠を尽くし掟を守ります②いつも他の人を助けます③からだを強くし、心をすこやかに、徳を守ります」ということ。さらに、「八つの掟　誠実、厚い友情、礼儀正しさ、親切、快活、質素、勇敢、感謝の心」を、明確に紹介している。そして、「武士道と騎士道の融合だ」という趣旨を述べている。

権宮司田村邦明が、学生時代に勉学だけでなく、空手やラグビー、そして登山等に熱中したことは、現在筥崎宮の権宮司、すなわち会社でいえば経営ナンバーツーに当たる副社長として、事業経営の精神を踏まえて神事を懸命に務めていることに繋がっており、太田雄貴が述べる、日本の武士道と英国の騎士道という共通の道義を踏まえていることに共通すると、つくづく思った次第である。

「大東文化大学に進まれた後に、國學院大学に行かれたのは何故ですか？」

すると、実に真面目な答えが返ってきた。

「自分が神職を継ぐことは分かっていました。ですから、父同様に國學院大学を選ぶことになると決めておりました。しかし調べてみると、國學院には四年制大学卒業後に入学出来る、神職の養成機関『神道学専攻科』が在ることを知りました」

さらに、次のように述べた。

「だから、神道以外の社会に出て役立つことを学ぶために、法学部を選びました。組織の秩序維持の基本となる法律を学ぼうと思ったわけです」

実に理詰めの、素晴らしい選択だ。凡人には及びもつかない、深慮があったということだ。

武士道、騎士道の本義と神道の本義

さて、その「神道」の真理と結び付く、武士道と騎士道の話に戻ろうと思う。だが、待てよ！ 読者の方々には、《神道》とは一体何だろうか、ということを知りたいと思う人もいるだろう。世の中には、「神憑」は恐れ多いとか、或いは「尊いことであり、畏まって聞くもの」とか、あるいは「神様とは、わが国の基本的な宗教であり、自然そのもの。神は見えない尊いもの」と称して、敬遠する風潮もある。

しかし、私は筥崎宮の田村靖邦宮司、さらに今回ご紹介している邦明権宮司と親しくお付き合いしている中で、日本人はもっと神道の本義を理解する必要がある。それも、理解すればそんなに難しいことでないのではないか、ということが、自分なりに多少は分かってきた。

武士道と騎士道とボーイスカウト

終わりに近づいたが、紹介していないことがある。その一つが、武士道精神を取り入れたボーイスカウトと、騎士道との繋がりである。そして、武士道はその基に神道と繋がる太い筋道がある。

ボーイスカウトについては、フェンシング銀メダリスト太田雄貴著『騎士の十戒』にも、書かれてある。ボーイスカウトは、イギリス陸軍の少将だった男爵ロバート・ベーデン＝パウエル卿により、将来を託すことの出来る青少年の健全育成を目指して、20世紀初頭に創設された。太田は、「パウエルは新渡戸稲造が著した『武士道』を読んで感激し、その精神も取り入れた」と述べている。

騎士道の基本には、前回紹介した「三つの誓い」と「八つの掟」があり、さらに太田が述べる通り「騎士の十戒」すなわち、①正義②勇気③慈愛④高潔⑤誠実⑥自制心⑦礼節⑧統率力⑨忠誠⑩清貧―を旨としなければならない。太田は、この十戒が武士道の精神にほぼ一致していると書いている。それは、①義②勇③仁④名誉⑤誠⑥克己⑦礼⑧智⑨忠義⑩無欲―である。

新渡戸の『武士道』を引用したパウエルの祖国防衛論

パウエルが取り入れた「武士道」とは何か。

新渡戸稲造が明治32年（1899）38才の時、米国滞在中に「日本人の精神的支柱は何か」という欧米人の問いに応えるために英語で書いたのが『武士道』である。日本の指導者の哲学的思想は、江戸時代の中心的指導者だった武士階級によって完成されたのが『武士道』だとして次の3点を強調している。一つは、常に武道を修練し、「己」の責任を自覚すること。二つは、自らを犠牲にしても弱者を救済すること。三つは、国家社会（新渡戸は敢えて「国際社会」と述べているが）に対し、義務を負うように教育されていること。

明治以降、この本が欧米で読まれ、キリスト教の教えと神道の国の日本の武士階級の規律が殆ど一致するという見方が、欧米の識者の間に広まった。

記録によると、すでに退役し明治36年（1903）陸軍監察長官となったパウエルが、翌年11月に名門イートンカレッジを訪れ、ドイツ帝国の脅威に対し英国の若者に《祖国防衛》の必要性を強く訴えた。その時、日本の「武士道精神」を称賛し、同じように「中世騎士道の復活」を提唱した話は有名であり、現在も英国の教育現場で語り継がれている。このパウエルの演説は、明治37年（1904）、日露開戦の年である。こうした史実が、日本の青少年教育の現場で全く伝えられていないのは残念である。

しかし、パウエルが「神道」のことを、どこまで理解していたかは分からない。彼はその後、明治41年（1908）ロンドンにボーイスカウト本部を設置した後、世界各国を訪問するが、明治44年（1911）日本にも立ち寄り、乃木希典と会見している。その時、二人は《祖国防衛》の重要性を、語り合った。乃木が応神天皇の神徳を戴く八幡神社に伝わる、「護国威力神通大菩薩」ということまでは述べなかったとしても、「神道」の精神を披瀝したとしてもおかしくない。もちろん、パウエルもキリスト教の教えを踏まえ、騎士道の話をしただろう。

筥崎宮に伝わる「敵国降伏」の宸翰《しんかん》

話を筥崎宮に戻し、権宮司の田村邦明が熱心に語る「敵国降伏」の宸翰のことを、邦明から貰った資料を基に、読者に分かり易くお伝えしよう。

「宸翰」とは、天皇直筆の書簡のことであるが、それが筥崎宮には37枚あるという。第60代醍醐天皇が最初で、その縦2・30メートル横1・40メートルの「敵国降伏」の宸翰の写が、楼門の上に掲げられており、来訪する者の気を引く。同じ文字の宸翰が、後の天皇からも納められたと伝う。現在楼門に掲げられているのは、亀山上皇の宸翰の写ではないかと説明してくれた。

何故37枚かも、醍醐天皇が37歳だったことや、同宮の基礎柱34本とご祭神（神功皇后、応神天皇、玉依姫命）の3柱に根拠があるのではないかと、権宮司は説明している。すでに述べたように、その意味が相手を力ずくで攻め取ると言う事では無く、「神道」の精神に則りわが方が懸命に「徳」を説けば、争いが収まるという意味だとされている。その上で、権宮司は次のように説明している。

桜門「敵国降伏」の勅額

「約18センチメートル四方の紺地に金泥の『敵国降伏』のご宸翰には4種類の『国』の文字が記されており、国構えに『王』が34枚、『民』、『武』の草書体（桜門扁額の原拠）、『或』（国の旧字体）が各1枚の計37枚がご本殿内に奉安されています。王（天皇）その基での首相（政府）と民（国民）と国防に当たる武士（現在なら自衛隊）が、一緒に成って、日本の国を子々孫々まで守り伝えて行こうというのが日本の国の在り方であり、國體（国体）だと思います。『敵国降伏』には、こうしたことが天皇の祈りとして籠められた神社が、筥崎宮です。このご宸翰は、私たち日本人の生き方の、一つの指針が示されていると考えるべきでしょう」

国生み神話のオノコロ島は、博多湾の能古島

さらに、権宮司田村邦明が自説を展開する、重要な話がある。それは、古事記の中に出て来る神話の伊邪那岐命が造った、日本の最初の島（オノコロジマ）は、「博多湾の能古島のことですよ」というのである。

それは、《祓詞》に出て来る「掛けまくも畏き　伊邪那岐大神　筑紫の日向の橘の小戸の阿波岐原に御禊祓へ給いし時に生り坐せる祓戸の大神等（以下略）」という内容と、一致しているというのである。

筥崎宮の楼門

「この《祓詞》の意味は、黄泉《よみ》の国から逃げ帰った伊邪那岐が、穢れを洗い流す場所のことを述べているのです。九州の筑紫から見て太陽が昇る方向は、宮崎県でしょうが、この祓詞をわざわざ『日向』と呼ばせています。すなわち、太陽が沈む方向なのです」「それに『橘』も『小戸』も、福岡県の西区に地名として残っています。『小戸』というのは、玄関口と言う事ですから、古代より博多湾が中国大陸や朝鮮半島等からの入り口だったということでしょう」

このように、説得力のある詳しい説明が続いた。

自然を愛する神道の心とは

「神」という字は、祭祀の意味の「示」に音符の「申」が合体して出来ている。要するに、島国のわが国は、霊験新たかなものを自然そのものに求め、この国に生まれた者の安寧を願ったのだろう。勿論「福の神」だけでなく、「鬼」も生まれた。「鬼」を祓う行事が、祭りに込められて、村々に盛んになった。だがこうして、「かたち」の無い自然を「神」として崇める思想が芽生え、同時に「自然を愛する宗教的な心」が生まれたというのが、「神道」の国日本の思想哲学の常識になったと考えられる。

権宮司がさらに述べた。

「祓詞にある《阿波岐原》というのは、川水と海水が交じり合う汽水域のことです。福岡には『青柳』とか『青木』という地名があります。禊ぎをした時に生まれた神様が、《祓戸》の神で、志賀島の『志賀海神社』や『住吉神社』『警固神社』にその神々が祀られています」

志賀海神社、福岡の住吉神社、警固神社それに権宮司の叔父田村豐彦が宮司をしている護国神社も、いずれも博多湾の入り口に当たる「小戸」すなわち、玄関口の方向を向いている。

いずれにしても、大変大きな収穫があった。それは、私が住む福岡のこの地が、日本という国の誕生に、貢献してきたことが分かったからだ。そのことが改めて、今回の「神仏と共生する覚悟」で頑張っている筥崎宮の田村邦明権宮司を紹介しながら、実に良く理解された次第である。2016年3月1日に杉尾政博が主宰する、福岡財界での名物行事「山賊の酒盛り会」が開催された。筥崎宮の宮司田村靖邦も権宮司邦明も、更には叔父の豐彦も、その会の仲間である。そのうち、この稿を振り返り、親子と叔父と一緒に語り合う機会があればと願っている。

第4編

イフジ産業株式会社取締役創業者会長 藤井徳夫氏

全ては鶏卵と共に生きる覚悟の賢者

【この編に登場する方々】（順不同・敬称略）
藤井徳夫　土屋直知　山本駿一　秋篠宮文仁　森誠　藤井久年　本田正寛　河部浩幸　石原進　蒲島郁夫　藤井泰子　渡邉正廣　坊薗貞夫　関根洋二　後藤光雄　麻生泰　岩城修　新浪剛史　藤井宗徳

〈歴史上の人物〉
ケネディ大統領　池田勇人　佐藤栄作　田中角栄　ニクソン

鶏卵業界で著名な億万長者の藤井徳夫

藤井徳夫という名前は、食品事業界、特に鶏の卵を扱う分野では、単に九州だけでなく全国に広く知れ渡った正に著名人の一人だ。何故なら、彼が46年前に立ち挙げた「イフジ産業株式会社」は、すでに東証2部に上場を果たしており、その後すぐに東証1部に上場した。これからはＩＣＴを積極的に生かして、大きく海外市場も視野に更なる飛躍を遂げようとしているからだ。

もちろん、地元の経済誌などでは、すでに10年以上前から億万長者の一人として、著名なトップ財界人とにこやかに交流している姿が、カラー写真に納められたりしている。しかし、こうした食品業界の分野に誠に疎い私は、残念ながらそうした著名人にお会いする機会が無かった。

さて、先ずは彼と私が正に偶然にも、ごく最近知り合ったきっかけから始めよう。

私が顧問をしている福岡の製造メーカー、株式会社正興電機製作所の土屋直知会長は、すでに福岡商工会議所の副会頭も務め、現在も福岡貿易会会長等要職に就いて居る著名人だ。以前、この随筆にも登場して貰った。

ところで、彼と知り合うきっかけの場は、その土屋会長と関係のあることだが、それは２０１５年の秋10月上旬の話だ。福岡の繁華街天神の中華料理店の奥まった一室に、ある日の夕方、男女10数名が集った。その店は、当地ではとても著名なＪＲ九州直営の「華都飯店」である。

「私は、藤井徳夫といいます。経済同友会の国際委員会等に所属しておりますが、このツアーに大変興味があり参加しました。生まれは中国の天津です。懐かしい大連に、一度行ってみたいと思っていたからです」

そう述べて、自己紹介をした長身でがっちりした体躯の初老の紳士。眼鏡の奥の優しい目の顔付とは対照的に、声はかなりドスが利いている。一体何者だろうかと、みんなが考えたようだが、話を聴いているうちに、これは凄い大物が参加してくれたということになったし、実際にこの人が参加してくれたために、ツアーが実に楽しく盛り上がったのであった。そのことは、追って徐々に紹介する。

団員11名の旧満州郷愁の旅は、藤井徳夫の参加で盛り上がった

この集りの主宰者は、福岡・大連未来委員会という団体である。県知事や市長なども顧問に名前を連ねている、その福岡・大連未来委員会の委員長が土屋直知だ。よって、事務局も正興電機の本社内にある。会員の多くは、中国東北部の主要都市の一つ、大連市とビジネスで関わっている企業や中国・大連に関心をもっている企業であり、大連市政府と相談し、24年前に創った組織である。長年、昭和鉄工の前社長山本駿一が委員長を務めていたが、２０１５年5月、土屋直知が新委員長に就任した。私も、このツアー参加を機会にこの委員会に入会したという次第だ。

藤井徳夫会長

さて、このツアーのきっかけだが、２０１５年3月、大連市の盧林副市長が福岡を訪問された際、福岡・大連

未来委員会が歓迎懇談会を開催し、その折り、双方から、観光交流をやりましょうという意見が交わされたという。

早速、大連側は、8月から9月にかけて、3隻のクルーズ船を福岡に寄港させ、福岡側は、ツアーを企画して大連を訪問しようということになった。

そこで、福岡経済同友会やJTB九州にも呼び掛け、大連や瀋陽、それにハルピンを訪問する4泊5日のツアー「戦後70周年に想う旧満州郷愁の旅」が出来上がった。私のもとにも、参加の呼びかけがあった。

団長の土屋夫妻とは、われわれ夫婦も旧知の仲であり、かつ大連は子供の頃から聞かされてきた懐かしい名前である。「旅順」や「203高地」の見学も出来るというので、夫婦で参加することにした。

実際に大連をはじめ中国側の、おもてなしの素晴らしさもさることながら、特に述べておきたいのは一緒に参加してくれた藤井徳夫の存在が、正にこのツアー全体を大いに盛り上げることになったということだ。詳細は、また後で触れることにしよう。

鶏卵の元祖は中国　―生まれ故郷と事業が結び付く

福岡県粕屋郡粕屋町で液卵事業を創業し、今や業界の売り上げ全体の1割以上、大手企業とつながりの無い独立会社としては最大手である「イフジ産業株式会社」のオーナー藤井徳夫は、昭和16年（1941）2月13日に藤井久年・とりこ夫妻の次男として、中国の東北部に当たる渤海湾に面した、かつて河北省の首都だった「天津」で生まれている。

その天津は、北京には距離的に約１５０キロメートルとかなり近い。むしろ興味深いのは、渤海湾傍のその天津からちょうど海を隔てた、東に約６００キロメートルの対岸に、ここで紹介している遼寧省の大連という都市があることだ。

藤井徳夫が生まれた昭和16年2月と言えば、10カ月後この年の12月8日太平洋戦争がはじまることになるという、風雲急を告げる状況下である。身の危険を感じた両親の判断は、鋭かった。一家を率いて、急ぎ福岡に引き上げたのである。その時の両親の苦労は、とても大変だったようだ。だが、生まれて間もない徳夫には、もちろん当時のことはほとんど記憶にない。

すでに述べたように、自己紹介の折り藤井徳夫は、「大連に行きたいのは私の夢でした」という意味の挨拶をしたのを覚えている。多分、生まれ故郷の天津を訪問した時、前述したように地図で見れば直ぐ解る通り、対岸の大連に興味が湧くのは自然であろう。さらに後ほど触れるつもりだが、彼が大連にことのほか関心が高かったのは、明治37、38年の日露戦争と旅順港、そして乃木将軍が苦戦した２０３高地を是非とも訪れて見たいということだった。

鶏の原産地を追求した研究は少ない

ところで、私は２０１５年の末にイフジ産業株式会社の本社兼メイン工場がある福岡県粕屋郡粕屋町の3階建ての広大な緑豊かな場所を訪問し、工場の見学を含めて約3時間にわたって、面談なども行って来た。その上で、創業以来２０１６年まで44年間の記録などの資料も頂いた。そうした資料などを含め、拝見しながらこの原稿を書いたのだが、一つだけ気になった事がある。

それは、鶏と卵は私たち人間の生活にとって、欠かすことの出来ない重要な食糧であるが、その歴史については殆ど触れられていない、ということに気が付いたのである。

当然読者の方々も、他の家畜すなわち牛・山羊・豚・馬などと同じく、余り関心は無いのだろうと思う。だが、ひょっとすると「そう言えば、鶏の原産地は一体何処だろうか?」「卵を食べない国があるだろうか」「生産量はどれくらいあるのだろうか」等、質問も多いのではないかと考えてみた。

例によって、うちの上さんに聞いてみた。すると、「鶏の原産地…どこだろう、中国かな?」と、関心を示した。

ずばり! 鶏の原産地は、東南アジアそして中国だというのが定説のようだ。とすれば、藤井徳夫が父親から引き継ぎ、新たに液卵を生涯の事業としたのは、彼の生まれ故郷と正に、深く関係があったことになる。

私の手元に、幾つかの名著がある。中でも、秋篠宮文仁編著『鶏と人――民族生物学の視点から』(小学館)および森誠著『なぜニワトリは毎日卵を産むのか――鳥と人間のうんちく文化学』(こぶし書房)は、貴重な文献である。その他、ヤフーや、グーグルのネットで伝えてくれるフリー百科事典「ウィキペディア」の情報も、やはり有りがたい。それらを参考に、先ずは、鶏と卵の歴史などをついでながら分かり易く、ただし私が僅かに勉強した範囲で恐縮だが、述べておくことにしよう。

人類の誕生と共に重要な食糧資源に

「《イフジ産業》というのは、私の名前《藤井》を逆さまにしただけ。ふざけた名前でしょう」と、そのオーナー自身が堂々と言い放った。

早速、このユニークな、私たちの生活に正に密着した藤井徳夫オーナーが率いる鶏の卵を、液卵化して扱う会社についてこれから紹介するつもりだ。オーナーの出自、家族関係、幼少のころから青年期、中学高校時代の忘れ難い仲間たち、そして事業開始から本格事業開始までの苦闘、さらに現在に至るまでの姿と未来への展望等々を綴ることになる。

だが、これだけでは、私の随筆の価値は無い。かの有名な「私の履歴書」(日本経済新聞)は、もちろん本人が書く自伝だが、1カ月間毎日ご自分の出自から始まり幼少時代の苦労話や、青春の姿から現在までの軌跡を辿り、警世の言葉を残す、というのが概ね話の流れである。字数は1200字程度、合計約2万5千字ぐらいだ。

これに対し、私が財界に寄稿する『「著名的無名人」を訪ねて』は、1回3千字を概ね8回ないし10回程度採り上げるので、字数としては同じぐらいだ。異なるのは、焦点の当て方だ。どうしても、随筆家としての私の飽くまで客観的と述べて憚らない、「正義の歴史的主観」が入らなければ、意味が無いという点である。だから時々余計な話が出るが、ご了承いただきたい。

ここでも先ずは藤井徳夫の事業の原点に当たる「鶏《ニワトリ》」の歴史から話を始めることとする。

ウィキペディアや専門書を総合しての結論だが、鶏の起源は「東南アジアや中国の密林や竹林に生息するようになった鳥類」から生まれた、というのが定説のようだ。東南アジアという人も居れば、中国の雲南省を中心とした半月弧地帯という人も居る。なにしろ、鶏は人類の誕生と共に重要な祭式ないし食糧資源などとして、誕生した。

鶏は人間が創り出した動物か

もっと具体的にいうと、『鶏の起源』という定義の仕方で、原産地の指定が異なってくるようだ。すなわち、鶏は家禽として人間が創り出した動物だという解釈の仕方をすると、どうやら秋篠宮殿下の学説「中国雲南省、西双版納《シップソーンパンナー》の少数民族の村」ということになる。（森誠著『なぜニワトリは毎日卵を産むのか』１２２頁　こぶし書房）

秋篠宮文仁編著『鶏と人』には、次のように書いてある。

「家鶏の祖先種にあたる赤色野鶏の一部が、この東半月弧の南縁にあたる森林地帯に分布しているとされる。この森林地帯でいとなまれた人間と野鶏のあいだのさまざまな交渉のなかから家禽化が次第に進み、鶏が誕生した可能性はかなり高いと考えて良いだろう。（以下略）」（同上書16頁）

一方、家禽ということに限定せずに鶏の起源を定義する場合は、鶏は東南アジアの密林や竹林の中で生まれたということになる。ウィキペディアには「単元説と多元説があるとして」次のように紹介している。

「単元説は東南アジアの密林や竹林に生息してきるセキショクヤケイを先祖とする説である。多元説（交雑説）はセキショクヤケイ、ハイイロヤケイ、セイロンヤケイ、アオエリヤケイのいずれか複数の種が交雑してニワトリになったとする説である。現在では、分子系統学的解析によって《セキショクヤケイ単元説》がほぼ確定した」

いずれにしても、鶏の卵を事業の根幹に据えるイフジ産業㈱のオーナー藤井徳夫の生涯の仕事は、生まれ故郷と繋がっていたのである。

紀元前8千年頃中国南部に居住

人間が家禽として鶏と一緒に、中国の南部や東南アジアで暮らし始めた時期は、そんなに古くはない。それでも、約1万年前すなわち紀元前8千年だと言われる。すなわち、鶏は人間がその暮らしと共に、上手に造り上げて来た動物だというのが、多くの専門家の通説だ。それを、しかし複雑に学者が分類している。ご参考までに記して置こう。

「ニワトリ」↓動物（界）↓脊椎動物（門）↓鳥（網）↓キジ（目）↓キジ（科）↓ヤケイ（属）↓セキショクヤケイ（種）

こんなに、7段階にも分けて面倒くさいことをしなくてもと思われるだろうが、これこそ全ての生き物の中で最も優れた智能を持ち、全ての生き物を支配して来た私たち人類が、地球上の頂点に立って居ると言う、これはその証拠なのである。

しかも、人間はさらに諦めない。今度は、人間同士がさらに頂点を目指し止むことなく争っている。歴史は、面白い。誰もが歴史を語る時、その事実を見たことが無いからだ。だから、しきりに想像の夢が膨らみ、真実は何かと真剣に考える。最近人間同士の中に、歴史やその想像を否定するような集団が現れた。正に悲しいことだ。

九州の財界人たちと。後列中央が藤井徳夫氏。（提供：ふくおか経済）

「液卵事業」とは、どんなオーナーのどういう会社か

「鶏の卵だけで、すごい事業だ。どんな会社なのか」という単純な質問もあるので、この辺で纏めて紹介しておこう。

日本経済新聞に「決断の軌跡―創業者たち」という記事がある。そこで紹介されている履歴と、「わが社は《意志ある卵》を扱っている」という、会社のホームページなどを総括すると、概ね以下の通りである。

1941年（昭和16）中国・天津市生まれ。戦況が悪化した44年、福岡に引き上げる。1964年九州大学法学部卒。父から引き継いだ養鶏業をしながら、1966〜1969年の3年間、母校福岡中央高校の依頼で、非常勤講師として教壇に立つ。72年イフジ産業設立。歴史物など毎月2、30冊を流し読む、本の虫。酒、たばこ、マージャンを覚えたのは40を過ぎてから。

だが、2015の大連ツアーで、一時も我慢が出来ずにたばこを嗜んでいたのは、藤井徳夫だった。最近の中国は、列車の中も道路でも真に厳しい「禁煙ムード」だったので、彼は相当に苦労していたのを覚えている。

イフジ産業は、キユーピー、三州食品と並ぶ液卵製造の大手。2009年に連結売上年間100億円を突破し、2012年に東証2部に上場。ここ数年平均10％前後売り上げを伸ばしており、念願の1部上場も実現した。社員は、約100名。他にパート従業員約300名。

1972年会社設立、山崎製パン取引開始、その後ロッテ、森永製菓等大手と取引開始。福岡の本社

工場の他、名古屋・京都・水戸に工場を持ち、全国展開を図っているので、関東（水戸）・名古屋（安城）・関西（京都）・福岡（粕屋）に事業部を持っている。さらに、2009年には、千葉県市原市に工場がある、日本化工食品株式会社を完全子会社とし、BtoB取引拡大などに役立てている。

世界中で利用されている鶏と卵

この会社のカラー刷りの広報用パンフレットに、「意志ある卵」「質実剛健」「先憂後楽」「浮利不追」「未来志向」という、5つのキャッチフレーズが中央に模った卵型の枠の中に、上手く出て来るように仕組み込んである。

最初の《意志ある卵》という表現が面白い。そして頁を捲ると「変えないために、変わりつづけます」という、大きな文字が目の中に飛び込んでくる。どういう意味か。解説には「どんなに時代が移り変わっても、（中略）変わることなく豊かに食卓を彩りつづけてきた卵。そんな卵を（中略）お客様にお届けするのが、設立以来変わらぬ私たちイフジ産業の使命です。（中略）常に最先端の技術を学び、設備の更新を怠らず、生産体制や流通ルートの弾みを磨いて、今日にいたっています」とあった。

だが、鶏と卵は世界中で利用されている。量からいうと、わが国はほんの1割程度だ。それを、少し紹介してみよう。

東京オリンピック直前の激動期が運命の年

「まさか、突然一家を背負うことに成ろうとは、思ってもいませんでした」

両親と藤井一家の写真

　そういう藤井徳夫は、昭和39年（１９６４）に、23才で九州大学法学部を卒業するが、その前年に思わぬ不運が一家を襲っていた。厳父藤井久年の急死である。全く関係の無い話だが、この年の11月22日アメリカの大統領ケネディが暗殺されると云う惨事が発生している。藤井家の不幸は、その2週間後12月8日のことであった。

　話は変るが、この昭和38年（１９６３）という年は、池田首相の所得倍増計画が軌道に乗った年である。そのせいか、わが国ではテレビ普及が1千万台を突破。1年後に迫った東京オリンピックに向け、「より早くより高くより強く、日の出の勢い日本」というキャッチフレーズを世界に誇示し、欧米に引けをとらないぞという姿を演出しようと、政・官・民が一体となって懸命に努力していた。

　またそれは、只見川水力発電所や黒四ダムの完成に象徴されるように、わが国の新たな産業革命、いわゆる電化時代の幕明けということでもあった。東芝、日立、三菱電機、ＮＥＣ、松下電器、ソニー、シャープなど家電メーカーが大展開し始め、大学生たちの就職は正に売り手市場そのものだった。

　しかも、厳父はＮＨＫと関係があったため、欧米ではテレビがすでにカラーだと云う話を聞く度に、徳夫はテレビをはじめとする家電メーカーに、親しみを持つようになった。父親もそのような話に熱弁を揮《ふる》う息子の姿を、目を細めて眺めていた。中でも、徳夫の気持は東芝や日立に向いていた。厳父久年も、それに異存は無かった。

元気溌剌で学業成績もトップクラスであった彼は、好意的に意見を述べる父親からのアドバイスもあり、就職先としてメーカーを目指した。こうして、彼の元には東芝から就職内定の知らせが、早々に届いていた。

ところが、このように正に順風満帆に進んでいた藤井一家に衝撃が走る。信じられない事態が起こったのである。

就職祝いの旅行先で見た《厳父死亡》の夢

来年春には大学を卒業し、そして就職という前年、すなわち昭和38年（１９６３）の10月下旬のことだ。この時期、漸く大学の親しい友人たちも、就職先が内定していた。仲間８人で四国を一周する１週間程度の卒業旅行案が成立し、彼らは希望を胸に出発した。今でも思い出に残る、とても楽しい旅だったという。

ところが、この時徳夫は、不思議にも旅の途中の或る晩、妙な夢を見た。これが事の始まりだった。夢に出て来たのは、厳父久年が、「俺は、間もなくいなくなるぞ。お母さんを宜しく頼む」と、怖い顔をして話す姿だった。ハッと目が覚めた。目が覚めても、この夢の中の出来事をはっきり覚えていた。

翌朝彼は気になって、旅先から自宅に電話を入れた。

「どうしたの。何か困ったことでもあるの」と、母親に言われた。もちろん、厳父久年は元気だった。

こうして旅から帰宅した徳夫だったが、何故か父親は彼の帰りを待ち侘びているようだったと言う。何時もは悠然として、息子が挨拶に顔を出すのを待っているのだが、この時は違っていた。

自ら徳夫の所にやって来て、次のように述べた。

「我が家の本籍地は、山口県の防府市だ。そろそろお前も、ご先祖様のことを知っておいたほうが良いだろう。就職も決まったし、卒業祝いをも兼ねてどうだ。案内するよ、行って来よう」

四国の旅から帰ったばかりだったが、11月下旬親子は揃って先祖の墓参りに出掛けている。もちろん、あの不吉な夢の話は出せない。寧ろちょうど、その前後に前述したケネディ大統領暗殺のニュースが、飛び込んできた。こうしたニュースが2人の旅先での話題の1つだったのを、今でも彼は憶えていると言う。

突然の厳父逝去で東芝就職辞退

僅か数日間の旅ではあったが、徳夫は友達との四国巡り以上に、生まれて初めての厳父久年と連れ立っての墓参りに満足していた。それは同時に、大人になったという責任感を強く感じていたからだ。途中の車や電車の中での何気ない話の中に、さらには宿泊した旅館での食事の折りの雑談の最中に、父親久年が発する何気ない「うむ、そうか。それで良いではないか」とか、「そうだ、人生は常に勉強だ。それを忘れるな」などという、平凡な言葉のやり取りがあった。

しかし後で思えば、それこそがとても貴重な、父親が残してくれた遺言のようなものだった。同時にそれは、早くから家を出て独立した長男に代わり、次男の自分が我が家の跡継ぎとして、父親から認められ、かつ家族の行く末を託されたということだった。

こうして、久年は、息子を祖先伝来の墓やゆかりの場所などに、丁寧に案内した。

そして帰宅して1週間が過ぎた昭和38年（１９６３）12月8日の夜、何時ものように徳夫が部屋で日記を書いていると、父親の久年が突然やって来て「勉強しているか、人間は常に本を読んで勉強せんといかん。いいな徳夫！」と、声を掛けた。「その時は、いやに親父が、厳しくなったな」と、ぼやいた程度でそれ以上は気にしていなかった。

そころが、それから数時間後の零時過ぎの深夜に、突然の物音で目が覚めた。あの元気な父親が急性心不全で倒れたのだ。緊急に呼んだ医師の指示と共に、家族全員が必死の蘇生術を施したが、息を吹き返すことはなかった。あっという間に59才と云う若さで、一家の大黒柱が逝ってしまったのである。

23歳で、事業を引き継いだ頃の自宅養鶏場

23歳で養鶏業を引き継ぐ

東芝への就職は、諦めざるを得ない。何故なら前述したように、７つ年上の長男克一は既に結婚し、早くから家を出て独立していた。姉の恵子もすでに結婚しており、自宅にいる妹と弟は高校生と中学生である。要するに、大学を卒業したばかりの自分が、母親と妹と弟の３人を、養っていかなければならない立場に立たされた。

こうして、次男の徳夫が藤井家の跡継ぎに成った。この頃、父親が自宅の土地を利用し片手間に始めた養鶏事業は、若干手伝う人もいて、その頃５００羽程度の規模になっていた。

徳夫の決断は、早かった。早速東芝に、就職辞退の連絡を出した。東芝からは、何度も「是非入社して貰えないか。家業のほうは、誰かに手伝って貰ってはどうか」などと、説得の連絡があった。

もちろん、徳夫も残念でならなかった。東芝に入社したら、海外にも雄飛し見聞を広め世界を相手に貿易も出来る。もちろん、生まれ故郷の中国にも行けるだろう。そんな夢を描いていたが、就職辞退の意志は固かった。夢は吹き飛んだが、生前の厳父久年が、片手間だったにしろ手塩に掛けてやって来た養鶏事業を引き継ぐ決心を固めた。

子供の頃から、元気の良いガキ大将で過ごしてきた彼には、くよくよせず逆境を切り抜ける天分の才能が備わっていた。とは云っても、多少の問題はあったようである。

彼から預かった「イフジ産業三十周年史」や、前に紹介した日本経済新聞のインタビュー記事などに、意外なことを語っていた。厳父の久年と違い、「自分は、鶏が嫌いだった」と、正直に心境を吐露している。

それでも、彼はそれからの人生を、養鶏事業そして早々に改革脱皮して、鶏卵事業に身を注ぐことになった。

あとでも出て来るが、「養鶏が本能的に好きでは無かったので、事業改革に意欲を燃やした」というのである。その苦闘の中身は、後ほど展開する。

日本は1人当たり卵消費量で世界トップクラス

さて《液卵のイフジ》として食品業界には既に鳴り響いている、藤井徳夫イフジ産業株式会社会長の苦労話を紹介する前に、「卵の生産と消費」の動向について、簡単に触れておこう。

家禽といわれる鶏は、おそらく世界中で飼われていると考えてよいだろう。その数は、一体どのくらいだと読者のみなさんは思われるだろうか。私自身、イフジ産業をこの随筆で取り挙げなければ、殆ど関心が無かったことである。だが、こうして鶏と卵のことを取り挙げているうちに、興味が湧いて来た。そうした資料を探してみると、数多く見つけることが出来た。

先ずは、世界中の鶏の数だが、２００４年の国連統計によると、１６３億６千５百万羽。過去40年間の増加傾向を見ると、10年間で25億羽から35億羽ずつ増え続けている。世界の人間増加の速さと一致しているのではなかろうか。とすると、上記の統計上の鶏の数は、現在では２００億羽に達しているのではないだろうか。

また同時に、家禽の生産量の統計がある。殆どが鶏と思われるが、世界最大の生産量はアメリカで１５５４万トン、次いで中国９４８万トン、３位がブラジルの８６７万トンと続き、日本は8位の１２４万トンである。しかしこれも２００４年の数字だから、現在では中国がアメリカを凌駕しているのではなかろうか。

では、卵は一体どうか。インターネットで検索したところ、鶏鳴新聞というものがあった。それによると、概ね次のように各国別の国民１人当たりの年間消費量の数字が出ていた。

２０１４年10月発表の２０１３年の統計だが、第１位はメキシコ３４７個、以下次のようになっており、日本は第３位にランクされていた。

１位メキシコ　　３４７個

2位マレーシア　３３１個
3位日本　３２９個
4位中国　３００個

さらに、ロシア、インド、ブラジル、インドネシア、アメリカなどと続いている。

最近の情報では、日本の卵の消費量は世界1位で、１人当たり３５０個だという情報もあるから、イフジ産業のオーナー藤井徳夫もさらに忙しいことだろう。

卵の生産量は、約1兆個中国が約半分でダントツ

別の資料で年間の卵生産量はどのくらいだろうかと考え、色々と資料を見てみたが、どうも正確なものは無い。従って、飽くまでも私の推計だが、年間に世界中で家禽と言われる鶏は、１兆個もの卵を生んでいるのではないかと思う。

そうした上での話だが、次のような卵の年間生産量という統計がある。ネットに紹介されているもので、「世界の鶏卵生産量ベストテン」を参考にした。

①中国　４８８９億個（億以下は四捨五入）
②アメリカ　９５２億個
③インド　６９７億個
④メキシコ　５０３億個
⑤ブラジル　４３４億個

⑥日本　　　　　４２０億個
⑦ロシア　　　　４０８億個
⑧インドネシア　２７２億個
⑨ウクライナ　　１９４億個
⑩トルコ　　　　１６５億個

以上のベスト10のうち、日本の生産量は４２０億個で世界6位ということだが、消費量は世界トップクラス。日本人が、歴史的にも卵によって命を保ち、その文化を伝承してきたことがよく分かる。

生卵をそのまま食するのは今や日本人のみ

このうち、４９００億個は、中国で生産されている。既に述べたように、実質的な鶏の原産地が中国だと言われることから、頷ける話だ。

また、現在世界の人口は、概ね75億人。よって、１人当たり約１３３個の卵を生産しているので、養鶏や飼料用などを除き、少なくとも全世界で１人当たり平均年間１００個を消費していることに成る。

これに対し、日本人は何とその3倍の１人当たり３３０個を消費している。少なくとも、国民全員が概ね毎日１個ずつ卵を食べているという勘定になる。

後ほど詳しく説明するが、卵は多種多様な使い方をされており、そのまま生で卵を食べる量はほんの僅かだろう。

専門書によると、歴史的には欧米人には生卵を食べる習慣があったそうである。ところが、現在は「卵を生で食する習慣」を持つのは、世界広しいえどもわれわれ日本人だけだというのだ。そういえば、私も外国の方々と食事を共にしてきた経験があるが、半熟の卵を食していた外国人は、ほとんどいなかったような気がしている。もちろん、そういう点に注目していた訳では無いので、推測に過ぎないのだが、読者の方々はどうだろうか。

毎年10億個の卵を使用スタートは養鶏場から

創業45年以上になるイフジ産業は、どのくらいの量の卵を取り扱っているのだろうか。大学卒業を控えた矢先に、一家の柱だった父親が急死したため就職を諦め、家業の一部だった養鶏業を引き継ぐことになった徳夫は、当時5百羽程度だった養鶏量を徐々に増やしていった。詳しくは後ほど述べるが、5年後に養鶏場を、自宅近くから現在の福岡市早良区内野に移転させた時には35倍以上の1万8千羽に増え、卵の一日の生産量も1万個に達していた。しかしその頃は、現在のように取り扱う卵の量が、かくも巨大になるなどとは、考えてもいなかったことだったと思う。しかし今や、年間少なくとも10億個もの鶏卵を扱う、一大卵専用事業者なのだ。

それは、日本全体で扱う卵年間330億個の約3%であり、世界全体の約1兆個の0・01%に当たる。これだけ事業を拡大出来たのは、藤井徳夫の並々ならぬ事業改革への意欲があったからであろう。振り返って見ると、

イフジ産業本社外観

当時は日本が敗戦後の廃墟から、急速に世界の一流国に押し上がって行く過程であり、さらにいってみればそのスタートダッシュが始まった時期であった。よって、国民の食卓も徐々に豊富になってきていた。卵料理はもちろん、美味な和洋菓子や味も豊かなパン、さらに茶碗蒸しなどが、レストランや一般家庭などでも常食に成りつつあった時代である。

養鶏場経営より食品加工事業に興味

藤井徳夫の養鶏場からの良質な卵は、卸売市場で人気の的に成りつつあった。業界での競争が激しくなるなか、倒産する同業者が出て来ると、その面倒をみたりもしたが、原材料の仕入れ、消費動向、それに養鶏場のお荷物「廃鶏、廃糞、廃殻、規格外品等」の処理、特に「殻のひび割れ卵」の処置は、どうにもならない。とても厄介だった。

それに、２万羽近い家禽の匂いに悩まされ続けることが、限界に来ていた。このような状況で、徳夫の中ではこうした養鶏場経営のこまごまとしたことよりも、食品加工をやりたいという意欲が益々強くなっていった。

昭和45年（１９７０）藤井徳夫29才。若き血が騒ぎ、新たな事業転換の時期が近づいていた。

因みに、食料の需給統計によると、日本人の食べている肉類４種（鶏肉、鶏卵、牛肉、豚肉）の年間数量は以下の通りである。若干古い統計だが実は、次の通り卵、豚、鶏、牛の順なのである。（２００７年）

①鶏卵　２７１万ﾄﾝ

②豚肉　239万トン
③鶏肉　198万トン
④牛肉　118万トン

合計約830万トンのうち卵は3割以上で、鶏肉を入れると、少なくとも日本人の食卓の6割以上が、家禽様のお世話になっているのである。

以下、続けて藤井徳夫の半生を綴ってみる。

泥と汗に塗れ、新たな養鶏場の場所探索

藤井徳夫は、突然一家の柱である父親を失った。よって、大学を出たばかりの23歳にして、一家の戸主となった。戸主とは、会社に例えれば、社長である。NHKの連続テレビ小説で放映された『とと姉ちゃん』（2016年度上半期）の主人公も、徳夫よりもっと若くして父親を病で失い、戸主になったという設定だ。彼女には、世間をきちんと見る目や道徳心が強く備わっている。そして、徳夫と全く同じところは、「自分が何としても、母親を含め家族の面倒を見なければならない」という、健気な強い義侠心があるところだ。2015年度下半期の連続テレビ小説『あさが来た』と同じく視聴率が高いのは、誤魔化しのないしっかりした、日本の女性像を描いているからだろう。

ここでは藤井徳夫の、家族を守ろうとする、素晴らしい義侠心の姿を、十二分にご披露したいと思う。

彼は、大学を卒業したばかりであるから、社会人としての経験が全くない。経験はないが、何としても養鶏場を守らざるを得ない。それが、一家の戸主としての義務でありかつ、責任だと心に決め覚悟し

ていた。よって、怯むところはなかった。正に、若さと負けず嫌いの敢闘精神が、奮い立たせた。先ずは鶏の数を増やし利益を大きくするしかないと考え、現在の数を2倍にも3倍にも、さらに10倍にも増やしたいと必死に頑張った甲斐があり、1千8百羽にまでなった時に、自宅敷地内の養鶏場が、手狭だということに気付いた。商売を拡大するためには、養鶏場を新たに造るしかない。しかし、そのような都合の良い場所は、自宅近郊には見つからなかった。そこで、父親が付き合っていた養鶏場経営者達から種々情報を集めながら、自ら足を棒にして、適当な空き地を探すことにした。福岡県内だけでなく、大分県や佐賀県などにも足を延ばした。

こうして4ヶ月後、漸く最終的に福岡県と佐賀県の境界にある脊振山の麓に、2千3百坪の土地を見付けた。福岡県早良郡早良町大字内野（現在の福岡市早良区内野）である。

土地代と養鶏場建設費をどうするか

さて、いざ土地を購入するとなると、先ずは何割かの前金を地主に支払い、その上で売買契約をするのが習わしである。ところが、彼の手元には父親から譲り受けた20万円の預金通帳しかなかった。それを前金として支払い、ようやく仮契約を済ませた。

もちろんその上での話だが、彼には一応の目算があった。それは、徳夫が就職活動中、親切に対応してくれた銀行があり、徳夫に対して「大学を卒業したら是非うちの銀行に来て下さい」と、誘われていたからだ。徳夫は、その銀行はおそらく数百万円位は簡単に融資してくれるとだろうと楽観視していた。そこで勇み出掛けて行き、「今度土地を買うのでよろしく」と申し出た。

だが、現実は厳しかった。いくら高度成長期とはいえ、レッキとした都市銀行が、弱冠23歳の徳夫に期待したのは、銀行マンとして入社して貰いたいということだった。銀行は、徳夫の資質は十分認めていたのだろう。だがしかし、養鶏場の経営者として大金を融資する相手となると、信用のおける相手かどうか、それは未知数だということになる。言うまでもなく企業経営者としての経験も実績も、ほぼないに等しい徳夫はその銀行の信用ある顧客には、当然のことながらとてもなれない。要するに母親や妹たちにも働いて貰いながら、やっと生計を立てている家族経営の小さな養鶏場主の申し出は、期待に反して断わられてしまう。〝参ったなー〟とため息を付いた。しかし、彼は決して諦めない。ここでも、彼の負けず嫌いな性格が、次の行動へと進ませた。

今度は、不動産を買うのだからと勝手に決め込んで、日本不動産銀行（後の日本債券信用銀行）の門を叩いた。もちろんこの銀行も、徳夫のような小規模の事業を相手にするところではない。結局は、相手にして貰えない。ようやく彼は、「これは深刻なことになった」と思い始めたが、後には引けない。

農林漁業金融公庫から資金調達

その後も、さんざん銀行回りをしたが、成果はゼロ。こうして徳夫が思案に暮れながら、ある地方銀行で懇願していた時、その担当者が「藤井さん、例えば農林金庫は当たって見られましたか？　ひょっとすると、新たに鶏小屋を建てる〝制度資金〟ということで融資するかも知れませんよ」と言われた。

彼は、なにしろ「銀行」しか頭になかったが、そのヒントはありがたかった。正式には農林漁業金融公庫だが、そこを訪れた徳夫は懸命に資金融資を懇願した。土地購入の仮契約を済ませていること。それに、今迄の経営は安定的に行っており、融資さえ受ければ即座に事業を広められることなどを熱心に説いた。

こうして彼は、遂に５００万円の融資を受けることに成功し、正式に土地を購入した。その上で、いよいよ鶏小屋を建てねばならないが、ここで彼は考えた。そこが、藤井徳夫の素晴らしいところだが、彼は一括発注方式を取らないことにした。

一括だと、請け負った事業者から出て来る工事の見積もりが、なかなか比較できない。それよりも、土地の造成工事と養鶏場の建設工事を別々に区切って発注したことで、それぞれの専門業者間の比較が可能となった。

要するに工事の内容が、競争入札で十分に効率的になると同時に、各社のアイデアが有効に示された。こうして、質の高い経営努力の効果が土木工事にも建築工事にも発揮され、コストを抑えると同時に、予想以上に工期も短縮された。若い経営者は、自らの発想と工夫で、将来に向けた良い経験を積んだことになる。

母校の福岡中央高校から非常勤講師の要請

こうして、新たに建設した養鶏場は、みるみる彼の目論見通りの成果をあげだした。厳父の急死で家業を引き継いでから3年が過ぎ、徳夫の力量が一家の運命を左右しだした頃だが、彼にはさらに２つのことが続けて起きる。そしてさらに3つ目が起きる。

もっとも、未だ20代である。人生の時の流れから見ると、この頃の2、3年間は50才以降からの2、

3年とはわけが違う。誰でもそうだが、若い時の僅か数年の経験は、年老いてからの少なくとも5倍、ひょっとすると10倍ぐらいの経験値を得ているのだ。

徳夫に起きた新たな経験は、彼の母校福岡県立福岡中央高校から、是非とも教鞭を取って貰いたいとの要請であった。もう一つは、結婚話である。さらに、少し後になるが家業の大変化である。彼の一生に大きく影響する事であり、且つ経験である。先ずは、母校からの要請から述べよう。

彼の母校は、福岡中央高校である。戦前戦後は、福岡では著名な県立高等女学校だったが、男女共学の新制高校となり名前を変えた。そして、徐々に男子生徒が増えつつあった高校である。神戸から本田正寛が転校して来た頃だ。

母校で非常勤講師を務める藤井徳夫

本田は、以前この随筆で取り上げた西日本シティ銀行の初代会長である。本田正寛は、私が知り合った頃は同銀行の会長と共に福岡商工会議所会頭河部浩幸の下で、副会頭を務めていた。その本田も、藤井と同じく中国の吉林省長春で生まれている。穏やかで、きっちりとしたジェントルマンである。このように、この高校は多くの著名人を輩出している。その母校から「貴台に、4月から政治経済の非常勤講師として勤めて貰いたい」という一通の要請状が舞い込んだのだった。

昭和41年（1966）4月から始めた母校の県立福岡中央高校での非常勤講師の仕事は、藤井徳夫にとり、予想外の効果があった。それは、単に若い後輩たちに会うことで、苦闘している鶏卵事業からの、ストレス解消に役立ったというだけではなかった。

藤井徳夫、時代の変化を読む

最大の収穫は、いっとき事業のことから解放された時間に、今の世の中の動きを客観的に見る機会が、与えられたことであった。人は誰でも、一つの事に集中していると、世の中の動きがまるで見えなくなることがある。例えば最近、盛んに企業経営に社外取締役の雇用が謳われ、コンプライアンスやコーポレートガバナンスの本旨を求めている。それはよく考えて見れば、事業に専念している社内の経営者の価値判断だけでは、世の中の動きが客観的に見えず、つい事業経営成績に拘り過ぎて、顧客や従業員にマイナスの負荷を与えてしまうからだ。だから、社外の識者の意見をよく聞いて、正しい経営指針の選択を進めるべきだということである。

母校で非常勤講師を務めていた頃の藤井徳夫

だが社外の識者だと言っても、トップの気安いお友達や大株主だけではこれまた意味がない。ここでの話は、それほど大袈裟なことではないが、しかし基本は同じ論理だと思う。

こうした効果もあってのことだが、この時期からすでに藤井徳夫は、父親から引き継いだ養鶏事業だけでは大成できない、他の事業への転換が必要だと真剣に考え始めていた。

突然「熊本激甚災害」が起きた

それにしても、イフジ産業のオーナー藤井徳夫は、若い頃からじっとしていられない性格のようである。年齢はすでに七十代の半ばを超えたが、絵に描いたようなその実直な人柄である、例えば彼と話している間に、二人に共通の友人が居ることが分かると、懐かしさの余りか、その場で携帯を取り出して電話するのだ。

電話で会話することもあるが、時にはお互いに事情を良く確認しないで話を進めようとしたため、「この話は、やっぱり止めた方がよかかね?」という事も生じる。そこでお互いに「そうしまっしょ」で、終わりになる。要するに、物事に熱心、そして失敗しても拘らず、ストレスを残さない。これが最高の人生だろうと考えている。そこまでは、藤井徳夫に確認していないが……。

ところで私の知人には、他にも似たような人が何人か居る。だから人生が楽しく、時に厳しく、しかしお互い国家社会公共のためにと、立場や地位は異なっても、何らかのセンサー的なものが通じ合っているのだろうか。

具体的に1、２挙げると、先ず九州では非常に著名な人物の一人、石原進九州観光推進機構会長。２年ほど前、ある雑誌に「原子力発電はCO_2のない安的なベース電源として必要だということを書いたが、読んだか」と、突然携帯での話。早速読んで、「立派な論文！　ベリー・ナイスです」と携帯で返事。だが、彼は相変わらず多忙。「発送電分離は……」書いてないと言おうとしたら、通話が切れた。

そしてその直後、２０１６年4月14日、正にこの原稿を書いている最中に、熊本地震が起きた。石原は、「熊本の復興なくして九州観光インバウンドは達成できない」「県民の象徴である熊本城の復旧なくして、熊本の復興なし」と、懸命に政府や地方自治体などに働きかけ、余念なく白銀色の髪毛の頭を振り絞って、リーダーシップを発揮し駆けずり回り頑張っている。

また渦中の人、蒲島郁夫熊本県知事も石原に似ているが、彼は、身命を賭して県民のために、その復旧と創造的復興に覚悟を決めて邁進中だ。彼は、県民の最大幸福値を一層拡大していくとマニフェストで宣言し、「私は県民に尽す、二君に仕えず」と以前から言い切っていた。この蒲島郁夫の奮戦記を、私はそのうちじっくり書くと彼に約束している。

藤井徳夫、忙しくベンチャー事業へ挑戦

余談が長くなったが、藤井徳夫の話に戻ろう。彼は、昭和39年（１９６４）父親の養鶏事業を九州大学卒業と同時に引き受けてから、昭和44年（１９６９）結婚し、その3年後の昭和47年（１９７２）10月「イフジ産業株式会社」を設立し、本格的に液卵製造事業を始めた。ところがその間に、彼は何と5、6種類のベンチャー事業の具体化に挑戦している。

その行動の基本がどうやら、当時高度成長を果たしつつあったわが国では、最早「養鶏事業だけでは先が見えている」という、時代の変化を読む目だった。しかし、養鶏場を新たに造り拡大しただけでも、大きな負債を抱えているのに、全く養鶏事業と関係のないことを遣るという勝手は許されなかった。それに寧ろ養鶏事業の同業者仲間たちは、如何に鶏の健康状態を維持するか、同時に産卵率をどのようにしたら上げられるかに腐心していた。正に、彼の父親のやり方はこうしたことだったのだ。

しかし徳夫は、違っていた。卵の生産者であるなら、「飼料代を安くし、逆に自分の生産した卵を如何に高く売るか」、「卵を生まなくなった《廃鶏》を如何に高く売るか」、さらには「厄介な《鶏糞》や《卵殻》をどのように上手に処分するか」、また「ヒビ卵や規格外卵をどう捌くか」というようなことを、

熱心に考えるのだった。要するに、自分が持って居る資源を全て上手に活用して、経営改革を行うかというやり方である。この発想が、自然態で彼のベンチャー的事業開発の意欲に繋がったのである。

「廃糞」の農作物肥料化や「廃鶏」の商品化努力

先ず、廃棄業者に引き取って貰うしかない「廃糞」を、商売にできないかと考えた。確かに鶏糞には、窒素やリン酸やカリウム等が含まれており、野菜や果物の肥料として最適であることが分かった。すると、彼は早速実行し始めた。自分のところの鶏糞だけでなく、同業者からも喜んで引き取り、それを敷地内で乾燥させる。袋詰めして、近隣の農家や農協や果樹園に売り歩いた。

しかし、専門の肥料業者の低価格品と競争すると、殆ど利益は出ないことが分かった。家族的労働に頼った事業に、限界が見えていた。

次いで、最早卵を生まなくなった、いわゆる「廃鶏」を商品化できないかと考え、その挑戦が続いた。まずは、粉末スープの研究である。四国の松山で、廃鶏を使いそれを粉末化してスープの材料にする実験をしているという情報を得た。「これは、きっとモノになる」と思った徳夫は、早速福岡空港から高松行きの便に乗り、訪ねて行った。

しかし、実用新案特許を得なければならないことが分かり、事業化を断念した。だが、彼は諦めなかった。

「がめ煮」を大丸で販売

以前イフジ産業の監査役を務めていた、坊薗貞夫という人物がいる。彼は当時、藤井養鶏場に「鶏の飼料」を提供していた「ヤマエ久野株式会社」の営業マンだった。

このため、常時徳夫のところに顔を出す。ある時、徳夫が坊薗に「どうして廃鶏は、ブロイラーよりも質が良いのに、値段が三分の一以下なのか分からない。もっと高く売る方法はないか」と相談した。

すると坊薗が、「藤井さん、それを加工品にして売ってみたらどうです」と持ち掛けたという。なるほどということになり、二人は《がめ煮》を作り、瓶詰加工して、知り合いを通じ大丸に持ち込み、大キャンペーンを張った。

味は良かったが、所詮は素人が作ったものであり、色合いや醤油の強さなどから、僅か二週間で撤退した。また、飼料販売の営業先の手伝いに巻き込まれ、徳夫を手伝っていた坊薗貞夫は、会社の上司から「お前は何処の従業員か？」と、強烈に叱られたと云う。だが、他社の従業員が本来の仕事を放り出してまで手伝うほど、この頃の藤井徳夫は、新たな事業を興すことに真剣だったと言える。

結局、こうした粘り強いベンチャー魂が、大手事業者を抑え「液卵事業」という卵の加工革命の成功物語に繋がるのである。

新たな貿易開国を先取りし、液卵事業の試作に突き進む

イフジ産業の藤井徳夫が、養鶏事業から転換し「液卵事業」という、新たな道を進み始めた昭和47年（1972）は、日本のパンやお菓子メーカーが、海外から入って来る、業務用液卵の利便性に着目し始め、海外からの輸入を考え始めた時期である。わが国の牛・豚・鶏・卵の消費量のうち、第1位にラ

ンクされる《卵》の解禁が、国民の消費嗜好向上のために、必要かつ重要な経済政策だったのである。徳夫は、それを自らの事業改革そのものとし、推し進めたということになる。その内容を分かり易く、同社の30周年史から引用してみよう。

「卵を手割りして液状の中身を集めたものが、『生液卵』である。業務用液卵は、多くの用途を持つ。かき混ぜることで泡立つ性質。この起泡性を活かしてカステラやマヨネーズやアイスクリームには、欠かせない原料となっている」

「『生液卵』は、大きく全卵、卵黄、卵白に分けられ、特に《全卵》の状態で多く使われている」（注）

「全卵」とは、卵を割って中味を取り出した、そのままの状態をいう。さらに全く加工を施さず、そのままパッキングして市場に出すものが一番多いが、それを業界用語では「ホール」と呼んでいる。さらに業務用液卵（冷凍卵を含む）が必要な理由を、次のように5点あると述べている。

「①割卵の手間が省ける　②殻を除くことで容積が3分の1になる　③卵の保管や輸送の効率が良くなる　④鶏卵の相場変動リスクを回避でき、安定的な供給が出来る　⑤冷凍卵にすることで、長期保管が可能となり、同時に卵の個体差を均一化出来る」

こうして徳夫は、家族総出に加え何名かのアルバイトを雇い液卵事業に乗り出し、小口のお客さんを相手に《液卵》の売り込み実験を始めた。

山崎製パンからの突然の注文が活路

3年前に見合い結婚した県立福岡女子大学出身の才媛、藤井泰子夫人も懸命に事業を手伝った。だが、どうしても手が足りない。そこで、養鶏場でアルバイトをしていた東京農大卒の渡邉正廣という若者を、社員第1号として採用している。

問題は、営業開拓である。少量の注文は、地元のお菓子屋さんなどからあったが、なにしろ大きなロットの注文が取れないことには、商売にはならない。徳夫は思い余って、ヤマエ久野の担当の坊薗貞夫に、「山崎製パンの担当者を是非紹介して貰えないか」と頼み込んだ。坊薗は以前、鶏の「がめ煮」の瓶詰を販売するキャンペーンを張り、「お前は何処の社員だ！」と上司から叱られた人物。徳夫とは、それ程の仲である。

「こちらが、友人の藤井徳夫君です」と、当時山崎製パンの資材課長代理だった関根洋二に紹介してくれた。徳夫は最敬礼して挨拶し、「液卵」を発注して貰えないかとお願いした。もちろん、そう簡単に行えないはずはない。彼の朴訥さは認めたようだったが、山崎製パンに入り込む余地は全くないと、ストレートに断られた。

だが、徳夫は諦めることをせず、毎日のように関根の所に顔を出し、懇願し続けた。こうして一か月程が経ったある日、この日も徳夫は関根のところで頭を下げ続けていた。この頃になると、関根の方も「君、今日は来るのが遅いじゃないか」などと、冗談を言うようになっていた。

こうして徳夫が、頭を掻きながら「何とかなりませんか」と話していると、「毎朝やって来る液卵のトラックが、途中事故に巻き込まれ、今日中に届かないそうです。どうしましょうか？」と、関根の部下が真っ青になって報告に来たのだった。

「エーッ、何だって！」と、関根は絶句。一瞬、言葉に詰まった……が、傍にいた徳夫に向かって、慌てて声を掛けた。「君！　今すぐ、液卵を用意してくれ」それを聞いて、徳夫が飛び上がった。「はい、勿論です」

　こうして、突然舞い込んだ山崎製パンからの臨時注文に取り掛かり、液卵約150㌕という注文を、何とかその日のうちに納品することが出来た。それが、藤井徳夫が百万長者へ登り始める第一歩であった。

　以前藤井徳夫と懇談した時、昔を思い出しながらにこやかに彼の口が滑った。『私どもの家系で、一番出世したのは私ではありません。野村證券の関連会社の野村企業情報の社長になった後藤光雄です。……ですが、経営者として資産を残せたのは私でしょうね』

イフジ産業株式会社を設立し、液卵事業に特化

　こうして、間もなく山崎製パンから正式に納入業者としての取引を認められることとなる。一日の取引量160㌕、キログラム当たり168円すなわち、月間約70万円の取引契約を結んだ。契約額は小さかったが、大きな会社の信用を得たことになり、事業が急速に発展していく切っ掛けとなったのである。

　1か月後の昭和47年（1972）10月、資本金300万円でイフジ産業株式会社を設立した。本社を現在の福岡県粕屋郡粕屋町に新築し移転。昭和48年（1973）10月のことであり、これがイフジ産業の製造開始の日である。同時に、今迄の養鶏場は、仲間の事業者に委託することにし、養鶏事業経営から完全に撤退した。

　藤井徳夫の事業の原点は、父親が残した「家禽」という鶏を、国民の貴重な食料品の一つとして提供

することである。それが、時代の変遷の中で《卵》そのものの活用という基本を変えず、新たな《一品》である「液卵事業」へ変身し進化して行ったのである。

さて、昭和47年（１９７２）とは、どういう年であったか。激動期である。連続在任期間が最長の佐藤栄作に代わり、田中角栄が総理大臣に就任した年である。

昭和47年（1972）イフジ産業株式会社創業当時の従業員

世界と日本の激動期に、礎を築いた藤井徳夫

昭和47年（１９７２）７月６日の臨時国会で首相に就任した田中角栄は、早速、新全国総合開発計画の具体的実施を指示。これが、いわゆる《日本列島改造論》である。こうして、本格的に世界の一流国を目指し発展し始めた日本の激動期は、また世界の政治経済の大変革期でもあった。

この年の始め、米中融和が始まる。ニクソン大統領が、中国を訪問し、毛沢東・周恩来と会談する。バングラディシュが独立、米軍の北ベトナム空爆強化、日本赤軍岡本公三らがイスラエル・テルアビブ攻撃、パレスチナゲリラがミュンヘンオリンピック選手村襲撃等変動の嵐の予兆が始まっていたのだ。

そして、藤井徳夫の鶏卵事業も大きな激変に直面していた。

一つは、液卵事業が卵の利用に重要な革命を齎したことだ。すなわち、高級食品や和洋菓子の多様なメニュー発展などに伴い、需要拡大と製造と消費のスピード競争化、さらに景気の浮沈と卵へのウイルス混入等突発事故などへの対策をも含めて、「液卵」特に《冷凍卵》が品質安定と長期保存に有効であることが、世界的に認められてきたことである。

二つには、「液卵（冷凍卵）」の海外からの輸入が急増し、国産市場を席巻し始めたことだ。このため、日本政府は液卵事業を保護するため急遽「液卵の輸入規制措置」を取り始めた。昭和46年6月に政府および農業協同組合などが共同して株式会社全国液卵公社を設立し、その対策に役立てるのが目的であった。

上り坂でありながら、イフジ産業の苦難の年が始まろうとしていた。だが、徳夫はそれを跳ね返すため、事業の機械化を率先して進めるのだった。

経営合理化に邁進する藤井徳夫

前述したように、液卵加工事業に特化したイフジ産業は、山崎製パンとの受注契約をきっかけに、急激に事業を伸ばして行った。昭和55年（1980）当時、売上高10億円程度だった同社は、僅か5年後の昭和60年（1985）には3倍の30億円にまでなった。そして、関東や大阪に工場を造り、販売網は全国に広がった。すでにこの頃、地元のスーパー日の丸食品を買収し、取引先も関西ヤマザキ、唐津糧友製パン、糧友山口、西日本製パンなど、大手を取引相手とするようになっていた。

こうして、平成5年（1993）3月期には売上高34億円、経常利益が1億円を突破したのを切っ掛けに、念願の全国展開を目指していく。

平成8年（1996）4月には、メーカー・ベンダーの一体化を図るため、経営の合理化を具体的に進めた。よって、関東イフジ、関西イフジ、カネヒロ食品、イフジフーズを合併し、同時に福岡県の鶏卵加工協同組合の所有資産を買取ることになる。

それからさらに、藤井徳夫は飛躍する。遂に、鶏卵産業の中心地的存在である名古屋への商圏拡大を目指し、同じく平成８年（１９９６）10月、愛知県安城市に巨大な名古屋工場を新設した。こうして、中京圏への液卵の供給を始めた。さらに、彼は集中と選択を経営課題に取上げ、三重県の事業部を閉鎖し不採算部門を切り落とした。もちろん、従業員はできるだけ解雇せず、隣接の工場や事業所への配転などで対応した。また、平成13年（２００１）５月の関東事業部新工場の新設も、正にその一環であった。

株式上場への意欲、２部上場を達成

藤井徳夫の、彼が自分の液卵事業を「公益事業のようなモノですよ」という言葉に、私は〝おや〟と思うことがある。しかし、次の言葉を続けて聞くと、なるほどと思い直す。曰く、『液卵の商売は、今や《食のインフラ》です』

人間の食生活が豊かになり、高度化すればするほど、鶏卵が殆どの食品に使われるようになっていくのだ。そういう意味では、確かにインフラ事業を手掛けているといっても良かろう。従って、電気と同じく先ず価格が安くそれに、常に不足しないように安定的な供給が要請される。電気は、言うまでもなく安定的な低価格で、かつ停電しないことが条件だが、卵も食という立場で捉えれば、確かに国民全員のための、低価格と安定供給が必須のインフラである。

「だから、事業経営を透明にし、消費者に株主に成って貰うことが必要だと考え、早いうちから株式上場を考えておりました」

こうして売上高が、確実に50億円を上回るようになった2001年8月29日、現東京証券取引所ジャスダックに上場を果たした。17年前のことである。この時の、徳夫の得意満面の姿は写真の通りだが、この時も彼は高校以来の親友や、証券会社の経営陣に就任していた後藤光雄など親戚たちや、社員たちなど多くの人に助けられている。

そして彼は、さらなる目標のために邁進する。同社のグループ連結売上高が100億円、経常利益が10億円に達した平成23年（2011）8月、福岡証券取引所に、翌年の平成24年5月30日には遂に東京証券取引所第2部に上場を果たした。そして、その後すぐ東証1部に上場を果たした。

藤井徳夫、フィンランドとデンマークを訪れる

平成27年の6月上旬、九州経済連合会（会長麻生泰）の総会が開催された。略称「九経連」というが、前年まで私は、福岡大学の客員教授として参加していた。

だが、次の年から新たにイワキ株式会社の特別顧問として参加することになった。イワキ本社の岩城修社長は、日本経団連の会員であるが、九州・福岡の状況も極めて重要なのであろう。

ところで、その九経連の総会後の懇親会には、特別講演を行った新浪剛史サントリーホールディングス社長も出席しており、個人的にエールを送った。

すると、後ろから突然聴き憶えのある「先生、元気ですね！」という声がした。振り向くと、そこに

藤井徳夫の笑顔があった。

「先生も、ひとっ飛びで北欧に行きませんか？　麻生ご夫妻が一緒ですが、フィンランドです」

いやはや、海外に興味津々の元気な藤井徳夫の話だった。その年の4月から、福岡とフィンランドの首都ヘルシンキの間に、毎週往復2便の直行便が飛ぶことになった。そのため、経済界第一陣として、麻生泰が団長で出掛けたのだ。これから晩秋までの間に、福岡を中心とした九州の経済各団体などが5、6組、交流と北欧からの輸出入、及びインバウンド拡大の願いを込めて、訪れることとなっている。

その2週間後のことだ。

「ついでに、デンマークのコペンハーゲンにも寄って来ました。有意義でしたよ」と彼の弾んだ声が、電話口に聞こえた。

「そうでしたか……デンマークは、特別のご用でも？」と尋ねた。

「はい、昔から取引がありまして、ついでに挨拶して来ました」

要するに、最新の自動割卵機をデンマークから昭和61年（１９８６）に導入していたのである。

藤井徳夫が液卵事業に特化し始めた頃、最も苦労したのが「割卵作業」で

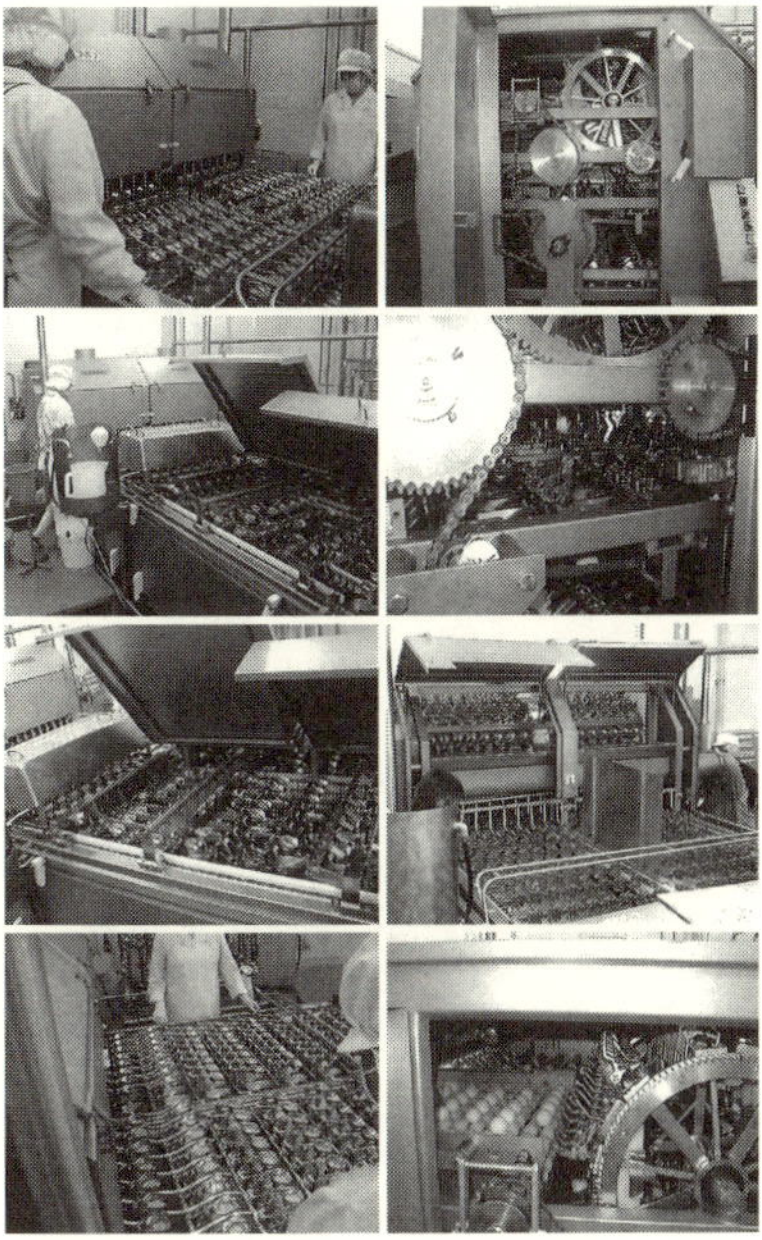
2001 年にデンマークより導入した自動割卵機「サノボ 16／28」

あった。何しろ、卵を一つずつ割る作業を、人間の労働で行なうのでは、どんなに頑張っても一日せいぜい一、二千個。何万、何十万個も割卵するには、大勢の人手が必要だ。さらに重要な作業は、卵の黄身と白身を分離する作業だ。これも人間の手作業では、完全分離には限界がある。また時間が掛かり過ぎる。よって、どうしても自動機械に頼らざるを得ない。機械は正に、電気で動く。

「先生、電気の有難味を肌で感じますよ！」という、藤井徳夫の声の余韻が私も忘れられない。

液卵事業の自動製造装置を米国より導入、次いでデンマークへ

藤井徳夫が、最初に自動割卵機器を導入したのは、山崎製パンとの取引契約が成立した年の翌年、昭和48年（１９７３）だった。

その年の7月1日「エックスマスター」という自動割卵機第1号を、粕屋町の本社に導入した。能力は、１時間当たり３００kgだったが、手作業の何十倍も能率が上がった。続いて翌年、同型の2号機を導入した。関東に進出し、イトウ製菓、日立パンさらには卵焼き大手の玉吉などとの取引を開始したからである。

若くて元気なオーナー、徳夫は休むことなく更に次の年に大阪進出を決め、糧友パンなどとの取引を開始したことから、従来の国産機器では対応できなくなってきた。そこで、ここでもまた大手と同様に、もっと効率の良い外国製にアタックする。

遂に昭和50年（１９７５）7月1日、米国製割卵機「シーモア１０２型」を本社工場に導入した。処理能力は１時間当たり１５００kgであり、国産機2台分の２・５倍に能力を上げた。

さらに、3年後の昭和53年（１９７８）には、米国より一層性能が優れた割卵機「ヘニングソン」を導入した。この時徳夫は、事業が流れ作業式に展開されている米国やヨーロッパを見習い、液卵殺菌装置、洗卵洗浄装置、冷却・充填機などを、流れ作業式に取り組める、わが国では最先端の製造工場にすることを考え始めた。

こうした研究研さんの過程を経て、大手に対抗するために最も高速かつ大量に割卵する自動装置と遠心分離機を探した。綿密な調査の結果、わが国にも鶏卵の輸出をしている北欧のデンマークに、米国よりも優れた機械が在ることを発見した。昭和61年（１９８６）売上高が40億円に達した年に、同国から1時間の処理能力１８００リットルという、最新鋭自動割卵機「サノボ３０００」を関東の水戸工場に導入し、わが国の液卵産業におけるイフジ産業の名前を確固たるものにしたのである。更に改革を進め、ジャスダックに上場した２００１年には、何と5倍以上（1時間当たり割卵16万個10トン）の能力を持つ、「サノボ16／28」を導入した。

液卵・冷凍卵の種類と用途

イフジ産業のオーナー藤井徳夫を中心とした物語も、そろそろ終りに近づいた。そこで、上述した通り、「液卵事業は、食品のインフラのようなもの」という表現を用いたが、読者の一層のご納得を頂くために、現在どのような用途に用いられているかを最後に分かり易く述べておくことにしよう。同社の広報誌、『意志ある卵』に紹介されている液卵・冷凍卵の品種種類、用途は、以下のように記されている。

先ず品種だが、《全卵（卵の殻を除いたままの状態）》、《卵黄（卵の黄身だけ）》、《卵白（卵の白身だけ）》

の3つに分けられている。オーナーの藤井に聞いたところでは、「全卵」の状態での利用が全体の7割程度だということだった。しかも、ほとんどが液卵としてだけでなく、5割以上が冷凍卵として利用されている。このように品種は3つだが、種類と用途は次のように多い。

先ず「全卵」で利用する種類は4種類ある。①ホール（正にそのままの形→ケーキ・シュークリーム・パン・洋菓子・和菓子に利用）、②全卵（形は関係なし→パン・ビスケット・玉子焼・玉子うどん・茶碗蒸しに利用）、③加糖全卵（砂糖を加える→ケーキ・洋菓子に利用）、④調整全卵（黄身の割合自動調整→パン・ビスケット・クッキー）このように、顧客の要望によって多様に加工処理して、期限（殆ど24時間以内）までに配送するのである。

次いで「卵黄」の利用は、次の3種類だ。①卵黄（生で利用→洋菓子・和菓子）、②加糖卵黄（砂糖を加えて製造→洋菓子・和菓子【注】カステラもこの種類に入る）、③加塩卵黄（塩を加え製造→マヨネーズ）

3つ目は「卵白」での利用であるが、①卵白（そのものを製造出荷→練り製品・洋菓子・和菓子）、②製菓用卵白（一定の規格容器に収納し出荷→洋菓子・和菓子）

このように書くとお分かりのように、お客の要望は多種多様であり、それに応じたモノを作るのは容易でない。真空パックで保存し殺菌なども施しておけば、液卵でも数週間は持つ。冷凍卵にすれば、1年以上保存が効く現在、先々までの製造・販売の予測は、極めて重要な課題である。

液卵事業は「先憂後楽」がポイント

ついでだが、正に「少量多品種」という時代を反映して、先ほどの液卵・冷凍卵の注文も、極めて多種多様になってきているようだ。例えば、「茶碗蒸し」に使う液卵だが、最近では需要家からの注文に、7種類ぐらい成分の違いがあると言う。藤井徳夫曰く「京都の○○料亭向けには黄味が多く出汁はこれこれと指定され、大阪のチェーン店△△レストランの場合は、普通の混合液卵で良いという具合です」ということだ。

液卵の生産工程

成熟社会のわが国の食文化が、そこまで進んだためだろう。こうした要望に応えなければ、これからのサービス事業の競争には勝てないのだ。

何時も穏やかに落ち着いて見える藤井徳夫に、経営信条を訊ねたことがあった。

「私たちの商売は、言って見れば《先憂後楽》です」という言葉が、即座に返ってって来た。要するに、「卵」は生きている。顧客も、毎日の多様な生の生きた要請をしてくる。今や自動化され、完全な流れ作業になっていても、何時何が起こるか分からない。「先憂後楽」とは、そのことを指している。

一度見学させてもらった、工場の全工程を辿ってみよう。

先ず原料である卵、その「原料の入荷」は、トラックが運んでくる。関東（水戸）、関西（京都）、名古屋（安城）、九州（福岡）と主として4工場があるが、ほとんど毎日、各4工場にそれぞれ何十万個の鶏卵が持ち込まれる。契約農家からの新鮮な卵であるが、最初にサンプル検査をした後、8℃で一時冷蔵保管する。品質を見極めながら、前述の種類・用途別に区分けする。

その上で、割卵機によって高速自動的に処理。それを、次の工程で卵黄と卵白をスキャナーにより、自動分離処理。全ては流れ作業だが、今度は1時間当たり1千〜6千リットルの殺菌能力を持つ連続式殺菌機で、品質を落とすことなく、安全で均一な液卵に製造加工するのである。

1時間3千本の完全密封パックに充填し、海外に出荷増大

殺菌を終えた液卵は、空気に触れて菌が混入しないように、クローズドシステムで貯蔵タンクに充填し計量した後、ヒートシーラーと呼ばれる密封機によって密封保管される。さらに、毎時間3千本が充填できるパック充填機で、専用の容器に納められる。冷凍卵は、この後冷凍庫に移される。

この流れ作業の最終段階で専用容器に挿入され、トラックに積み込み素早く出荷されるのである。しかも、出荷された商品の液卵ないし冷凍卵が、それぞれの顧客の下に確実に配送されるまでが、正に藤井徳夫をはじめ全従業員の《先憂》なのである。後は、《後楽》という所だが、実際は一日が終わると、

また翌日の計画が始まっているのである。

だから、同時にまた《先憂》が始まるわけだ。彼が「われわれの事業は、一種の公益事業のようなものです」と述べたのが、良く理解できる。

この10年以内に、今迄発展途上にあるといわれていたアジアの諸国が、急激に成長し始めた。今や新興国といわれる水準を超えて、わが国に匹敵するところに迫りつつある。中国13億人、インド13億人、その他アジア全体で（日本や韓国を入れると）８億人、合計33億人と云われるアジアの市場。世界の概ね半分の人たちが、食べる卵の需要は、益々増加するはずである。

よって、イフジ産業の液卵、特に冷凍液卵はアジア全体の食品の公益事業として、益々これから発展していくことだろう。

B企業の面目躍如

藤井徳夫は今、イフジ産業株式会社のオーナーであり、且つグループの代表として、売上を更に伸ばし、大きく会社を飛躍させたいと考えている。

彼が「わが社は利益追求ではなく、あくまでベネフイット追求企業です。とても、低廉な鶏卵を、できるだけ多くの人たちに提供することが使命ですので、売上高が目標なのです」、という言葉には、誠実さがこもっている。

以前読んだ論文の中で、「P企業とB企業」という話が目に留まった。P企業と云うのは、《Profit 企業》の略。要するに、事業目的が、利益追求だという会社のことだ。これに対して、B企業すなわち《Benefit

企業》とは、事業目的がむしろ社会に便益を提供することを主張し続けている会社のことだ。「Aではなく B だ」というと、何となく2番手だという響きがあるが、そうではない。

むしろ、成熟社会においては「B企業」こそ、必要かつ重要なのである。もちろん、電力会社のような事業は、言うまでもなく公益事業であり正に、「B企業」であるが、食品会社の中でもイフジ産業のような事業は、「B企業」だというべきだろう。「液卵・冷凍卵の製造および販売卵加工品の製造および販売」を、事業内容とするイフジ産業の代表取締役社長は、すでに徳夫の長男藤井宗徳である。だが、藤井徳夫も、昭和16年（1941）生まれだから、まだ77才だ。人生100才時代においては、これからが徳夫の活躍本番だろう。

目標は、海外だ。すでに述べたように、先頃デンマークをも訪ねている彼は、そのうち必ずアジアに拠点を構えることであろう。

昔の諺が心地良く、私の耳に甦って来る。

『40、50は洟垂れ小僧、人の盛りは70、80！』藤井徳夫とイフジ産業グループの益々の繁栄を祈って止まない。

第5編

前APEC民間代表
（元三菱商事株式会社代表取締役副社長・元日銀政策審議委員）
亀崎 英敏 氏

地方創生ナンバーワンの街創りを目指す達人

【この編に登場する方々】（順不同・敬称略）

亀崎英敏　西原親　古賀誠　横倉義武　長岡望悠　麻生太郎　山崎拓　蒲島郁夫　安藤忠雄　五百旗頭真　御厨貴　古城佳子　北岡伸一　谷口将紀　斎藤敏郎　飯島彰己　加留部淳　高野道生　長岡廣道　久保井千代　藤吉裕治　磯部達　松尾正己　境美近　梅野泰生　川邊義隆　大塚直　永江隆志　筒井良太　板橋紘平　永田見生　立石厚　牛嶋利三　諸橋晋六　小島順彦　加来止男　加来庸亮　岩城修　大隅良典　トム・ハンクス　永留久恵　永留史彦　塚越至　アーミテージ　彭栄次　プーチン　オバマ　フロマン　大塚藤三　大塚栄　槇原稔　佐々木幹夫　加瀬豊　松田章　渡邉康平

〔歴史上の人物〕

岩崎小弥太　野田卯太郎　鬼丸勝之　伊藤整一　末次留蔵　原田観峰　卑弥呼　松永安左エ門　横倉弘吉　岩崎小弥太　諸橋撤次　ワルトハイム　カーター　シュミット　池田成彬　浜武健二郎　武田平助　最澄　松尾増澳　雪舟

亀崎英敏と「みやま」の西原親

岩崎小弥太や三菱商事と聞けば、誰もが知っている。また、九州の福岡県に、かつて、山門郡山川村というところが在ったということは、少しは知れているかもしれない。

だが、これから取り上げる亀崎英敏も「みやま」という都市の名も、さらには西原親という人も、全国の一般読者にはあまり知られていない存在だと推察する。

だからこそ、私が今回敢えて取り上げる価値があるのだ。今や、アジア太平洋地域の海外に於ける民間外交の世界で、〝KAME〟、即ち亀崎英敏の名前を知らない人はいないだろう。

またここに登場するのは、その亀崎英敏の生まれ故郷である、人口約4万人の小都市、福岡県「みやま市」というところだ。いま成熟社会日本の地方小都市は、人口がどんどん減りつつある。この「みやま市」も、約17年前は5万人程だったが、その後どんどん減り続けて、現在は4万人足らずになった。ところが、最近その減少が止まりつつあるようだ。3期目の市長の見事な、活力ある政策による功績だという。

西原親という「みやま市」の市長の名は、九州はもちろん全国に有名になりつつある。西原は今、政府が進めつつある地方創生、その先頭を切って新たな地域社会の街創りを進めているためだ。そのことについては、追って詳しく紹介する。

ところで亀崎だが、とにかく彼は元気溌剌だ。三菱商事の副社長を退任したのは11年前。その直後に日本銀行の審議委員に就任、金融政策等を決定する役員の一人としての重責を担い、5年間熱心に務めた。

そして今度は、アジア太平洋の各国・地域間の交流をバックアップし、推進するために設けられたＡＰＥＣ（アジア太平洋経済協力）の民間代表（正式名称は「ＡＢＡＣ日本委員」）の一人として、持ち前の堪能な英語・ロシア語・ドイツ語の語学力を武器に、縦横無尽の活躍を展開している。

亀崎英敏「みやま市」の観光大使になる

「ＴＰＰも極めて重要だけど、ＡＰＥＣの大切さを、皆が知らなすぎる。機会があったら是非、どこにでも連れ出してくれないか」という、亀崎からの依頼を受けたのは、２０１６年の初めだった。「できれば、大学で話したいのだが」という。すぐに当ってみたが、大学は入試や春休みと卒業式のシーズンで、日程の調整が付かない。ではと、経済団体に交渉した結果、九州経済同友会が応じてくれた。

亀崎英敏氏

２０１６年7月13日昼過ぎ、福岡市中心街の西鉄グランドホテルに、70名程が参集。彼の熱意溢れる、「中国との交渉には、粘り強く、しかも1対1ではなく、1対複数連合の対応が極めて重要」などの、1時間半たっぷりの講演が盛会裏に終わった。

講演会の後、「とても良い話をしてくれてありがとう。これから、ちょっとお茶でも?」と尋ねると、彼が述べた。「残念だけど、みやま市の観光大使に任命されたので、これから市長の西原親さんに会いに行くことになっているんです」

「観光大使！　亀崎さんにピッタリの役割だ。これから九州はインバウンド、そして『おもてなし』を中心とした観光産業の時代だから、市長さんも大いに期待しているでしょう」。そう述べて、激励しながら別れた。

「みやま市」は、有明海と熊本・大牟田・柳川を結ぶ重要拠点

ご存知ない方が多いと思うので、簡単に紹介すると、「みやま市」は、福岡県と熊本県の県境に面した、緑豊かな田園が続く風光明媚な場所である。同市の面積は105・21平方㌔、人口密度は1平方㌔当たり370人。市の花は「さくら」、木は「楠」だという。春には、花見客で賑わう名所が多くある。

隣接自治体は、福岡県大牟田市、柳川市、八女市、筑後市、および熊本県南関町、和水町であり、有明海に面している。要するに、福岡・熊本の2県に亘り、種々の中核都市を結ぶ要衝の地である。

おそらく江戸時代から明治に掛けては、この地の主要河川「矢部川」を重要な海上交通路として利用し、福岡・熊本に至る陸上の交通路と結ぶ、いわゆる情報ネットワークが、政治的にもまた経済的にも作られ、戦略的な価値の高い場所であったことは間違いないようだ。

従って、今グローバルな国際化時代に於いて、APECを中心に世界を股に元気に活躍する亀崎英敏が、「ふるさと観光大使」として市長と共に、再びこの地域の戦略的価値を再認識しながら、歴史に学び九州地域の重要な観光産業の、ネットワーク基地にしようとするのであれば、実に有意義なことだ。

亀崎英敏という「みやま市」が生んだ逸材を、活用しようと企んだ西原親という79才の老将軍のよう

な男は、見事な才覚の持ち主だ。同時に、幼少の頃から弁論大会で鍛えた知力を、郷里に人生の贈り物として熱心に提供しようと志す亀崎という73才の熱血漢の生き様を、この随筆で、じっくりと披露することにしようと思う。

「みやま」の意味は？――亀崎英敏の郷里は、間違いなく農業と観光の名所

さて、一体「みやま」とは、どういう意味なのか。この平仮名の市名に、先ずは全国の読者も関心を持たれるだろう。

言うまでもなく、この「みやま市」という名前は、平成の大合併で9年前の平成19年（２００７）１月29日に誕生した。合併したのは、３つの町だ。何れも福岡県で「山門郡瀬高町」「山門郡山川町」「三池郡高田町」が、１つになったわけだ。そして三池郡の『み』と山門郡の『やま』を取って「みやま」としたという。亀崎は、山門郡山川町（旧山川村）野町という場所の出身である。

以前彼に会った際に、「みやま市」について聞いてみた。

「基本的には、土地・風土のベースは変っていない。住民は朴訥で、土地は狭いところだが、青雲の志を持った人材が沢山出ているのは確かですね」、

という返事が返って来たのだ。これも、調べてみると、過去から現在までの著名人が続々と出て来た。

＊政治家→　野田卯太郎、荒木万寿夫、鬼丸勝之、古賀誠

＊軍人→伊藤整一

＊医学者→横倉義武

＊剣道家→末次留蔵
＊書家→原田観峰
＊バレーボール、オリンピック代表→長岡望悠

この他にも、ここで紹介する亀崎英敏もそうだが、紙面の都合上割愛せざるを得ない程の、多くの人士を輩出している。

政治家が多いのは、この地が先ほど述べたような、多くの地域を結ぶ要衝として、発展して来た風土の影響であろう。憂国の情熱に燃えた人材が育つ気風がある土地だということがよく分かる。

主要産業は農業だ。特産品については、インターネットで直ぐに拾えた。曰く「ナス、みかん、セロリ、漬物、清酒、きじ車、タケノコ、イチゴ、マーガリン、植木、樟脳」……というのである。

観光スポットも多数在る。なにしろ、亀崎によると「卑弥呼」の源流の場所であるからだ。もちろん、これにはいろいろ異説が在るが、インターネットでの情報によると「清水寺、三重塔と本坊庭園、長田鉱泉場、中ノ島公園、女山史跡森林公園、三井三池炭鉱有明鉱跡、田尻城跡」という状況だ。天然記念物は、「カササギ生息地」「新舟小屋のクスノキ林」「船小屋のゲンジボタル」などが有名だ。

また、伝統的な文化行事では、次のようなものがある。

＊幸若舞（国指定重要無形民俗文化財）
＊新開能（県指定無形民俗文化財）
＊みやま納涼花火大会
＊どんきゃんきゃん

先ずは、こうした斬新的な地方創生に相応しい人と街と文化を、紹介していくことにする。

＊まるごとみやま秋穫祭

＊大人形と大提灯

国家を背負うリーダー、福岡県の麻生・古賀・山崎３著名政治家

亀崎英敏と西原親を中心とした著名人たちの故郷、福岡県の最南端に位置する「みやま市」は、前回述べた通りだが、念のため再度紹介しておこう。すなわち、江戸時代には当時の呼称で言えば、筑前（現福岡地方）・筑後（現久留米、柳川、大牟田地方）・肥前（佐賀、鳥栖地方）・肥後（熊本地方）の四拠点を、陸海に亘って結ぶ要衝の土地であったことは間違いない。

このため、事件や事故も多く、また巻き込まれて志半ばで倒れた逸材もいるが、単に地元だけでなく、寧ろ国家を背負って活躍する人材を多く輩出しているのが、この地の特徴だ。特に政治家が多い。

ご存知の通り、福岡県といえば現与党政権のリーダー的存在である、著名な３人の名前を直ぐに思い付かれるだろう。五十音順に麻生太郎、古賀誠、山崎拓。もちろん私は、政治家との付き合いはない。東京から郷里に帰って13年目。福岡と東京を往復することが多いので、時にお３人に空港の待合室や移動する車や航空機の中で、お見かけすることがある。唯軽く会釈をするだけだし、勿論自己紹介をしたこともない。だが、兎に角お３人とも立派なジェントルマンであることは間違いない。

古賀誠元議員は、正に「みやま市」が生んだ逸材であり、同市の著名人の一人として、みんなが畏敬を払い語り継いでいる。

亀崎英敏との出会いは、蒲島郁夫知事の勉強会が切っ掛け

亀崎英敏から、西原親みやま市長を親しく紹介された。２０１６年9月8日だが、そのことは、すぐ後に述べる。だが先ずは、亀崎というこの熱血漢との出会いから、始めなければこの随筆は面白くない。

19年前、平成9年（１９９７）10月の或る日、私は東京大学の法学部内で、真にユニークな一人の学者と面談していた。筑波大学からスカウトされて、東大教授になった蒲島郁夫である。当時東大は、ボクシングのアスリートから著名な建築家になった安藤忠雄など、変わり種を教授に登用し話題になっていた。蒲島郁夫もその一人だった。何しろ、日本では高卒、農協職員から米国に渡り、しかも僅か8年目に苦労して見事にハーバードでは滅多に取れないと言われる、政治経済学の博士号を取得した男である。

私は、当時かの有名な電力王、松永安左エ門の遺志で設立した民間の研究所の所長をしていた。

「先生を座長に、産学トップレベルの若手が集まる勉強会をしたいと思っています。ご承諾いただけませんか」

藪から棒に、そう述べたのを覚えている。相手は、アメリカで8年間鍛えた人物。余り余計な詮索がましいことは述べずに、単刀直入にズバリと交渉したほうが良いと判断したからである。すると、思惑通り反応が早かった。直ぐに「イエス」ではなかったが、簡単に考えて見ると言って、何と1週間後の再会を約束して呉れた。

途中の所作事は省略するが、こうして揃えた勉強会のメンバーの中に、当時三菱商事の常務だった亀

崎英敏がいたという次第である。その後、蒲島は東大教授の定年を待たずに、熊本県知事になり現在、3期目を務めている。

余談だが、最近の熊本地震では、直ちに当時蒲島が集めたこの勉強会の同志たちが協力して、災害復旧・復興方針の基になる有識者会議（座長、五百旗頭真）を開き、素早くそのための提言書を纏めてくれた。五百旗頭真も御厨貴も、古城佳子や谷口将紀も、正に当時のメンバーだった。現在著名人として活躍中のＪＩＣＡの理事長北岡伸一も、熱心に議論に参加していた一人である。

この勉強会で亀崎英敏は、上述の学者たちとは一味違って実際の世界各地ビジネスを通じた現場感覚を織り交ぜて、とても的確な意見を述べていたのが、印象に残っている。

地元に帰れば九州弁丸出しの亀崎英敏

さて亀崎英敏は、太平洋戦争（第2次世界大戦）が始まって2年目の、昭和18年（１９４３）４月１日、現在「みやま市」に合併した3つの町の一つ、福岡県山門郡山川町（旧山川村）で生を受けた。

子供のころのことを尋ねたところ、暫くして幾つかの資料を送ってくれた。同時に電話が在り、『兎に角、泥んこになって、友達と山や川でよく遊んだ記憶しかありません。もちろん、地元の山川弁丸出しですよ』という、元気な声が伝わって来た。

「私は山川村育ち。〝山も〟や〝べ〟（木になる果物）を山にとりに行ったり、蝉を取ったり、鮒を釣ったり、ごく自然な子供生活でした。当時小川で山椒魚を見付けたことも二度三度どころではありませんでした。お牧山や清水山への遠足も楽しみの一つでした。〝どげんしょっとねぇ（どうしてる？）〟とか、

〝なんもしょうらんばい（何もしていないよ）〟、とか言えば、私が本物だと思われるでしょう。更に〝おまえのよるこたあ、なんちょるか、いっちょんわからんばい（君の言っていることは、なんて言っているか、さっぱり分からないよ）〟とか、〝にやがりょっとくらすっぞ（ふざけているとなぐるぞ）〟とか言えば、もうこれは正真正銘の山川育ちと分かるでしょう」

この文章は、彼が送ってくれた福岡県立山門高等学校が編纂した『山門百年史』に載った「未来ある皆さんへ—チャレンジと持続する努力—」という題で、講演録から、そのまま引用したものだ。（括弧内は筆者注）とにかく亀崎英敏は母校が誇る先輩の一人だ。

生徒会長で中学3年間オール5

地元の山川北部小学校から、山川中学校に入った亀崎英敏は、3年間を通じて、全て成績はオール5。とにかく「全優」とは、凄い。

同時に弁が立ち、生徒会長も務めた。又、学校を代表し青少年不良化防止の弁論大会に出場し、郡大会で優勝し、県大会でも準優勝を果たしている。

県立山門高校でも、同窓273名のトップクラスの成績を収めている。しかも、この高校は隣の瀬高町に在ったので、彼は往復1時間の自転車通学で、身体を鍛えていた。風雨にも負けず、舗装がないガタガタ道路を通ったという。先の講演録によると、「文字通りのデコボコ道で、雨の日にはバスやトラックに泥水をかけられ、風が吹く晴れた日には舞い上がる土埃りで黒い制服が真っ白になるほどの環境でした」というのである。だが、元気溌剌、負けず嫌いの彼は、「余り気にならなかった」というのだ。

自転車通学で英語を懸命に勉強

それもそのはず、彼にとっては、この3年間の自転車通学は貴重な勉強時間だった。先ほどの道路の悪条件を忘れようとしたことも在ったかもしれないが、とにかく亀崎は往復の正味1時間を、英語の単語と英文の暗記に費やした。

「自転車をこぎながら、ぶつぶつ声を出し暗唱するものですから、行き交う人から不思議そうに見られることもありました」と講演の中で述べている。

小学一年生頃の写真（学芸会で“おむすびころリン”のおじいさんが亀崎氏。前列中央）

亀崎は、中学生になって何故か英語に興味を持ち、毎朝6時からのＮＨＫラジオの英語講座を30分間聞き続けてきた。その後、高校3年間を通してクラスを担当し英才教育にあたった九州大学工学部卒、東京大学法学部中退で英語担任という異色の教師、齊藤敏郎という先生の影響で、本格的に英語はもちろん、他の科目も懸命に予習復習を繰り返すようになった。

それは、この先生が3年間田舎では希薄な競争意識を高める傍ら、生徒一人一人に合った生活指導をしてくれたからだ。例えば、先生に毎日の過ごし方の時間配分や、その日の出来事や反省事や悩みなどを書いた生活記録を提出すると、きちんとチェックし適切なアドバイスを書き毎週返してくれた。先ほどの、自転車通学の英単語や文章の暗記もその一つだった。

　こうして、亀崎はやがてこの地の俊英たちが集まる福岡の九州大学を受験することになるが、ここで彼の人生を左右する大きな事件が待っていた。

防衛大学校に合格、だが九州大学は不合格

　福岡県立山門高校の3年生になった亀崎英敏は、担任で英語教師の齊藤敏郎と相談し、九州一の大学である九州大学一本に絞って受験することを早々に決め、九州大学学生会が行っていた模擬試験を何回か受け、手応えを感じていた。ただ九州大学受験に先立ち腕試しの積りで、当時20倍以上と受験倍率の高い防衛大学校を受験し、合格の通知を貰っていた。

　ところが、九州大学は不合格。当時、合格者発表は、深夜12時からNHKラジオで学部毎に五十音順で行われていたが、亀崎の名前は聞くことが出来なかった。一方、一緒に受験した山門高校の仲間達の殆どの10数人が合格した。どこが間違ったというのか。自分でも気付かない、大きな勘違いでも仕出かしたか。いくら考えても分からない。亀崎は一睡もせず、夜が明けるのを待って先ず担任の齊藤の家へ飛んで行った。齊藤もまさかの結果に愕然としていた。齊藤は山門高校から九州大学に正式な調査依頼を申し入れる意向を表明した。

　しかし血気盛んな亀崎は、何が駄目だったのか、本当に不合格なのか、一刻も早くその目で確かめるべく、その足で九州大学に向かった。そして、教授会らしき会合の中に入れて貰い、フィードバックを懇願した。

だが、当然のことながら、亀崎の採点結果や合格者との点数差等は、一切答えて貰えなかった。合否判定についても、大学内の審査会ですでに決定済みで大学の権威にかけて間違いはない、ということだった。スポーツの審判の判定と比較するのはどうかとは思うが、見ていて疑問が湧くことがある。最近では、ビデオ判定等が採用されることが多くなったが、以前は審判が下した判定を覆すことは、余程のことがない限り無理であった。名門九州大学が下した判定も、覆ることはなかった。

詳しい顛末は、ここでは割愛するが、山門高校の百周年記念史に掲載されている亀崎が講演した「記念講演録」の中に、詳しく収められている。

同じく百周年記念史に登場する亀崎の後輩が、「亀崎先輩が不合格になったのはおかしい」との文章を寄せている。亀崎は、最近までそのことを全く知らずにいたというが、当時の山門高校で、「亀崎の九州大学不合格」は、誰もが信じがたく、また不名誉な出来事として、大いに話題になったことは間違いないようだ。

亀崎英敏氏（左）と西原親・みやま市長

それでもこのエピソードを紹介するのは、亀崎にとってこの時の体験は、行動力や探究心、反骨精神など、その後の彼の人生を語る上で、欠かせない性分の原点となっているのではないかと考えるからである。

…さて、話を元に戻そう。

失敗した亀崎は不本意ながら、横浜国立大学へ

亀崎は、九州大学不合格を踏まえて熟慮した。合格している防衛大学校に入学す

ることはできる。しかし、一、二日考え決断した。担任の齊藤の勧めにより、今まで全く頭にはなかった二期校の横浜国立大学を受験することにした。防衛大学校といえば、将来日本の国防を担う、特殊な任務を果たすエリートが集まる防衛庁（当時）の教育・訓練施設である。だが、そうした初手から限れた目的へ進む大学校ではなく、もっと幅広く社会に役立つ勉強が出来る大学を選びたかったのである。

二期校とはいえ、難関校の横浜国立大学に、彼は見事合格し、郷里から離れることになった。亀崎に、この時の心境を聞いたことはない。

彼にとっては、人生の一大決断である。私は、それを想像してみた。こうして他人の心の中まで勝手に入り込めるということ、それこそ作家冥利に尽きる話である。おそらく、彼は、『なにくそ負けてたまるか！　俺は、必ず郷里と母校に錦を飾って見せる』と、誓ったことだろう。

それでも、やはり18才の若者である。入学式の最中には、「この場が九州大学だったらなあー」という思いが浮かび、学長が話す祝辞も頭に入らなかったのではないだろうか。しかし、そうした気分も一か月が過ぎる頃になると薄れていき、むしろ「俺は九州から関東に攻め上って来たのだ」という、チャレンジングスピリットのようなモノも俄かに湧いて来たはずである。横浜の下宿に入った亀崎は、「我志を立て郷関を出づ、学成らずんば死すとも帰らず」と紙に書き、それを机の前の壁に貼って常に気持ちを引き締め続けた。

一通の手紙がきっかけとなり英語弁論大会で優勝

本格的に亀崎の才能に火が付いたのは、友人からの手紙だった。九州大学に進学した同窓の友人からは、「横浜はどうだ、都会は如何かな？」などという便りが、近況を綴るとともに、届けられた。これらの手紙に、亀崎は「まあー、こっちも元気だ。田舎弁丸出しで困っているよ…」などというような内容の返事を書いた。そうして、遠く離れた郷里の友人とも、変わらずに友情を温め合っていた。

そうした中、思わぬ人から手紙が来た。京都の同志社大学に進学していた同級生の女子学生からだった。その手紙には「亀崎君は、その後英語はどうですか、私は頑張っています。齊藤先生に鍛えて貰ったおかげで、大学の『英語スピーチコンテスト』で、入賞しました」と書いてあった。それを読んだ亀崎は、「いいことを教えてくれた。よし、俺もやるぞ」と、心の中で叫んだ。このことがきっかけとなり、今迄の若干の憂鬱な気分がスカッと吹っ切れたという。「そうだ、俺も英語力をもっと磨こう」と考えた。そういえば、「横浜」は明治以来関西の神戸に匹敵する国際都市である。多くの外国人が観光やビジネスでやって来る場所だ。彼らと接触する機会も多いはず。自然体で、英語の腕を磨ける。こんなチャンスはないと考えた。

彼の性分は、思い付いた良いことは、すぐに実行することである。もちろん、その為の勝算に関する持ち前の慎重さはあっただろうが、外国人が数多く訪れる山下公園へ行き、自分から積極的に話しかけてみた。「外国人と初めて英語で話が通じた時の喜びは、今でも忘れられませんよ」と、その時の感慨を述べてくれた。そして同じ英語でも、アメリカ人、イギリス人、オーストラリア人、インド人、フィリピン人では、表現の仕方も発音も、そしてモノの考え方も大きく異なることを発見し、大きな収穫を得たという。

大学でもＥＳＳ部に入部し、熱心に活動したという。こうして、英語力の向上とともに、英語討論会や英語弁論大会に出場した。また、学園祭などでは、「英語劇」にも挑戦し、聴衆の面前で堂々と英語を話す訓練に役立てた。こうして4年時には、全国大学英語討論会で準優勝、英語弁論大会では、遂に優勝を果たした。この弁論大会の正式名称は高松宮杯全国学生英語弁論大会であり、昭和40年（1965）12月に開催された。

全国から選抜された大学生20名の精鋭による大会だった。米国生活が長い帰国子女も出場していたが、亀崎の「理詰めの論理建て」と「現実的課題解決策の提議」を、ズバリズバリと示す、要するに《英語らしい英語》に軍配が上がったのだった。彼の4年間の懸命な努力の積み重ねが、実った瞬間だった。

なお、現在亀崎は横浜国立大学経営協議会の7名の学外経営委員の1人として、経営委員を務めている。

横浜「4人会」。左から加留部淳氏、亀崎氏、筆者、飯島彰己氏

亀崎の発案で始めた、横浜「4人会」

昨年、亀崎の発案で、「横浜」に縁のある4人が集まる懇談会を作った。亀崎英敏、三井物産会長の飯島彰己、豊田通商社長の加留部淳、それに私。年次は若干違うが、私以外の3人は共に横浜国立大学、そして私は横浜市立大学。素人作家で学者のつもりでいる私以外の3人は、先輩格の亀崎以下、人生の殆どをわが国を代表する商社に捧げている。毎回全く気の置けない雑談で終わるが、そんな雑談会でも後で考えると、結構役に立つ未来に繋がるヒントを提供してくれる。私は多少学者らしく、歳は取っても過去の話はしない。ぐっと未来の夢物語について無駄口をたたく。その無駄口が、少しは彼らの役に立ってくれれば良いと思っている。

さて次に、みやま市を丸一日かけて見学した話をしよう。

地方創生にチャレンジする「みやま市」を丸一日掛けて見学

亀崎英敏の故郷である福岡県みやま市の位置は、第1回目に地図で示した通りだが、県南部にあり、市の南東部が熊本県に接する緑豊かな人口約4万人の小市である。だがここに、世に幅広く活躍する逸材が誕生して来たことも、既に述べた。もちろん、5百万人以上が住む福岡県には、みやま市に匹敵する立派な中小都市が、他にも幾つもあることも確かである。

ごく最近、みやま市を一日掛かりで亀崎に案内して貰い、駈け廻った。同時に、数多くの溌剌とした紳士淑女に出会った。

具体的に述べると、市長の西原親、副市長の高野道生、教育委員会教育長の長岡廣通、課長の久保井千代、藤吉裕治、みやまスマートエネルギー（株）社長の磯部達、幸若舞保存会会長の松尾正巳、新開能狂言保存会副会長の境美近、卑弥呼伝説の残る女山神籠石の長谷水門を管理する梅野泰生、八ちゃん堂ベトナム社長の川邊義隆、タカ食品工業社長の大塚直、マルヱ醤油社長の永江隆志、そして筒井時正玩具花火製造所代表取締役の筒井良太、さらには亀崎の母校山門高校の同級生で北九州四極会（大分大学経済学部同窓会）会長の板橋紘平他男女10数人の仲間等々である。それぞれと親しく懇談した。

亀崎が生まれ育った山川町の大きな旧家もそのまま残っているというので、案内して貰った。福岡に住む亀崎の弟さんが、旧家の保存を任されているということで、同行してくれた。職業軍人であり、102歳の長寿を全うした厳父の威厳を湛えた遺影が、床の間に飾られていた。息子が立派になって郷土の地に尽している姿に、厳父も満足していることだろう。

温和で極めて文化レベルの高い市民が住む「みやま市」。そこは、豊かな緑とあらゆるサービス網が充実した、『これぞ代表的なクールでスマートな日本の街』と、紹介したくなるようなところだなという、そういう想いが強くなった次第である。

市長西原親の地方創生具体策

みやま市訪問では、手際よく組まれたスケジュールに沿いながら、亀崎に紹介されて、先ずはみやま市長の西原親に挨拶した。貰った名刺には、みやま市が受賞したという、「2015年度グッドデザイン金賞」の、赤と白のロゴマークが光っている。会った場所は、市役所ではなく、近代的意匠を施した、みやま市が誇る「ヨコクラ病院」だった。西原市長の話では、理事長で現在日本医師会の会長を務める、横倉義武の亡父横倉弘吉（みやま市初の名誉市民）が、無医村を無くすため診療所を開いたのが始まりだという。現在の横倉義武理事長は、久留米大学の医学部を昭和44年（1969）に卒業した俊英だと聞いて、同大学の特命教授を務めている私は、同郷の親しみを感じた。

さて、その「ヨコクラ病院」で、それとなくロビー内の様子を見ていると、この街の人たちは、健康維持のためにすすんで通院しているというような雰囲気を感じた。市民が親しみを感じる病院なのであろう。そして、その直後に訪れた「みやま市役所」も、ヨコクラ病院と同じように、実にすがすがしい雰囲気だった。市の職員が来所者全員に、「こんにちは」「ご用は何でしょうか」「お困りのことはありませんか」と、元気に声を掛けている。活気があり、その場の空気が清く流れている感じであった。市長も職員も、市民と同じ目線で、対話しているのが如実に分かる。

西原市長は、昭和36年（１９６１）九州大学経済学部卒業と同時に、江商株式会社（現兼松株式会社）に入社。ビジネスマンとしての経験を積み、その後、地元福岡に戻り26才で起業、42才で福岡地方裁判所の調停委員になった。その2年後の昭和58年（１９８３）、正義感と行動力を買われて福岡県議会議員に立候補し初当選。その後5期17年間県議会議員を務め、副議長を任された。平成19年（２００７）に「みやま」市長となり、誠実な市政運営から市民の信頼を得ている。懇談中に、如何にも頭の回転が速くシャープな人だなと実感した。現在3期目に入っているが、地域活性化を目指して「地方創生」をコツコツとやり遂げて来た結果、人口減少にも漸くストップが掛かって来たようだ。

彼は、規制緩和と経済成長という、中央政府が行う施策を他に一歩先んじて行い、地方小市の身の丈に合う具体策として、早々に打ち出したのである。

中でも光るのが、農協と組んだ農業改革だ。作付面積の整理統合はもちろん、米麦作付育成そして収穫の効率的機械化や、農業法人の一層の導入、さらには若者の農業への参入の促進と教育指導を、政府の方針を先取りして着実に実行し、必要な補助を最大限に活用して、農家の負担軽減に取り組んだ。

さらに、みやま市の日照時間が全国平均を上回ると云うことに着目し、7年前に太陽光発電事業を計画。発電事業を行う「(株)みやまエネルギー開発機構」を作った。現在同社の発電能力は5万5千Ｋｗ。資本金1億円で、市民を含め40名の株主がいる。そして、エネルギーの地産地消による地域経済活性化、雇用創出を目指して電気の流通販売事業を行うため地元企業や金融機関と共に、市より55%を出資して「みやまスマートエネルギー（株）」を設立したのである。電気は、市民の他に、市役所、病院、保育園、図書館などの施設に供給している。瞬時需給調整も行い、不足分は他所から調達する。もちろん、みやま市の全契約先が使う電気の8割以上は、現在、九州電力に頼らざるを得ない。

決められたルールに従い、きちんと電気の調達と配給を、独自の給電指令に基づき行うノウハウを蓄積して来た。その結果、現在では全国各地の電気を、「みやまスマートエネルギー」が買い取り、他地域に安定的に転売するという事業を新たに始めている。こうして得た利益は、ゆくゆくは教科書の無償配布や保育児童施設の充実、介護や医療の推進に、種々役立てたいと考えられている。

これら全ては、市長の西原親の地方創生にかける、一つの意気込みを表していると思われる。

久留米大学との関係の深さ

みやま市の著名人についての詳細は、当地名物の紹介と共に改めて行うこととし、ここは主人公である亀崎を中心とした話に戻ろう。

先ほど、「ヨコクラ病院」の理事長横倉が、久留米大学出身だと紹介をしたが、実はその横倉の後輩に当たる、現久留米大学学長の永田見生は、私とかみさん2人の主治医である。同時に、私は彼の特命を受けた教授として、しっかり同大学の教育改革に奉仕している。

西原親みやま市長も、整形外科の名医としても名高い永田学長にお世話になったことがあり、旧知の仲だという。そこまで聞いて、亀崎も若い頃に久留米大学病院に約40日間入院したことがある、という話を語り出した。それは、既に紹介したように亀崎は志を抱いて上京し、横浜国立大学に入学した、その年の夏休みのことである。彼は子供の頃に水泳で中耳炎を患い、中学・高校時代を通じて耳鼻咽喉科病院に通い続けた。頑張り屋の彼は、少しぐらいのことは気にせず大丈夫だと自分に云い聞かせていたが、徐々に耳鳴りがひどくなり同時に止まらぬ膿に悩まされることになった。

こうして、大学一年生の夏休みに手術に踏み切ることとなった。症状は重く極めて特異な鼓室形成の手術の為、中・高を通じて通った病院では出来ないことが判明。困った亀崎は、両親に相談して手術を執刀してくれる医師を探して貰い、必死に探して行き当ったのが、久留米大学病院の40代の医師だった。重い慢性中耳炎では生死にかかわる手術例もあると聞いた亀崎は、不安一杯のまま執刀の日を迎えた。耳奥の骨の一部を鑿のみで削り亀崎自身の太腿の皮を剥ぎ、患部に縫い合わせるという、６時間に及ぶ大手術だが見事に成功した。50年以上前の手術だが、当時では最先端の方法と言われた、耳の後ろを切り開くことなく、前部を少し開く方法で、その難手術は行われた。

「術後の定期検診は長年に亘ったが、横浜、東京、そして三菱商事入社後最初の海外勤務地であるベルリンの、どの医師も異口同音に見事な出来栄えと称え、手術を受けた病院名と医師の名前を聞かれた程だった」と頻りに頷きながら、彼は昔を思い出していた。因みにこの名医は、久留米大助教授（当時）の立石厚であった。

「みやま市」ふるさと観光大使の亀崎英敏

『ふるさと「みやま市」の魅力を、是非内外に発信して貰いたい』と云う願いから、亀崎は市長西原親からふるさと観光大使に任命され、地元紙「有明新報」に大きく報道された。

三菱商事で活躍してきた亀崎への、故郷の期待は大きい。西原市長も若い頃、同じく商社マンを経験しただけに、ふたりには相通ずるものがあるのか、亀崎を「みやま」を光らせてくれる「希望の星」と考えているようだ。

２０１６年7月13日、西原市長は残念ながら都合が悪く出席出来なかったが、高野道生副市長が委嘱状を手渡し、牛嶋利三市議会議長が来賓挨拶をして任命式を終えた。

亀崎はこの時、「これからは、観光が基幹産業だ。みやま市の豊かな観光資源を、広く発信する礎となって働きたい」という趣旨の言葉を述べ、出席者の拍手を受けた。

そして彼は翌日、母校県立山門高校を訪問し、在校生を前に講演。「あなたたちは若く無限の可能性を持っている。勇気を出して、一歩踏み出し興味を持った分野をとことん深掘りして、毎日努力を積み重ねることで未来を切り拓け」と、激励している。その折りの、亀崎のふるさとと母校を想う優しいまなざしが、眼に浮かぶ。

その亀崎だが、前回述べたように横浜国立大学経済学部を、昭和41年（１９６６）卒業と同時に、何ともすんなりと三菱商事株式会社に入社している。その理由は、次の通りだ。

三菱商事だけを志望した動機──「強い海外志向」と「三綱領」

亀崎と私の出会いは、三菱商事の先輩で既に鬼籍に入られた諸橋晋六会長（当時）と、小島順彦副社長（当時）からの紹介と引き継ぎである。

付き合いは長いが、三菱商事への入社動機を聞いたことはなかった。そこで聞いてみると、第一に海外で活躍したいと思ったこと、第二に三菱商事の創立者、岩崎小弥太の「三綱領」が気に入っていたこと、この二つである。

三菱四代総師岩崎小弥太は、大正7年（１９１８）に営業部を分社し旧三菱商事を設立、自ら初代の会長に就任した。設立後2年当時まだ40だった小弥太は、早速この会社の経営理念を表し社内に周知した。今から1世紀も前の事でＣＳＲやコンプライアンス等の言葉は勿論なかったが、その後この経営理念は「所期奉公、処事光明、立業貿易」の三綱領として纏められ、簡潔にして心に残り現代にも活きる名言として継承されている。小弥太の企業経営に対する優れたセンスには驚くばかりだ。

亀崎は、三菱商事一社のみの入社試験に臨み、面接では試験官を務める重役陣の質問に明朗快活に答え、内定通知を貰った。

だが、面接の最後に、身体は丈夫かと聞かれ、「全く異常ありません。仕事は倒れるまで頑張る自信があります」と述べると、「倒れては、困るな」と試験官に言われた。「余計なことを言ったと思い、ダメかと思った」と、昔を思い出していた。

余談だが、私は諸橋晋六（当時会長）の要請と協力を得て、『外圧に抗した男—岩崎小弥太の懺悔拒否』（角川書店）と題するドキュメンタリー小説を書いている。そうした折、「三綱領」に触れる機会があり、彼の父親である諸橋轍次博士（世界最大の漢和辞典、いわゆる「諸橋大漢和」の編纂者）が三綱領の撰に係わったことが話題になった。そのことをこの随筆を書きながら、ふと懐かしく諸橋の人懐っこい風貌と共に思い出した。

ついでながら、流石に組織の三菱といわれるだけに、今でも小弥太の「三綱領」は三菱グループ全体の基本理念とされている。

さて三菱商事に入社した亀崎は、配属先を聞いて仰天する。

配属先は、意外にも業務部東西貿易課ソ連担当

入社の数か月前、高松宮杯全国学生英語弁論大会で優勝した亀崎は、当然の如く仕事の相手先がアメリカとなる部署を希望していた。しかし、誰しもそうだが、人生はそう簡単に思い通りにはいかない。「君の配属先は、業務部東西貿易課だ」と言われて、亀崎は何かの間違いではないかと思った。しかし間違いではなかった。

当時は冷戦の真っただ中だったが、ソ連圏との取引は、厳しい規制の下ダミー商社を通じて行われていた。しかし、商社の触覚は実に鋭い。近い将来、必ず業務拡大していくと踏んだ経営戦略により、丁度亀崎が入社した昭和41年（1966）に、ソ連圏との直接取引に乗り出したのである。同期入社の160人の中から、亀崎他数人が配属された。もちろん、そのような経営戦略を新入社員が知るはずはない。

彼はがっかりした。しかし、頭の切り替えは早い。「自分が選んだ会社だ。与えられたことを、懸命にやるしかない」と覚悟した亀崎は、何やら英語とは似ても似つかぬ言葉が飛び交うこの課で、どのような業務を遂行していくべきか、調査してみようと思った。そういう判断が出来る亀崎は、既にこの時から三菱商事にとって素晴らしい逸材だったのである。

亀崎を育てた、最初の上司加来庸亮との出会い

東西貿易課に配属された時の直属の上司（課長代理）が、後で彼をベルリンに派遣する加来庸亮であった。亀崎のビジネスマンとしての長い人生経験の中で、親身に指導してくれた人物のひとりである。

一般に大会社組織の中では、自分の信念を通すために、上司に対しても明確に意見を述べることは生易しいことではない。しかし、加来の先々を見通した意見や提案は、筋が通っていたのだろう。後には常務取締役になり、会社に大きく貢献した。亀崎は、そうした加来の眼鏡に叶った人物だったということだ。

上司加来は、戦時中ミッドウェー海戦で乗員に退艦を命じ、自らは艦にとどまり戦死した空母「飛龍」艦長の加来止男少将のご子息なのである。それは後ほど触れることとする。

ロシア語の勉強を始めた亀崎英敏

しばらくすると、東西貿易課の立ち位置が分かってきた。①トップの経営に関する補佐　②海外拠点づくりの支援　③営業部門への協力と協調、という3本柱だ。「こうしたことこそ、自分に向いている。相手は共産圏であり、自分が望んだ相手国とは真反対の対象だった。だが正に、自分が希望した仕事だ」と納得。先ずは相手を知るために、言葉を覚えるべしとなった。

早速、慶応外語学校夜間部のロシア語学科に入学する。亀崎は、それから2年間、懸命にロシア語を勉強した。慶応外語学校を卒業すると今度は、日中仕事を離れて約半年間ロシア語の特別研修を受ける

ことになった。こうして培われた語学力は、東西貿易課の3つの役割りに付いての、上司からの調査要請や課題解決への提案などにも、大いに力を発揮したことだろう。

その様子を見守っていたのは、上司の加来だった。それからさらに数年が過ぎた頃、加来の提案で東西貿易課が「ソ連課」と「欧州課」に分かれて、大きく発展することになった。貿易量も相当に増えていた。そして、加来が初代の欧州課長になった。

亀崎は間もなく30才だったが、両親が結婚を勧めるようになった。決断は早かった。学生時代に、国際学生会議で知り合った才媛と結婚し家庭を持った。こうして、条件が整った頃を見計らって、海外勤務の辞令が出た。同じころ、ロンドンへの可能性もあったので、この時も亀崎は期待した。だが、加来課長から貰った辞令には「東ベルリン駐在員首席を命ずる」とあった。

こうして、学生時代から抱いていた「海外で仕事をしたい」という夢が、思わぬ場所で始まるのだった。次は、ベルリンから遂に米国三菱商事会社副社長、そして台湾の三菱商事会社社長として活躍する、亀崎の姿を追求する。

世の為、人の為、国の為そして会社の為

2児の父親になっていた亀崎は、32才の時上司である業務部欧州課長の加来庸亮から、ベルリン駐在の「東ベルリン駐在員首席を命ずる」という、驚くべき辞令を貰った。海外駐在員首席としては、異例の若さである。常々「君達はお国の預かり者」だと言ってきた加来課長の信頼を一身に受けていた亀崎は、「世の為、人の為、お国の為、そして会社の為に頑張ろう」と意を決し、赴任の準備に取り掛かった。

と言っても、簡単ではない。

私自身も「世の為、人の為、国の為」という言葉を随分以前から、聞かされてきた。福岡の事務所に書庫まで造って貰い、現在も特別顧問をしているイワキ株式会社の岩城修社長が、25年前に社長に就任して以来、取締役会の席などで常に会社の使命として述べてきた言葉が、全く同じだからだ。たとえば、今年の大隅良典東京工業大学栄誉教授のノーベル生理学・医学賞の受賞は、実に目出度いことだ。長年の研究発見が、大いに世の為、人の為になるからである。

そして同じように多くの人達が、同様の志を持ってそれぞれ懸命に頑張っていることを忘れてはならない。亀崎もそうだし、もちろん「みやま市」の市長西原親のリーダーシップで地方創生Ｎｏ．１を目指す同市の人たちも、世の為、人の為という全く同じ意志で、街づくりに努力を重ねているのだ。前置きが長くなったが、亀崎が正に世の為、人の為に国際的に尽して来た秘められた話などを、今回は紹介しよう。

遠い欧州、それも共産圏での駐在である。先ずは、最愛の夫人に了解を取らねばならない。夫の『海外で働きたい』という希望は、ずっと聞かされてきており夫人は快く応じてくれた。問題は、言葉だ。

英語とロシア語は勉強したが、ドイツ語は大学での第二外国語学習程度しかない。このため、先ずは、南ドイツの片田舎での研修を受けた。３か月が経ち、もっと続けたいとの思いが強まる中で、「着任するように！」との指示が届いた。

一人で「じゅうやく（10人の役）」、部下は現地採用の事務員のみ

住宅はベルリンの壁の西側、事務所は東側、という具合である。しかも駐在員首席といっても、駐在員は亀崎だけだ。部下は、オーストリア出身の女性1名のみ。そこで、ライプツィヒ大学を卒業した英語が堪能で有能な若い東独出身の女性を1名採用。こうして、亀崎のベルリン事務所の体制が整った。

東ベルリン駐在員首席時代の亀崎氏（右端）

仕事は、東独の輸出入に関する情報を入手し、現地で外国貿易省の傘下に置かれた外国貿易公団を相手に商談をして実際に受注まで行う、という極めて実践的な業務である。所長、ネゴシエーター、会計係、テレックスオペレーター（註：当時は、先ず文章をタイプで打ち込んで2進数を表す紙の穿孔テープを作成し、それを電気信号に変換して送信する方式であった）、エンターティナー、メイルメッセンジャー、ドライバー等を全て兼務…彼は当時を思い出しながら、『要するに大変な「ジュウヤク」ですよ』と言って苦笑い。

要するに、重役では無く「10人の役」を一人でこなしていたということである。しかし亀崎は、「東独は小国であっても、現地発信により三菱商事という組織に精一杯チャンスを与え些かなりとも貢献しよう…」と身震いしながら、5年間初心を忘れず仕事に邁進した。ここで、当時の逸話を幾つか紹介しておこう。

ベルリンの壁を通り毎日東西ベルリンを往復するという緊張を欠かせぬ通勤

駐在員首席でありながら、車は付かない。よって亀崎は、赴任前に慌しく自動車運転免許を取得した。だが、「方向音痴の性か、しばしば検問所への道や自宅までの道を間違え、壁に突き回りをし、閉口しましたが、西ベルリンは壁に取り囲まれた陸の孤島であった為、無制限に遠くへ行ってしまうことにはなりませんでした！」と、苦笑する亀崎の話を聞きながら、先頃観たトム・ハンクス主演の映画『ブリッジ・オブ・スパイ』を思い出した。あの壁で、かつて多くの尊い命が奪われている。

亀崎氏（左側）が５年間往復したベルリンの壁とチェックポイント・チャーリー（検問所：西側より）

ベルリン駐在中、2人の幼児を抱え心配しながら自宅で夫の帰りを待つ夫人も、何かと大変だったが、亀崎も苦労した。普通の感覚では、毎日のことだから日が経つにつれ、検問の係官とも親しくなり、顔パスという事にもなるところだ。だがドイツ人は、「性格的に職務やルールに極めて忠実」且つ「東西で張り合っているため」、亀崎はろ5年間の赴任中、言って見れば「疑い続けられていた」のかも知れない。毎日西ベルリンの自宅から、東ベルリンの事務所まで片道30～40分程度、自身が運転する車で往復するのだが、東西往復4つのチェックポイント・チャーリー検問所では、西側の検問はなきに等しかったものの、特に東ベルリンから西ベルリンに出る時は、毎回車のシートをひっくり返され、トランクや車体の下のチェックを始め、ガソリンタンクにも針金を突っ込み検査をする、といった厳重なチェックが少しの手抜きもせずに行われた。

当時は亡命が相次いでおり、とても厳しかったのだ。実際、亀崎の5年間のベルリン滞在中にライプツィヒの民宿の主人より小学生の娘を車に乗せて西側に連れ出してくれないか、との決死の依頼があったが、当然心を鬼にして断った。

そのような5年間がめまぐるしく過ぎ、彼は実に大きな成果を修めた。それは、後年、会長だった諸橋晋六が、「海外駐在事務所に機関誌を設け、活動の歴史を記録する必要がある」として創った冊子に、詳しく記録されている。そのことについては、追って取り上げる。

事務員B女史からの亡命依頼を成功させる

赴任して1年後（1976年）、亀崎は部下の東独出身の「事務員B女史」から、とんでもない深刻な相談と依頼を受けた（註：ベルリンだから「B」としておく）。B女史は実に有能であり、てきぱきと仕事をこなしてくれた。或る日仕事を終えた夕方、「ミスターカメザキを信用して、極秘の頼みがある」と彼女が切り出した。

話を要約すると、こうである。Bが卒業した大学の知人で元講師のDは、西ドイツ在住の母・妹と生き別れになっていた。何とか壁を越えられないかと思案。偶々1975年のヘルシンキ宣言で、人道上の人の移動だけは認可するということになった。

それを利用するというのである。Dは、政府から要注意人物とみなされて、大学講師の職を追われ、一介の労働者となっていた。

そのDの西ドイツ訪問が可能となるように、ワルトハイム国連事務総長、カーター・アメリカ大統領、シュミット西独首相宛の申請書を、西ベルリンより投函してくれというのである。即ち、「西独フランクフルト在住の妹の結婚式に出たい」という趣旨の嘆願の手紙であった。もちろん、東独政府に申請しても、Dは監視中の人物であり絶対に許可されない。よって、亀崎に対し、申請書を密かに持ち出して、3首脳に投函してくれというのである。

彼は逡巡したが、『世の為、人の為』を思い浮かべ決断。内ポケットに深く入れ込んだ申請書は、例の検問所のチェックを無事免れた。亀崎は、さらに数か月後、再度密かにB女史から預かったDの申請書を、同じく3首脳宛に投函した。

その結果、功を奏して、翌年の暮れに、Dは無事にベルリンの壁を越え、フランクフルト・アムマインでの妹の結婚式に出席するという名目で、亡命に成功したとのことである。実はこのことについては後日談がある。

2011年秋ベルリンで開催の日独交流150周年行事の際、神余駐独大使（当時）の計らいで亀崎はシュミット元首相（2015年死去）に単独会見し、昔、二度に亘って懇請状を差し上げ成功したことの御礼を述べた。元首相は驚きの表情をしながら「全て過去のことになってしまいましたね」と感慨深げにつぶやくように話したという。

加来庸亮との運命の出会い

三菱商事に、かつて加来庸亮という人物が居た。昭和6年（1931）生まれ、東京大学法学部を卒業して昭和31年（1956）、わが国の発展期に入社した。彼は、東京本社のほか、ロンドン、ブリュッセル、ニューヨークと、長い期間、海外で活躍した。最後は1992年から95年まで、常務取締役欧阿三菱商事社長兼英国三菱商事社長として、ロンドンで陣頭指揮を執った人物である。

おそらく、同社の歴代経営陣の中には、少なからず彼にお世話になった人も多いのではないだろうか。中でも、その加来庸亮の入社からちょうど10年後、昭和41年（1966）に勇んで三菱商事に入社して来た亀崎は、殊のほか目を掛けて貰った一人だ。

最初の出会いは、加来がロンドンから帰任し、海外拠点を統括する部署の課長になった頃だ。現地で頑張ってくれそうな人物は居ないかと探していた。亀崎に会った加来は、「目ぼしい奴が、飛び込んで来たようだぞ」と、ほくそ笑んだに違いない。

亀崎が、担当したソ連の業務に精通したいと、積極的にロシア語を学ぶ姿や、自分の組織の中での位置を知るため、先輩から話をしつこく聞き取るというような、「緻密&猪突猛進」の姿勢。そうした亀崎に、加来は惚れたようだ。惚れたというより、《賭けた》のだろう。正に、二人の運命の出会いだった。

亀崎自身も、加来が殊のほか自分に目を掛けてくれていることを実感するようになる。彼は、加来の眼鏡に適った男だったことは、東独や、米国、さらには台湾での活躍振りで十二分に証明されることになる。亀崎は、加来の引退後も、常に尊敬する先輩として、胸襟を開いて語り合うという友情を育んでいる。

710名を救った加来止男海軍少将

実は、亀崎から加来のことを聞いているうちに、実父が熊本県八代郡松高村（現在の八代市）出身の加来止男という人だということが分かった。第二次大戦中に航空母艦「飛龍」の艦長を務め、かのミッドウェー海戦で戦死を遂げた、加来止男海軍大佐（戦死後、海軍少将に特進）である。

加来艦長は、「飛龍」が被弾、航行不能となって自沈処分が決まった際、山口多聞第二航空戦隊司令官（少将、戦死後、海軍中将に特進）とともに艦橋に留まり、同艦と運命を共にするが、一方で乗組員に対しては、総員退艦を命じ、艦を去る兵全員を、「元気でな」と手を振って見送った。そのおかげで710名の尊い命が救われた。まさに、武士道の真を貫いたと言える。

ところで、「飛龍」に乗務し生還した710名の中に、意外な人物が居た。そのことを亀崎から聞いて驚いた。それは、加来庸亮から亀崎へ来た手紙で明らかになる。何とも世の中は、不思議な縁で結ばれているようだ。

加来艦長に救われた、対馬の郷土史家永留久恵

この随筆の舞台は、福岡県みやま市であり、是非とも紹介したいこの地の伝統と歴史と文化と、産業が数多く詰まっているが、先ずは対馬の話に付き合って頂きたい。

一昨年6月、対馬郷土史の大家、同市の名誉市民でもある永留久恵の追悼会が行なわれた。永留は、この年の4月に94才で永眠し、新聞でも大きく報じられた。この人こそ、先ほどの航空母艦「飛龍」の乗組員であり、艦長加来止男の退艦命令で命を救われた710名の中の1人だったのだ。驚いたのは、このことだ。ある日、加来庸亮は、永留久恵の没後、子息の永留史彦が新聞に寄稿した、父親の空母「飛龍」での体験に目が留まった。父親同士の死地での接点に触れ、心を動かされた庸亮は、史彦に連絡を

とらずにはいられなかった。その返信として史彦から庸亮に宛てられた手紙には、こうあった。

『空母飛龍の艦長は、他の空母3隻がみな撃沈され、飛龍も航行不能となったとき、乗組員全員を甲板に集め、敵に捕獲されないよう飛龍を自沈させる決断を語ったあと、「総員退艦」を命じました。艦を沈める全責任は艦長である自分が背負って艦とともに沈む。だから他の乗組員全員には退艦を命じる、つまり救助の船に移って生き延びよ、生きて国のため、社会のために働け、という最後の命令でした。』

永留久恵の子息は、生前父が折に触れてこんなことを語っていたと言うのである。私は、ここに武士道という日本人が持つ立派な文化を感じている。

ところで私は、永留久恵という名前に聞き覚えがあった。調べて見たところ、18年前、当時対馬藩の歴史に興味が有り、この島を散策した際の案内役のお一人が、偶然にもこの永留久恵という方だったのだ。纏めた拙著「あとがき」に、お名前を載せていた。生きておられたら現在96才だから、お会いしたのは70代。穏やかな方で、丁寧に案内して頂いたのを覚えている。飛龍からの生還者などとは、当時全く話されなかった。心からのご冥福をお祈りしたい。

亀崎の若き日の大活躍「2話」

この辺で、加来庸亮が期待を掛けた後輩亀崎英敏の、多彩で質の高い活躍の中から、紙面の都合で、2つに絞って以下紹介しよう。

第1話は、32歳で東ベルリン駐在員首席、1人で「十役」を懸命にこなしていた頃だ。同社では、ドイツ三菱商事のことは略して「独三」。国内外の拠点の歴史（社史）を、外史という。各拠点で戦後を過ごした商事マンの懐旧に満ちた想いを綴る忘れえぬ個人の歴史であり、かつて諸橋晋六（当時、三菱商事会長）がその重要性を指摘したことから、編纂されるようになった。ベルリン外史は、平成９年（１９９７）、『五月の伯林から』と題して刊行されたが、そこに、亀崎本人執筆の活躍話が具体的に記されていた。

それは、未だベルリンの壁が在り、東西にドイツが分断されていた頃のことだ。彼の住所は西ベルリン、だが事務所は東ベルリン。毎日往復するのに5年間苦労した話は、既に述べた。しかも、「独三」は亀崎の支援はするが、組織の命令系統は本社直轄。亀崎は、自身で判断し仕事を取ってくるしかない。だが、彼は「なにくそ」と懸命に頑張り続けた。手掛けた商品は、東芝・ナショナル・シャープの家電製品、日本精工等日本メーカー4社のベアリング、ブリヂスン等日本メーカー３社のタイヤ、新日鐵等の鋼板など多種多様。それこそ「独三」の強力な支援を得ながら、受注活動は亀崎が先頭に立ち、多大な成果を収めることができた。

中でも、亀崎が最も苦労し、二年間かけて東独における三菱商事始まって以来のプラント受注にこぎつけたのが、東芝製「蛍光灯製造プラント」と「電灯電球製造プラント」の輸出だった。総額１３０億円、約40年前の話だから、今だと約1千億円の商談だったろう。当時ハードカレンシーが不足していた東独外国貿易公団との交渉は、プラント代金の50パーセントを、納入する当該プラントからの製品で支払うという、荒業まで使って成功させた。

カラーテレビの売り上げに成功

第2話はテレビである。すでに、カラーテレビの時代だった。しかし、東西ドイツでは雲泥の差、東ベルリンでは、SECAM方式という共産圏放送システムで、チャンネル数は少なく、又共産党の色彩が濃く魅力的な番組がないばかりか、西側のチャンネルは一切映らない。

一方、PAL方式の西側放送は当然人気が高かったが、東独の輸入公団はPAL方式のテレビ買付けを許可してくれなかった。ところが、亀崎と日本のメーカーが相談しているうちに「双方が見られるテレビ（デュアル方式）なら許可してくれるのでは？」というアイデアが浮かんだ。亀崎は勇んで交渉した。その結果、何とOKが出たのだ。彼の漸く本物になったドイツ語の話術が功を奏したのだった。

このデュアル方式は飛ぶように売れ、西側の情報を、直に東ドイツの国民に伝えるという大きな役割を果たすこととなる。亀崎の努力が、商売の成果に偉大な貢献をし、会社の為になったことは勿論だが、寧ろ「世の為、人の為、国の為」に大いに発揮されたのである。

「ケンタッキー・カーネル（大佐）」と「アーミテージの信認」

亀崎は、入社33年目の1998年、米国三菱商事副社長に就任する。その折のことが関係するのか定かではないが、一昨年4月、ケンタッキー州知事から同州最高の栄誉称号「ケンタッキー・カーネル（大佐）」を授与された。その数カ月後、同州で長年、公認会計士として貢献して来た日本人、塚越至も同称号を授与される。両名は偶然にも、共に横浜国立大学の出身であったため、当時、同大学ではこのニュースに沸き、学長以下、皆で祝福したことは言うまでもない。

２０００年、亀崎は台湾三菱商事社長に転任する。異動直前、ワシントンでランチを共にした元国務副長官のアーミテージから、「台湾に行くなら、是非紹介したい人がいる」と言われた。その時は誰のことかわからなかったが、数カ月後、台北にて以前から付き合いのある彭栄次氏（注）と面談した折、今度は彼が「アーミテージさんから、亀崎さんを紹介したいという手紙が来たよ」と言うではないか。グローバルに活躍する日米台の３人は、それぞれ個別に繋がりがあり、互いを強く信認していたのであった。（注：台湾輸送機械有限公司董事長、後に台湾の対日窓口機関である亜東関係協会会長に就任、一昨年、日本より旭日重光章を授与された）

三菱商事の常務、副社長に昇格

２００２年、台湾より帰国して代表取締役常務に昇格した亀崎は、ＣＲＯ（チーフ・リージョナル・オフィサー）として地域戦略を担当した。業務内容は、国内に加え２００を超える海外拠点の管理・運営や新設・改廃のほか、全社横断の重点国対応、重要顧客対応、カントリー・リスク対応、全拠点への指針設定等々、文字通り世界を市場とする商社の強みを発揮する地域戦略の策定である。又、海外現地採用の人材登用を重視し、東京本社や、その他の海外拠点への転勤を推進するなど、その育成にも注力した。その結果、それまで専ら日本人が就任していた拠点長には、次第に現地採用者の登用が進んでいった。中でも、台湾三菱商事の台湾人社長や、米国三菱商事の米国人社長（現任）の誕生は、顕著な例である。

2003年、亀崎は非営業部門全体を統括することとなる。当時、三菱商事東京本店の約半分の部門が品川のビルで営業していたが、種々の角度から検討を重ね、丸の内に移転することを提案し承認を得た。その実現は退任後の2009年であるが、それを見て亀崎は、後輩達に良い環境が整ったと、ようやく胸をなでおろしたのだった。

2005年、代表取締役副社長に昇格。地域戦略に加えて経営計画も担当する、全社の要のポジションである。この間、三菱商事の業績は、2003年～2007年度の5年連続で過去最高益を大きく更新し続けていった。

日本銀行審議委員に就任

2007年4月、亀崎は安倍総理に任命され、日本銀行政策委員会審議委員に転じる。兼職禁止のため、三菱商事は退社した。政策委員会は、金融政策や各種業務の方針決定、役員の職務執行の監督といった権限を持つ、日本銀行の最高意思決定機関である。構成は、審議委員6名、日本銀行の総裁及び副総裁2名の計9名で、各々の委員は独立して職務を執行する、議事は出席委員の過半数で決する、などとされており、全員が同じ一票を持つ者として責任ある判断を求められる。9名とも両議院の同意を得て内閣が任命するが、審議委員は「経済又は金融に関して高い識見を有する者その他の学識経験のある者」の中から選ばれる。当時の審議委員の顔ぶれは、学者2名、金融界2名、経済界2名。亀崎には、経済界での知見が期待されたのだろう。

亀崎は、日本工業倶楽部の会報に〝政策に関わる心構え〟と題して、当時のことをこう語っている。

「三菱商事では〝For the company〟を軸に活動し、常に正論を述べることを心がけた会社生活でした。しかし、日本銀行に入行した時以来、国家の政策に関わる〝心構え〟というものを強く意識してきました。金融政策という国家の政策に従事するに当って、東西ドイツの国家政策の違いが国民にもたらした現実を目の当りにしたベルリン駐在時代のことを思い出し、国民生活を座標軸において私心なく真摯に取組まなければならないという〝心構え〟を自分に云い聞かせていたのでした」と。

任期５年間（２００７〜２０１２）には、１００年に一度の金融危機、更には１０００年に一度の巨大地震と津波に襲われるという未曽有の事態に遭遇し、金融政策も平坦ではなかった。意見が分かれ、可否同数の為、議長が決定したこともあり、審議の難しさが推察される。

この間の亀崎の金融政策決定会合での発言内容は、10年を経て公表されることになっている。最近、亀崎に会った折、現在の超金融緩和政策について聞いてみた。すると、「日本銀行は『物価の安定を図ることを通じて国民経済の健全な発展に資する』という原点を守るべきだ。国民経済は、本来、各経済主体が役割に応じて活動し発展する。金融政策は、あくまでそれが健全に行われていく為の支えであり、万能なツールでは決してない。国民経済の中で、金融政策のみが異常に突出している今の状況は、将来、来るべき政策の出口を考えると、大変危惧せざるを得ない」と強い危機感を露にした。

安倍首相に活動報告をする亀崎氏（右から２人目）

ABAC日本委員に就任「日本のために」

日本銀行審議委員の任期を終えた1カ月後の2012年5月16日、亀崎は野田総理に指名され、APECビジネス諮問委員会（ABAC）の日本委員となった。ABACは、APEC首脳に対しビジネスの立場から直接様々な提言を行う諮問機関であり、APEC21の国と地域の首脳が指名する各3名、計63名の委員で構成されている。亀崎は、既述の日本工業倶楽部の会報に「APECの目標、即ちアジア太平洋地域の貿易・投資の自由化・円滑化とその為の経済・技術協力の枠組みづくりに向けて活動を開始しました。今後〝For Japan〟を軸に、ベルリンでの経験や池田元日銀総裁の姿勢を念頭に、私心なくプロアクティヴに貢献したい」と記している。

2013年7月京都でのABAC会議（前列右から6人目が亀崎氏）

第14代日銀総裁池田成彬は、戦時中、戦争反対の立場を貫き、東條英機首相の政敵であった。東條は、池田が反戦論を撤回するなら息子を戦地に出征させず、内地勤務にしてやると持ち掛けた。だが、池田はこれを拒絶した。結果として、三男の豊は華中方面（上海・杭州）で戦死した。

亀崎は「そうした重い決断をした時の池田の心情に思いを馳せると、とても堪らない気持ちで一杯になります。このように、国家の政策に携わる姿勢は壮絶な程、崇高でなければならない。こうした偉大な先人達に支えられて戦後日本は発展してきたと思います。この偉大な先人の教えを、胸中深く蔵することにより自らの糧としてきました」とも記している。

亀崎の活動は､毎年ＡＰＥＣビジネス諮問委員会発行の「ＡＰＥＣ首脳への提言」に掲載されている。今月発行の２０１６年版では「私はこの約5年間一貫してＡＰＥＣの目的と意義を踏まえ、国益を軸にビジネスの立場からプロアクティヴに提言を行うことを心がけてきた」と冒頭で述べた後、活動報告と今後のＡＰＥＣのあり方についての見解を続けている。ＡＢＡＣ委員は、年に一度、各国首脳と直接対話する機会がある。その際のエピソードをご紹介しよう。２０１４年北京では、プーチン大統領に得意のロシア語で語りかけたところ、対話終了後、日本語で「ありがとう」と言いながら握手を求めてきたそうだ。昨年11月リマでは、オバマ大統領の代理として出席したフロマン米国通商代表に対し、大統領任期までのＴＰＰの議会承認への尽力を懇請したところ、ＴＰＰを消滅させてはならないという点で一致したとのこと。このように亀崎は、国際的な大舞台で、日本のために、知力と体力の限りを尽くして各国と渡り合い、戦ってきたのである。

「地方創生」のモデルを目指す西原親のメッセージ

「平成28年度は、みやま市の誕生から、10周年を迎えることに成ります。議員の皆様をはじめ、多くの方々のご尽力により、新市の一体感の醸成に努めるとともに、それぞれ3町が培ってきた歴史、伝統、文化など、地域の特性を大切に受け継ぎ、本市のさまざまな礎を築くことができました」

これは、昨年3月7日に開催された、平成28年みやま市議会第1回の定例会に於いて、西原親市長が感慨深く述べた、施政方針の冒頭の言葉である。

西原は、平成19年1月に、みやま市が町村合併で誕生した時、初代の市長として就任。現在は3期目である。平成29年（２０１７年）までの10年間、この緑豊かな田園地帯の行政のトップとして、極めて突出した豊かな知性と経験値を生かし、同地域の発展に全力を注いで来た。そのことは、これから取り上げる実績と彼の将来を目指す目標によって、証明することができよう。

読者がこの本を読まれる頃には、西原はおそらく新たな長期計画を発表していることだろうが、これよりも一年前の定例議会での市長のメッセージを見ると、彼のこの地を愛する豊かな感性を実に良く感じることができる。

特に彼が第一に、この地に「電力の地産地消」で地域の活性化並びに市民サービスの充実を図る目的で、家庭向け電力売買事業会社である、みやまスマートエネルギー株式会社を設立したこと。第二に、バイオマス産業都市構想に基づき、地域の生ゴミ・し尿・浄化槽汚泥を利用して、メタン発酵発電施設建設に取り組んでいること。こうした西原の積極的な取り組みが、現政権が打ち出した「地方創生」の先行事例となり、既に紹介したように『グッドデザイン金賞』を受賞したのである。もちろん、その具体的推進には、他のより安定的電源との重要な調整や、より効果的蓄電池新技術の開発などの、多様な課題もあるとは思うが、西原は緻密に思考を積み重ねて、間違いなく果敢に推進していくことだろう。

西原親の7つの約束

西原は、市民が心から「住みやすい・住んでみたい・住み続けたい」と思う場所にしなければ、市の人口減少を食い止めることはできないという。前述の定住促進都市のモデルには成り得ないという。このため、彼は上述の定例議会での施政方針演説で、次の7つのことを提言し、市民に約束した。

1・自主防災組織の育成、ＬＥＤ防犯灯設置、道路等生活インフラ整備により、「安全・安心な明るい住み良い街づくり」の推進

2・みやま市のすばらしい自然環境や、地域コミュニティーを生かし、子育て支援等「健全で逞しい子どもの育成」

3・「農漁業と地場産業の振興及び企業誘致」の着実な推進

特にわが国は、今や「観光事業が基幹産業」だと言われる時代。西原はそれを先取りして、今回ここで取り上げている「みやま市」出身の亀崎英敏を、観光大使に任命した。

4・高齢者、障害者への健康・医療・福祉の一層の充実

特に高齢者の自動車運転、お買い物手助け協力、在宅医療・介護の充実、障害者の自立促進支援などを、市民全員の協力を得ながら積極的に推進

5・審議委員会などへの女性登用率30％達成、女性が積極的に活躍できる職場創りなど、男女共同参画社会の積極実現

6・「図書館の利便性の向上」並びに、「老朽化した公民館を総合市民センターとして新設」に向けての検討。「文化・スポーツを通じての健康長寿の街創り」を推進

7・一層の財政の健全化と行政の効率化を推進

このように、西原の施政方針は非常に簡明で分かりやすいものとなっている。

「みやま市」の特性を生かし、輝かしい未来に挑戦

その上で、西原はこの市民への「7つの約束」について、施政方針演説の最後に、次のように明言しているが、それが実に頼もしい。

『私は、年頭に「様々な事業に果敢に挑戦して行きたい。（中略）この1年を、みやまの輝かしい未来のために挑戦する年にしたいと考えています。本市の特性を活かし、他の自治体に先駆け地方創生に取り組み、市民・職員・議員の皆様と英知を結集し、全身全霊を傾けます。（以下略）』

「みやまの特性」を活かすことを、しっかりと述べる西原の意気込みが伝わって来る。では、「みやまの特性」とは何か。そこに焦点を当て、考えて見た。インターネットで検索してみると、みやま市の「基幹産業は農業」だと、記されている。同市を取り巻く約30キロメートル圏に存在する、久留米市や大牟田市を含む16市町（総人口約100万人）の中で、一次産業のウエイトが、17％にも達する「みやま市」に匹敵するのは、隣接する茶処として有名な八女市と、近接する熊本県の玉名市、および山鹿市のみである。しかも、この16市町全体の「農産物特産品」は、約25種類に達するが、「みやま市のみが《10種類》」もの特産品を保有し、他を凌駕している。

「みやま市」の特性とは、交流の要衝を活かした事業と文化の存在

若干、みやま市の歴史を辿って見た。見えて来たのは、第一にこの地域が、紀元前の縄文・弥生時代から始まり、古墳・飛鳥・奈良・平安・鎌倉・戦国の各時代を経て、江戸時代に至る約2千年の歴史の

中で、一言でいえば「歴史の表に出て来ることはほとんどなかった」という事であろう。

しかし第二に誠に重要なことは、緑豊かな温暖なこの地が、あらゆる時代に於いて極めて「戦略的な衣食住を提供する交流基地」としての、役割を果たして来たことは間違いない、という点である。

その証拠に、この狭い地域に多数の神社仏閣が建立されて来たこと、さらにこの地を治めて来た実質的支配者が、数多く変転して来たことが挙げられる。例えば神社仏閣開山と創建の状況だが、次の通りだ。

＊7世紀飛鳥時代に４カ所（以下略示）
＊8世紀奈良時代に2
＊9～12世紀平安時代に14
＊12～14世紀鎌倉時代に4
＊14～16南北朝・室町時代9
＊16世紀安土桃山時代に6
＊17～19世紀江戸時代に33

合計72カ所である。このように、多くの神社仏閣が建てられてきたということは、正に当地の支配者たちが、農水産事業を主体とした民衆の衣食住の安泰と確保と同時に、伝統的な技能技芸更には祭祀を重大視していたかがうかがわれる。

このため、明治以降の郷土史を睥睨すると、現在では「みやま市」として収められているこの地が、約１３０年の間に瀬高町・山川町・高田町共に、３～４回に亘り如何に複雑にかつ、めまぐるしく合併変更を繰り返して来たか。内容は省略するが、この地が目立つような歴史の主要舞台には登らないものの、この地が如何に重要であったかを示していると言えよう。

さて、現在この地の産業構造を見ると、色濃く過去の歴史の構造を引き摺っているようだ。《みやま「2、3、5」》対して《全国「0・5、2・5、7」》、《福岡県「0・4、2、7・6」》

これは1次、2次、3次産業の比率である。もちろん、みやま市の1次産業比率の高さは言うまでもないが、2次即ち製造事業のウエイトが約3割と、極めて高いことも特徴である。どんな事業があるのか、次に詳しく紹介しよう。

進化する農業と産業の融合化

福岡県の南端に位置するみやま市は、面積105・21平方キロメートル、人口約4万人、福岡県全体の面積の2%、人口は1%に過ぎない。首都東京を持ち出すまでも無く、九州の首都である人口約160万人の福岡市と比べると、ガリバー（巨人）とヅワフ（小人）である。

だからこそ、みやま市は財政悪化で悩む自治体の中で、ひと際地方創生と地域興しに力を注いでいる。それは、西原市長自身が先見的に、中央の政策を先取りして農業改革や道の駅の活用等で、農産物販売や、更に循環型社会の推進、公共インフラ整備、企業誘致などに、早くから取り組んで来ているためである。

その結果、全国或いは福岡県平均の産業構造が、一、二、三次概ね2～3、15、80各%であるように、

「サービス産業集中型」なのに比し、「みやま市」は農20、製造30、サービス50と、一、二次の強みを維持している。勿論労働生産性も高い。そこで、古くから、「みやま市」の３町（瀬高・高田・山川）に根を張り、地域貢献してきている「タカ食品工業」「八ちゃん堂」「マルヱ醤油」の代表的な3社を紹介することにしよう。

マーガリン製造と学校給食の元祖「タカ食品工業株式会社」の大塚直

昨年9月上旬、みやま市の西原市長と観光大使に任命された亀崎英敏の案内で、同市の重要企業家として最初に紹介されたのが、瀬高町に70年前「合資会社大塚油脂工業所」として産声を上げた、大塚栄という人物が興した会社だった。

佐賀市出身、明治3年（１８７０）生まれの栄の父である藤三（現社長大塚直の祖父）は、現在のみやま市瀬高町に居を構えた。だが、日本が日露戦争に勝利し、大陸進出を果たした勢いを背景に、明治39年（１９０６）藤三は病弱ながら勇躍朝鮮に渡り、製粉会社を創設し順調に事業を展開していた。6歳だった息子の栄も、やがて現地の商業学校を卒業する。だが、父親が志半ばで早世したため、栄は15歳頃から家業を手伝い、苦難連続の中で家族を養いながらマーガリンの製造販売などで、大成功を収める。だが、今から72年前、日本の敗戦で無一文となり、瀬高町に引き上げた。

郷里に戻った栄は、思い付くままに種々の商売に手を出したが、結局最後には朝鮮で経験の有ったマーガリンの製造販売を、昭和24年（１９４９）に再開させる。栄は、のちに瀬高町長となる浜武健二郎や地元の有力者である武田平助の知己を得て、引揚者の就職や住まいなどの救済に尽力した。やがて、学校給食が重要なことに気付き、「ベビージャム」をはじめ、給食用の副食材、佃煮、漬物、ふりかけ、ソース、ペースト等、栄養価値が高く且つ食べ易いものの開発を始める。関東や関西にも進出し、全国展開を図って行った。（注）以上は、現社長の大塚直から頂いた「《大塚栄》人、事業」（同社発行）という自叙伝から取り纏めた。

昭和62年（1987）に、36才で社長を任された2代目社長の大塚直は現在66才。既に30年間経営トップを務めている。誠実な人柄で引き継いだ事業に専念し、学校給食用の小袋ジャムのトップシェアを継続するなど、給食用食材の王者として全国に、信用信頼を築いている。

誌面の都合で、多くを語れないのは誠に残念だが、このみやま市には、《給食》というこれからこの国を背負っていく若者たちの、健康と知恵の源泉を支える、貴重な食糧資源を提供し続ける貴重な事業経営者が居る。是非とも、一層の発展を図って貰いたい。

みやま市の実力企業「株式会社八ちゃん堂」の創業者川邊義隆

みやま市の3つの町の一つ、山川町に本社と工場が在る「八ちゃん堂」は昭和52年創業の企業で、今年でちょうど40年になる。既に紹介したが、この山川町は亀崎英敏の郷里だ。さて、創業者である川邊義隆の父親は、福岡市の自動車ディーラー経営者であったので、長男の義隆はその仕事を引き継ぐつもりだったが、自動車メーカーの販売部門としてのディーラービジネスに違和感を払拭しきれないでいた。「ビジネスは本来、自由でのびのびと主体性と想像力で取り組むものだ」と考え、父親の事業を引き継がずに独自の道を探す事になった。

だが、高校・大学時代を通じ、山岳部で山登りに熱中した川邊は、一流の登山家になることを夢見ていた。『勇気持て、己が命の一刻に全知全能心行くまで』が口癖だが、ある時義隆は「これだ！」とひらめく食べ物に出会った。《たこ焼き》である。まだ、たこ焼きなど本格的に商売しようと思う者など誰もいなかった。だが彼は真剣に考え、創業の場所を探し回る。たこ焼きの原料は、小麦・卵・キャベツ、そしてタコである。それらが簡単に手に入り、土地代が安くかつ半径30キロ内に大勢の人が住んでいる所……。地図を見て、久留米市と大牟田市の中間、現在のみやま市瀬高町に拠点を定めた。

既に妻子も居る35才の彼が、周りから反対されながら、福岡県南地域を中心に、メガホン片手に1人で移動式屋台車に乗り、《たこ焼き》の旗を掲げて声を張り上げ商売開始。約3カ月は全く売れなかった。だが、やがて駅前等を移動していると、ちらほらと寄って来る人達が出始める。そして数か月後、爆発的に売れるようになる。彼の「勇気持て！」のひらめきが当たったのである。

その後、川邊は『冷凍食材』を思い付く。現在全国の大手有名食品問屋を介して販路を全国に広げている。「たこ焼き」は1日100万個前後を生産する工場を経営するに至った。たこ焼きの次にヒットしたのが「冷凍焼きなす」である。全国の一流ホテル・料亭に好評のうちに広く支持を得、生産量とコストの関係からベトナムに農場と加工場を建設した。更には「みやま市」に貢献出来る食品として「むかん」（冷凍皮むきみかん）を開発発売した。

福岡大学山岳部で本格的な登山に親しみ、ヒマラヤも踏破した彼が、もう一つ口ずさむ詩がある。『山、厳しければ美しく、敗れて尚燃え上がる。登高の憧れこそ知る人ぞ知る岳人の情懐である』。そして、彼は何時も「山」を《事業》に入れ替えて考える。要するに、川邊に取っては、山を制覇する醍醐味が事業に通じるというのである。創業の地みやま市に住んで早40年が過ぎた。社員・従業員の為、お世話になったみやま市の為にも事業の発展を通じ貢献したい。

地元に欠かせない食材を提供する「マルヱ醤油株式会社」の永江隆志

最後に紹介するのが、みやま市の高田町で、和食に欠かせない醤油や味噌を生産する百年企業「マルヱ醤油」を紹介しよう。

大正10年（1921）6月、高田町の有志の協力で、江浦の地に「江浦醤油醸造株式社」を設立したのが始まり。業務の拡大に伴い社名を「三池食品工業株式会社」に改称し、その後しっかり風雪に耐え、平成20年（2008）に現在の「マルヱ醤油株式会社」となった。今年で、創業96年に成る百年企業であり、わが国の一つの地域地方の人々の食を懸命に支えて来た、素晴らしい地元の企業である。醤油はわが国独特の調味料であり、大手の食品企業はもちろん、日本各地に地域密着の醤油会社が何百社と在る。

社長の永江隆志の話によると、現在では日本中でスタンダードとなった1《リットル》ボトル、全国的にもいち早く醤油のボトル化に挑戦したのは、三池食品工業（現在のマルヱ醤油）だという。また、昭和42年（1967）には、味噌の生産拡大にともない、福岡県甘木（現在の朝倉市）に新工場を建設するが、この工場で作った新商品《ふるさとの朝》は、同業界に先駆けて「750グラム」カップで販売し、《カップみそ》の代表作となった。

私は、「地域独特の味を生み出す味噌・醤油・酢が、地域地方の文化を創り支えている」と主張している。マルヱ醤油は、みやま市の最も大事な地域産業なのである。

残念ながら、他の事業は頁の都合で割愛せざるを得ない。読者の方々にお許しを乞いたい。

「みやま市」にしかない文化遺産

わが生まれ故郷を自慢するわけではないが、九州の首都と言ってよい「筑前国・福岡」は、文化財の宝庫である。文化庁の資料には、Ａ４版用紙17枚、各縦横40×40にびっしりと、５千カ所以上の文化遺産が掲載されている。

それは言うまでもなく、九州は大陸に最も近いため、日本という国が誕生する以前から海外交流を先行しており、国内に広く情報発信をして来たからだ。

その証拠品が、文化財である。しかも、未だに建築現場等から重要な文化財が発見されている。

これから紹介するみやま市の文化遺産はごく僅かだ。しかし、だからと言って無視はできない。それは、この地で営まれたある特定の人物の、ある特殊な出来事に連なる此処にしかない証拠であり、誠に尊い事業だからだ。

さて前置きはこのくらいにして、みやま市の観光大使である亀崎が、「みやまには文化遺産が沢山あるよ」と紹介してくれたので、その内容に触れたいと思う。

同時にたいへん役に立ったのは、当地を訪問した直後に、市役所から送られてきた『みやまの人と歩み』（平成26年12月市役所刊行）であり、それらを参考に以下述べることとする。

紹介したい文化財の宝庫みやま市

みやま市には、長い歴史の中で70カ所以上の神社仏閣が建立されて来たと書いたが、同市の広報資料によると、次のようにこれまた70に上る有形無形の文化財が紹介されており、その豊富さに驚くばかりだ。

＊国指定の文化遺産（8点）

・清水寺本坊庭園・女山神籠・船小屋ゲンジボタル発生地・カササギ生息地・武装石人・石神山古墳・幸若舞・新舟小屋クスノキ林

＊県指定の文化遺産（13点）

・長田のイチョウ・清水寺三重塔・同楼門・法華経千部逆修板碑・大人形と大提灯・金栗遺跡・石棺三基・大賀宗白寄進大般若経・旧柳河藩干拓遺跡・どんきゃんきゃん・宝満神社奉納能楽・成合寺谷古墳・貝製雲珠

＊市指定の文化財（51点）

・彼岸しだれ桜・玉垂神社大楠・真弓広有公の供養塔・勝海舟の扁額・平家の塔・かさ地蔵・十三塚・鬼蓮生育地・満願寺石塔群・中細形銅剣・七支刀を持つ神像・権現塚・蜘蛛塚・車塚・下小川風流・八坂神社の祭礼「風流」・竹飯稚児風流（余りに多いので残念ながら他34点略）

紙面の都合で、以下「清水寺関連」と「幸若舞」並びに農民能と言われる貴重な「新開能」、卑弥呼伝説に繋がる「女山神籠石」について取り上げる。

清水寺は「みやま市」が本家

観光大使の亀崎が、「小学校の遠足でよく行った」という、瀬高町本吉の清水山に在る「清水寺」は、京都の清水寺の本家だなと私は解釈している。そう言うと、その筋の専門家に叱られそうだが、これは本当ではないだろうか。

歴史書などによると、平安の初期大同元年（８０６）に、かの有名な高僧最澄が、唐から帰国し、筑後国の瀬高に天台宗「清水寺」を建てた。すると間もなく、一羽の雉が最澄の目の前にやって来て、裏山に導き「合歓の霊木」の所在を教えた。最澄は早速その霊木を持ち帰り、「二体の千手観音」を彫る。その一体をこの寺に安置して本尊とする。さらにもう一体を、京都の清水寺に寄進した。よって、瀬高も京都も清水寺の本尊は「千手観音」である。

だが当時、政治経済の華やかな舞台である京都の清水寺は、政治のリーダーである武将たちが戦勝祈願や安寧を願って、盛んに寄進したために著名になったのである。だから、元々は「みやま」の清水寺が元祖なのである。そう考えると、みやま市は「清水三重か。五重塔を建てる計画だったが、大工棟梁であった宗吉兵衛という男が急死し、計画を変更したという。戦後シロアリの被害で傷んだため、昭和41年（１９６６）に修復再建した。と、こんな具合だ。

幸若舞と新開能

何故みやま市に残る「幸若舞」が、著名かつ重要なのか。先ほどの『みやまの人と歩み』によると、全国でわが国の中世芸能として今も奉納されているのは、「幸若舞」だけだというのだ。それは、この地「大江の里」の《松尾増塽》という人物が、戦国時代から江戸時代へと受け継がれてきた、武家階級のリーダーたちが好んだ格調高い幸若舞を維持するために、大江天満神社に奉納して来たからだという。現寺を、こうした歴史の再発見に照らして宣伝に努め、観光的に著名なものとしても良いのではなかろうか。

そこで、みやま市の清水寺を紹介しよう。観光大使の亀崎が言うように、ここは実に美しい。先ず県指定の史跡「楼門」が立派だ。延享2年（１７４５）藩主立花貞則によって建てられ、釈迦如来、文殊菩薩、四天王を上層内部に安置してある。

また、『本坊庭園』は、室町時代の画僧としても著名な雪舟の作だといわれる。桜と新緑の春、秋の燃えるような紅葉を配した庭園と愛宕山の山景は格別だ。四季折々の美しさを、醸し出している。観光案内書等によれば、「心字池を中心に、庭石の配置・植え込み・池に注ぐ緩と急など、自然と人工の美が見事に調和した庭園」だと述べている。

もうひとつの見所は、江戸時代天保の飢饉が終焉したのを祝って、近郷柳河領内の資産家と村人が挙って寄進し、今から１８０年ほど前の天保7年（１８３６）に、建立された三重塔である。これも、朱塗りの伽藍が実に見事だ。高さ26・5メートルの堂々とした建築物である。何故在も、毎年1月20日に、この格調高い舞が奉納されている。

もう一つの《新開能》という「農民能」も、日本文化に取って実に貴重なものだ。何故なら、この地の高田町新開地区は、有明海の干拓によってできた町であり、その干拓に携った農民たちが、無病息災を願って当地の宝満神社に奉納した厳かな舞だからだ。毎年10月17日に奉納される。因みに、山形県鶴岡市に「黒川能」という農民能があり、現在両者の姉妹都市関係が模索されている。

卑弥呼に纏わる「女山神籠石」の謎

亀崎は、誠に熱心に「卑弥呼の里・邪馬台国は《山門》だ、「大和」ではないと主張して憚らない、この道の研究家でもある。彼は「山門卑弥呼会」の会長を務めている。邪馬台国が、九州に存在した証拠の一つが、この「女山神籠石」であるという。亀崎に連れられて、「女山神籠石」を保存管理している「梅野家」を訪れたが、残念ながらその作り方から、現存する大野城市の「水城」同様に朝鮮方式であり、6、7世紀頃の唐・新羅の連合軍の襲来を防ぐために造られた、この地帯に広がる「防衛網」と言うのが正しい説のようである。但し、卑弥呼はわが日本列島の支配者として、紀元前から九州北岸と朝鮮半島南岸を治めていたことは間違いない。そのうち、山門卑弥呼会の人たちと議論してみたい。

卑弥呼会の集まり（前列中央が西原市長、その左が亀崎会長）

以上、亀崎の故郷を駆け足で紹介した。次回は最後なので、人を紹介する拙稿としては、更にもう少し、彼の人脈にまつわる話や、彼の語録などを紹介したいので、お付き合い願いたい。

三菱商事のリーダー、槇原稔、佐々木幹夫、小島順彦

亀崎は、これ迄様々なキャリアを積んできた。だが、その原点はやはり、41年間に及ぶ三菱商事にある。既に詳しく述べた入社した頃の加来庸亮との運命的な出会いのほか、多くの良き先輩・同僚・後輩との知遇を得ている。

中でも1983年、水産部長から、亀崎が属していた業務部に部長として就任してきた槇原稔は、ハーバード大学卒、欧米駐在経験もあって日本語より英語の方が得意といわれ、そのせいか「書類は論旨が曖昧な日本語は不向きである」など、歯に衣着せぬ率直な意見表明をも憚らない、異色の存在であった。その異色の部長のもと、亀崎は欧州アフリカチームリーダーとして伸び伸びと仕事をさせて貰い、上司の懐の深さに敬服したと述懐している。そのおよそ20年後、槇原の社長時代（1992〜1998年）には、ランチを挟んで度々直接対話の機会を得たが、何時も世界経済・米国経済の俯瞰から始まって話題は広範多岐に亘り、随分勉強させられた。そして、亀崎が入社以来希望していたアメリカ駐在が、槇原社長の采配でやっと1998年（入社33年目）に実現した。赴任後、マンハッタンを度々訪問する槇原夫人に亀崎夫人が種々の手解きを受けるなど、その温かさが身に染みたという。

2007年、三菱商事副社長だった亀崎に、日本銀行審議委員への就任要請があった際、それを強烈に勧めたのは槇原の後に社長に就任（1998〜2004年）した佐々木幹夫である。財務経理・金融の畑を経験していない亀崎にとって金融政策は全く別世界であり、当初は強く固辞した。そうした亀崎に対し佐々木は、「経験などなくても地で行け」と強く推してくれた。こうして、亀崎の日銀での5年

間の活躍が実現したのである。

更に２０１２年、日銀審議委員の任期満了を待ってＡＢＡＣ日本委員への就任を口説いたのは、佐々木の後に社長に就任（２００４～２０１０年）した小島順彦である。三菱商事を離れる直前まで、副社長として社長の小島を支えた亀崎の実力と、任務内容を熟慮した結果である。その選択は見事に成功し、その後の亀崎の大活躍に繋がった。亀崎も、学生時代の英語による討論の訓練が、およそ50年後に役立つとは想像だにしなかったことであろう。

多くの人との繋がり

亀崎は、多岐の分野に亘る数多くの懇談会、勉強会、交友会のメンバーとなると同時に、自らも多くの会を主催してきた。その幅の広さは、これ迄の異業種での活動を裏付けるものと云える。例えば、省庁横断の課長補佐研修（１９８１年）の仲間（50人）との30年を超えて続く「いるま会」、ハーバードビジネススクールＡＭＰ（１９９０年）の仲間（15人）との「とうろく会」、財界経営者中心の強者を連ねる「亀崎会」（28人）等々、枚挙に暇がない。中でも「亀齢会」の密度の濃さは格別という。これは10数年前、内閣情報調査室研究会で同席した四人（加瀬豊双日社長、松田章丸紅副社長、渡邉康平伊藤忠副社長、亀崎三菱商事副社長―何れも当時の肩書）の会で、毎年数回のゴルフ会と懇親会を10年に亘って続けている。

中央が槇原元社長、後右が亀崎氏

亀崎の語録

亀崎と話をしていると、いつも信念のこもった様々な名言が飛び出す。最後にそれを四つほど紹介しよう。

第一は『不自然なものは続かない』という言葉だ。亀崎は「かつてベルリンに築かれた全長43キロにも及ぶ電気鉄線と自動小銃を備えた壁は、国境警備兵により24時間厳重に監視され、永久に崩れないものと思われた。しかし市民の力は、それを一夜にしていとも簡単に突き崩した。その事実を見るに、未だ世界に存在している、権力で抑え込んだ不自然な国家体制は決して長続きせず、何れ変革の道を辿るであろう」という。こうした信念に基づく価値観は、国家の政策でも会社の戦略でも、或いはもっとプライベートなことであっても変わらない。

亀崎会の集合写真（2013年）（前列右端・加留部豊田通商社長、その左・飯島三井物産社長、前列左から３人目・亀崎会長）

これ迄１００カ国近くを訪れた亀崎であるが、最初の赴任地ベルリンでの強烈な体験がこの信念を形作り、その後の人生に影響を与え続けたのであった。

第二は『パーティシペーションの重要性』である。これは１９９１年にハーバードビジネススクールで学んだ最も大きなことだという。オリンピックは参加することに意義ありというが、パーティシペーションとはただ参加することではなく、自分なりの意見を明確に述べ、全体の意見形成に貢献することであるという。参加者の各々が意見を述べ合うことにより参加者自身が啓発され、より健全な意見形成が可能となる。その為には十分なる事前勉強が必要なことはいうまでもない。筆者が主催してきた勉強会でも、亀崎がその実践に努めているのがよく分かる。因みに亀崎は、このハーバードビジネススクールのクラスで終始積極的なパーティシペーションに努めた結果、期末の全体クラスでは参加者１６０名（米国80名、米国以外80名）の中から選ばれた５名の１人として、全員の前でソ連東欧の経済改革につき特別スピーチを行った由。

第三は『継続は力なり』だ。亀崎に、健康に関する自己管理について尋ねてみたことがある。その回答は、週末のテニスを30年以上続けていること、好きな酒を口にしないドライデイを年に１００日設け続けて、これも又30年を超えること、だという。それに関して次の様な面白い話をしてくれた。「この世ではお金で買えないものこそが大切だと考えている。例えば、自由、友情、連帯感、愛、それに信用と時間。その中で自己健康管理に繋げているのは『時間』である。時間は一日24時間、全ての人々に平等に与えられている。その中で、一つのことを継続して実践することは時間の蓄積を意味し、短時間では得られない効果をもたらす。世にいう『継続は力なり』である。長い年月に亘って誰からの強制もなく継続を維持することは、強い意志によってこそ支えられるものだが、５年も10年も続ければ、もうそれはすっかり習慣になってしまう」と言うのだ。

このほか、亀崎は60歳から始めた一日３００回の腕立て伏せも、日課として今も欠かさず続けている。何時でもどこででも、海外出張をしていても容易に出来るという訳だ。そしてその腕立て伏せにまつわるエピソードを話してくれた。①三菱商事時代、北京に出張して中国人社員１００名位との夕食パーティーの際、自信があるという中国人社員十数名と、フロアーで腕立て伏せ競争となったが、殆どの社員

亀齢会にて（2010年6月30日）左から渡邉副社長、松田副社長、加瀬社長、亀崎審議委員

が途中でバタバタとギブ・アップ、最多の社員で40回だったので難なく勝ったという訳である。②２００６年、丸の内のお堀端に本社ビルが完成し、20階の一室に入った。その後間もないある日、自宅で１００回しかやってこなかった腕立て伏せの残り２００回を、部屋を閉め切ってやっていたところ、何やらガサガサと音がし始めた為、何事かと見回したら、なんと窓の外でゴンドラに乗った作業員が窓拭きをしながら見ていたのであった。向こうも驚いたに違いない。③ゴルフに出かける時は早朝の為、自宅で３００回はこなせず、残りはコースでの待ち時間を利用して行う。キャディをはじめ皆が驚き、実施直後に良いショットが出たり、ロングパットが決まったりした時は、「流石！　効果抜群！」と言われるが、実は因果関係はあまりないと思っているのが正直なところだと、笑った顔が輝いていた。

そして、最後が『人生において奇策なし』と云う言葉である。亀崎は毎年、大学生に次のようなメッセージを語りかけている。「人生において辿る道や行く先の選択肢は様々で、予め特定された定めはない。まして、どの大学、どの会社、どの職業でなければならない、というものもない。自分自身が何を求め、何にチャレンジし、何を継続して実践していくか。『人間到る所青山あり』で、自ら選択し、切り拓いていくものだ。しかし、どの道においても常に自己研鑽と勉強、そしてそれを継続することが鍵である。どれだけ努力を続けたかが結果を左右する。『努力に勝る天才なし』、自ら励み、自らの努力を持続することにより道が拓かれる。人生において奇策はない」

以上、60頁に亘って、彼の故郷「みやま市」と共に、亀崎英敏という盟友の一人を紹介して来た。生涯現役と称し、益々元気な西原親市長と読者の皆様のお役に立ったとすれば光栄である。

第6編

元 株式会社インテック会長
（現アイザック最高顧問）
中尾 哲雄氏

渾身の社会貢献こそ、生涯現役の価値有りという達人

【この編に登場する方々】（順不同、敬称略）
中尾哲雄　安倍晋三　西泰三　金岡幸二　貫正義　中尾政一　亀崎英敏　福澤武　出光豊　中村義朗　森喜朗　吉田実　竹中誉　椎名武雄　井村荒喜　平松守彦　畔柳信雄　広瀬大分県知事　蒲島郁夫　是枝信彦　丹坂和歌山県知事　溝口鳥取県知事　増田岩手県知事　横山四郎右衛門　山本卓真　森丘正唯　品川忠蔵　新田嗣治郎　塩井幸次郎　綿貫民輔　黒澤洋　堺屋太一　細川護熙　ジョン・リード　小泉純一郎　荒川静香　米倉弘昌　倉本聰　高田健　宮地秀明　貫正義　石﨑由夫

〔歴史上の人物〕
林雄二郎　高橋圭三　吉沢庄作　小澤梅子　津田梅子　ショーペンハウエル　デカルト　キルケゴール　川原田政太郎　渋沢智雄　滝廉太郎　滝吉弘　伊藤博文　松永安左エ門　福澤桃介　本多光太郎　小泉八雲　メイナード・ケインズ　田中角栄

渾身の社会貢献こそ、生涯現役の価値有りという達人

働き方改革と生涯現役

今年のアベノミクス・メインテーマの一つに、「働き方改革」が颯爽と登場した。日本の人口は、この一年間で百万人近く確実に減った。間違いなく働き手は足りなくなる。このためか、企業だけではなく、あらゆる組織で「働き方」とは何かが問われ出したのだ。

私より二回りほども若い政治家たちが、やっと騒ぎ出した。総理の安倍晋三が、ハッパを掛けている。２０１７年1月初旬には日本老年学会等が、「高齢者は65歳以上でなく、75歳以上とすべし」、という提言を纏めた。

ところが、縦割り組織の制度はどう変えるのか……かつて人口がどんどん増え、かつ平均年齢が現在より10歳以上も若かった時代が在った。早々に会社を退職して貰わないと、若者が仕事に就けず困るというので決めたのが、「55歳定年制」。現在は10歳引き上げて65歳定年が普通になった。だがそれが、今でも金科玉条のように埃だらけの座敷に、デンと居座ったままなのだ。「人材」ではなく『人財』という言葉が在る。『現役世代』という言葉も在る。だが、今や定年を迎えても、健康でかつ仕事に励める人物は、貴重なこの国の『人財』ではないのか！　人手不足を外国人で埋める前に、「彼ら&彼女ら」にもっともっと働いてもらうべきではないか。「定年制よ、レッツ、ゴーアウト！」だ。

その典型的な、もっと働いて貰いたい元気溌剌な人物が、周りに大勢いる。彼らは《社会貢献》の4

文字で、奮い立つ者ばかりだ。
その一人と言っても良いが、前編では中央で活躍する亀崎英敏という友人を紹介して来た。

インテック中興の祖、生涯現役男の一人、中尾哲雄

さて、この第6編では80歳に成っても未だ青年のように飛び回り、地方を甦らせようと、正に社会貢献の4文字を仰ぎ見ながら、懸命に働く生涯現役男、中尾哲雄を紹介する。

詳しい経歴などは追って述べるが、中尾哲雄という人物を紹介しようと思ったのは他でもない。昭和38年のことだが、私に「これからは《IT》の時代だ」と、未来に向けての情報化について教えてくれた人物だからだ。今考えると、正にわが国におけるこの道の先覚者の一人だと考えてもおかしくない。

中尾とは55年のつき合いである。約半世紀前、社会学者の林雄二郎が『情報化社会』という本を出した。その頃のことだが情報化という言葉に皆が驚いたのは言うまでもない。昭和39年（1964）のことだが、富山の地に「富山計算センター」という、その林雄二郎の論理を、そのまま地で行くITを活用する会社が設立された。中尾はこの時、日興証券から富山へ帰って富山商工会議所に勤めていたが、経営指導員としてその設立を手伝った。設立当初の社員は17名だった。中尾と初代の西会長、金岡社長との出会いについては後に述べるが、「君も参加しないか」との誘いはあったが、中尾は営業面など側面的に経営

インテック社長時代の中尾哲雄氏

を手伝った。昭和45年、さらに全国に展開するためにと、社名を「インテック」に変えたとき、非常勤の参与となる。そして昭和48年、正式に入社して営業、経営企画、財務などを担当した。

やがて情報化ブームとなり、インテックの経営に追い風となったが、絶えず積極的経営を推し進めたため資金需要は大きく、中尾は銀行を走り回った。この話は後で詳しく紹介する。

会社の成長とともに彼は上に登り、昭和53年に取締役、そして入社17年が経った頃には、1千名を超える従業員を抱える代表取締役専務にまでなっていた。

その直後、創業時から会社を支えてきた正に盟友の金岡社長が急逝、このため、中尾はその後を継ぐこととなる。57歳の正に働き盛りであった。それから一昨年までの20年間、グループのトップとして事業を拡大してきただけでなく、あらゆる面で北陸地域の発展のために「社会貢献」に取り組んできた。その結果、郷里の魚津市とインテック本社が在る富山市双方の名誉市民に成った。

中尾がサンタのように袋を抱えて博多に遣って来た

平成28年5月下旬だった。幾つか用があり、富山と金沢を久方ぶりに訪れた。その途中、中尾が入院しているという噂を聞いた。早速確かな筋に問い合わせ見ると、富山日赤病院に入院し、少し前に手術をしたという情報を得た。急遽予定を変更し、病院に直行した。

中尾は、「あれー！　極秘にしていたのに、どうして分かったの？」と、ベッドの上に横たわり驚きの声を上げげた。付き添って居た奥さんも、同じだ。超極秘入院のため、ごく僅かな近親者しか見舞いには来ていなかった。

「富山で超有名な、あなただ。直ぐ博多にまで噂が飛んで来ましたよ」と言うと、改まって彼が「友だちはありがたいな」と言った。

健康診断後の精密検査で、癌の疑いがあると言われたとのことで、見舞いに行った数日前に肝臓を多少摘出する手術をしたという。だが、医師の診断によれば、第一ステージで悪性ではなかったようだ。そんなわけで、とても病人とは思われない、すぐれた顔色の中尾と、ひと時懇談をした。中尾が親しい九州電力の貫会長に連絡して会長からもお見舞いをした。その折り、何となくこの随筆で取り挙げようかと、約束したのを覚えている。

そして、年末に成った。すると、彼が約束した日に博多に遣って来たのだ。ちょうど、クリスマスの前だった。大きな、分厚い袋を持って来た。中尾サンタの土産とは、何と彼の過ごして来た80年間の人生の記録だった。私がここに書くための材料がぎっしりと詰まっていた。

中尾哲雄の人生の始まりは、学童疎開から

昭和11年（１９３６）４月２日生まれの中尾哲雄は、海軍大尉だった父の政一と母ミツの間に、６人兄弟姉妹の長男として、広島の呉市で出生している。職業軍人の父親の転勤が頻繁だったため、舞鶴、津、そして横須賀、横浜と移り住む。小学校に入ったのは、第二次世界大戦が始まり、既に戦況が悪化しつつあった終戦の２年前、最後に移り住んだ横浜だった。終戦の前年、昭和19年（１９４４）には本土空襲も激しさを増し、集団疎開が始まった。そこで、両親は父政一の郷里である富山県の魚津市に、長男哲雄と妹の２人を先に疎開させることにした。新幹線が開通し便利な今でも、横浜から日本海に面

した富山県の魚津に行くには、間違いなく3時間は掛かるだろう。当時は、少なくともその4倍の12時間はかかったのではないだろうか。小学校の2年生と言えば、7歳か8歳である。妹は、もっと小さい。いくらしっかりしている少年だとしても、両親は相当に心配しただろう。小学校にも上がっていない幼い妹と2人だけの知らない土地への旅は、どんなにか心細かっただろうと思う。だが戦局を考えると、当時はこのようなことが普通に行われていたのかもしれない。

両親に教えられた通りにすれば、富山への旅はそれほど難しいことではなかったはずだ。しかし、ここで手違いが生じる。その手違いこそ、中尾哲雄に「人はみな、周りの他人に常に助けられていることを忘れてはならない」という、この人の哲学の原点に厳しく結びつく事件だったのである。内容は次回に譲るが、横浜を出発し魚津へ向かったはずの幼い2人は、とんでもない方向に向かっていたのである。

集団疎開、郷里の富山を目指して

前述のように、終戦前年の昭和19年8月になると、日米の戦闘は激しさを増し、遂に東京をはじめとした大都市への空襲が激しくなってきた。そして、各地で疎開が始まった。

中尾哲雄は、昭和11年（1936）生まれだから当時8歳。小学校2年生である。前回この随筆で取り上げた亀崎英敏の父親も陸軍の職業軍人だったが、中尾哲雄の父親も海軍の職業軍人だった。

私は、昭和6年生まれだから昭和19年当時は13歳の中学1年生。中尾より5歳上だ。しかし九州は福岡の田舎にいたので、疎開とは関係なかったが、逆に勤労動員に駆り出された。当時の日本では、大人から幼い子供まで、戦争の悲劇を分かち合っていたのである。

8歳の少年、中尾哲雄と妹の「必死の疎開物語」は、かつて『事実は小説より奇なり』という名言を残した、NHK高橋圭三アナウンサーの言葉通りの体験であった。このことは、言うまでもなく中尾哲雄のそれからの人生に、極めて大きな影響を与えることになった。

8歳の中尾哲雄、妹と一緒に1千キロの旅

『あの人は、どういう人だったか』……今でも、ふと昔を思い出すと、中尾は「富山県人」という雑誌に寄稿した、9年前の紙面を私に手渡しながら、顔を燻らせた。

「疎開」という言葉を、若い世代は知っていても、具体的にどんなものだったかを説明出来る人は少ないかも知れない。それは当時の政府行政の指導で行われた、米軍の空襲の目標となりやすい都市に住む子供や女性や老人や、直接空襲目標となる産業をも含めて、田舎に避難させる政策である。

都会に住む人の中には、田舎に身寄りがいない人もいる。そういう人たちは、政府に決められた田舎に、集団で移り住んだ。そして、田舎に身寄りがある人は、そこを頼って避難した。中尾一家は、父方の郷里が富山県魚津市だったので、そこを疎開先に決めた。

太平洋に面する横浜から日本海に面する魚津市まで、直線距離で約400キロだが当時、列車を乗り継いで、横浜から魚津に到達するには、恐らくその倍近い距離を移動する必要があったであろう。しかも普通なら、子どもたちは両親に連れられて、その地に向かったと思われる。

ところが、中尾兄妹の場合は違っていた。父親が、職業軍人だったため、戦時の最中に、子供たちを連れて郷里に向かうことなど出来るわけがなかった。母親も、軍人の妻としての仕事があり、また、ま

だ幼い弟もいたので自宅を離れるわけにはいかない。

結局、「哲雄！しっかりしたお前なら、大丈夫。妹と一緒に、先にお父さんの実家に行きなさい。私たちも、後で行くからね。列車の乗り換えの場所と切符は、きちんとここに用意してあるから、心配ないよ」と母親に言われ、哲雄は、「分かりました。大丈夫です」と元気に返事をして魚津へと向かった。

犀潟駅の古い看板

文部省の中等教育資料に載った実話―あの人はどういう人だったか

上野駅まで母親に送ってもらい、日本国有鉄道（現在のＪＲ東日本）の上越線の列車に乗った。途中、新潟県の直江津で乗り換えたが、しばらくすると左側の後方に太陽が見え、海も左にあるように見えた。さすがに哲雄も、これおかしいと気がついた。魚津の方向とは正に反対の北に向かっていたのだ。あわてて哲雄が妹の手を引いて降りたのが犀潟という小さな駅（現在のほくほく線）だった。『富山行きの汽車を待つことにしたがいつ来るかわからないという。駅の外のベンチで泣きじゃくる妹をなだめながら見た美しい夕日とかなしげなカナカナ蝉の声はいまでも心に残っている』
どうしてわかったのか、近所のおばさんが「おにぎりと駄菓子」をもってきてくださった。横浜では食料難で昼食を抜く家もたくさんあって、見知らぬ者に白いお米のおにぎりをくださるということは考えられないことであった。

中尾家のテーブルに嵌めこまれた犀潟駅の古い看板

その後、中尾は、運動会や遠足でおにぎりを食べると「あの時はちゃんとお礼をいったんだろうか」ということが気になり、年とともにその思いは強くなっていった。

『高校に入学して最初の夏休み、家で採れた野菜をかついで犀潟を訪ねた。駅の周辺には20軒ほど家があり、全部を訪ねたが、8年もたっていてそのご婦人をみつけることはできなかった』。

中尾は『われわれは毎日多くのお世話になっている。しかし、お礼のしようがないことも、またお礼をいうことを忘れていることもある。お世話になっていることに気がついていないことも多くある。それらのことにお返ししていくのが社会貢献だ』といっている。

カナカナ蝉と一緒に泣いた妹は、その頃の農村の経済事情もあって中学を卒業するとすぐに町に働きに出るが、四月末、憧れていた魚津高校の近くでトラックにはねられて逝ってしまうのである。

『今日あるのは妹の犠牲の上にある』といって中尾は新潟での仕事の途中、よく犀潟駅にいったという。この話は文科省の中等教育資料にも紹介されている。

犀潟駅の古い看板はＪＲからの話もあっていま中尾家のテーブルに嵌めこんである。新しい看板は中尾の寄付によるものである。

お礼状とは――常に「他人に助けられている」と思う、出会いの気持ち

先ほどの、中尾哲雄の社会貢献の哲学とも合致することだが、中尾は実にまめに手紙を書くことで有名である。

ＩＴを駆使する企業のトップであり、日本の情報通信業界の会長を長く務めていながら、メールはあまり好きでないようだ。彼の毛筆の手紙は素晴らしい。「通信とは信を通わせること」というのが彼の信条だ。その素養は、彼の少年時代に遡る。それは、彼が戦後父親の実家である魚津に転居してからのことであるが、中尾は貧しい魚津の山村で農作業の手伝いに追われる中、小学校4年のころから毎月1回、母親と一緒に村の「句会」に通った。

その句会の先生が、吉沢庄作（俳号「無外」）という、博物学者でかつ著名な登山家という立派な方だった。中尾が特に詩の素養を持っているのは、当時、村の句会の作品を8キロも離れた先生のところに持っていき、添削していただくのが子どもの頃から中尾の役目だったことと関係がある。中尾は子どもなりに懸命に「句」の勉強をしていたのだ。書道が抜群に上手いのも、句を詠み短冊に書くために、母親から教えてもらっていたためだろう。

村の出身だった吉沢先生は時折、村を訪ねて句の真髄を、日本の文化や歴史に通じる、武士道や儒教の精神を踏まえて、村人たちや小学生の哲雄にも分かるように、優しく教えてくれたという。同じく先ほどの雑誌の記事に、次のように紹介されている。

『中尾が進学した魚津高校の百年、風雪や落雪にも耐えてきたヒマラヤ杉は吉沢先生が植えられたものと知った中尾は感激し、同窓会長としてヒマラヤ杉百年祭を催している。厳格な父、やさしい母という両親に加え、吉沢は中尾の情操教育の師であった』

こうして、彼は何時も「人との出会いは、《全て吾人生の師》」という哲学をもつようになる。秀逸な筆の字とともに、中尾は80歳の今も、素早く礼状を書くというスタイルを保っている素晴らしい人格の持ち主である。

次に、健康そのものだった彼の目の前に、病魔が訪れるというドラマを紹介する。

中尾哲雄18才、人生第二の試練が待っていた

前述のように、中尾哲雄は僅か8才で幼い妹を連れ、日本列島横断の旅と云う、大変な試練を乗り越えた。父の実家を第二の故郷とした彼は、「富山の田舎である魚津に、こんなに素晴らしい秀才が居たのか！」と、周囲が驚くような存在に成長した。

語学堪能、詩を吟じるかと思えば、魚津高校では生徒会長となり、高校を代表して出場し弁論大会で優勝。北陸では、彼の右に出る逸材は居ない、と言われる存在になっていた。大学入試のための模擬試験でも、県内トップクラスの成績だった。

こうして、本人はもちろん周りからも、「黙っていても、中尾はすんなり東大か京大に行く」と公言される存在になった。だが、誰しもが受ける人生の試練は、神仏にしか分からないものだ。そんな存在だった中尾が、高校3年になった頃から度々発熱を繰り返すようになり、病に侵された。当時、最も恐れられていた、結核にかかってしまったのだ。それは、余りにも突然のことで、最初は信じられなかったという。これは単なる風邪で明日は治る、そう思い続けた。だが、これは運命だったのだ。もし、この時の病気が、風邪程度のものであったなら、彼の今後の人生は全く違ったものになっただろう。

小澤先生の〝希望の星！俯いては見えないよ〟

結核を患った中尾に、現実は厳しかった。微熱が続き、勉学も殆ど進まず「俯く人生」の姿に立たされていた。

恩師の1人、英語担任の小澤梅子（津田梅子の友人）という先生が、テニスコートの脇を気力が失せ俯いたまま歩いている中尾に気付き、校舎の窓から英語で呼び掛けたという。3年生の夏のことである。

「希望は空に輝く星、俯いていたら見えませんよ」

その小澤先生だが、中尾がインテックの社長になった平成16年（2004）、母校に招かれ講演をした際に、車椅子にのってわざわざ聴きにきてくれたという。彼が高校を卒業してすでに40年以上も経っており、先生は93才になっていた。その時、先生は哲雄にこう声を掛けてくれたという。

「いつもニュースなどで、哲雄さんが活躍していることは良く知っています。ですが、そういうことでは、私はちっとも嬉しくありません。何故かと言えば、また病気にならないかと心配でならないのです」

この子弟の麗しい話は、『とやま人物一代記』（富山県人社）に掲載されている。

話は中尾の高校時代に戻るが、彼は病気を家では隠して大学を受験したものの失敗。その後、東京の予備校に入った。しかし、7月には喀血し入院。翌春、やっと富山大学に合格した。

〝結核〟に侵された人物、中尾哲雄は3人目

この連載に登場した著名的無名人は、200名以上いる。その中で、今回の中尾と同じように、幼年

期に結核に侵された人物が2人いる。それなりに、苦闘の様子を紹介した記憶がある。

1人は、福澤武（紹介当時、三菱地所社長）、もう1人は出光豊（同、新出光会長）である。この2人は、いずれも小学校高学年ないし中学1年頃、発病している。このため、成人する頃まで、きちんと学校に通えず、苦労して殆ど独学で学力を身に付け、それぞれ著名なオーナー家の経営者になった。

この2人の苦闘物語は割愛するが、両人ともに病魔に侵され病床に臥しながら、教養と哲学をしっかり学んでいったことが、共通点だったと記憶している。

福澤も出光も、既に80才を過ぎている。風の便りだが、2人とも益々元気に人生飛行の明かりを灯しながら、安全かつ確実に飛び続けているようだ。

中尾の親友であるオリックス宮内会長、長野伊那の有名なカンテンパパで知られる伊那食品の塚越会長も、同じ頃に結核を病んでいる。

若干脱線するが、望み通りに行かないのは人間だけではない。国家社会の成り立ちや繁栄も同じことではないだろうか。〝もし〟ということは歴史には禁物だが、この際お許し頂く。例えば、あの忌まわしい東日本大震災が、30年後に起こっていたとしたら、果たして今頃はどういう世の中になっていただろうか。読者の方々には、そういうことも時には考えて頂ければと思ったりもする。

母が教えてくれた文学青年の才能

上述の福澤武や出光豊は、体力や知力が十分でなかった頃に結核に侵され、苦闘していた。それに比べると、中尾の結核との戦いは、ほぼ人間としての能力も体格も整い始めた頃から始まった。多情多感な、思春期の頃だ。それだけに、悩み方も深かったと言える。

『ふるさとの　人みなやさし　秋桜』哲山

彼が、病床に臥せりながら詠んだ詩である。さらに、次のような詩が在る。

『母偲ぶ　裏山に蝶舞い　春は逝く』哲山

中尾が「文人企業家」と言われるその才能は、既述の富山県人社が発行した本の中で、次のように紹介されている。

「中尾の才能は（中略）、青少年時代にジャーナリストや小説家を志望しただけでなく、今も早朝から、様々なお礼の手紙をしたため、社内報や社外の寄稿に健筆をふるう経済人だ。その素養は小学4年生のときから、貧しい魚津の山村で農作業の手伝いに明け暮れる中、月に1回、句会に通って培われた（以下略）」

中尾家の母ミツは、職業軍人（終戦時大尉）の下に嫁いだが、長男の哲雄を筆頭に6人の子供と、祖父・祖母・小姑3人という合計13人の大家族を、切り盛りしなければならなかった。このため、『朝から夕まで農業に従事するかたわら、早朝豆腐をつくり、夕方村の人々に買って頂いた。母は頼まれた着物や洋服を縫うため、夜遅くまでミシンを踏んでいた』というような、過酷な労働に耐え、子供たちを養っていたというのだ。（『母の教え』財界研究所227頁より引用）

その母親のミツは、大変な教養人だった。そして、子供たちを叱ったことはなかったという。ミツは小学生の哲雄を連れて、月1回の村の俳句会に出た。その俳句会の先生は、吉沢庄作（俳号無外）であったが、村の句会の作品を先生のところへ持って行き、批評添削していただく役割は哲雄だった。月に

1回、8キロ離れた先生のお宅へ行き、次の月の季語をいただいて来るのであった。『移り行く季節を実感しながら母と句を詠んだ』『厳格な父、やさしい母という両親に加え、吉沢先生が中尾の情操教育の師だった』（前掲とやま人物一代記）

哲学にのめり込む

一浪後、富山大学に入学したものの前期の半年は寮で横になって過ごした。同室の先輩は哲学専攻の四年生だった。先輩のゼミの教授が寮の部屋にやってきて、朝寝していた先輩を起こし、そこで哲学ゼミが始まった。「君も聴け」といわれて2人でキルケゴールの『死に至る病』を学んだ。他の授業に出なかったが、そのゼミを先輩につれられて教授室で週1回聴いたが、いつの間にかショウペンハウエルやデカルトなどの純粋哲学にのめり込んでいった。

40歳の頃、富山県の青年海外視察団の団長としてヨーロッパに行ったとき、偶然にコペンハーゲンでキルケゴールの銅像に出会うのである。「キルケゴールとの再会」としたこの話、ちょっと有名になっているが、彼はその後何回となくこの銅像に会っている。

こうした中尾の精神構造の創造が、実業界に出て以来、彼がトップリーダーとしての役割を果たすための、しっかりとした基盤に成っていったことは言うまでもない。

結核と闘い、生きる力を得た中尾

今から約70年前、連合軍との戦いに敗れた頃、日本では結核菌が蔓延し、結核に侵されて命を落とすものが多くいた。その後、昭和21年（1946）にGHQの指導の下、抗生物質ペニシリンが生産され、次いで結核に良く効くストレプトマイシンが輸入されるようになり、徐々に患者に利用され始めた。だが生産量が少なくまた高価だったため、全国各地に行きわたるのには時間を要した。

中尾が結核に侵されたのは、昭和29年（1954）頃のことであるから薬が手に入るようになり始めてはいたが、それでも田舎の病院では、十分ではなかったのだろう。中尾は壁をかき落としたようなパスやヒドラジドを服用していたが、病気と苦闘する日々が続いていた。しかし苦闘する中で、医師や入院患者たちの励ましの言葉を噛みしめ、意志を強く持った中尾は「生きる力」を強くしていったと思われる。中尾は、そうした苦闘の中で得たことを幾つか語ってくれた。

コペンハーゲンでのキルケゴールとの再会

歌と落書き

昭和31年（1956）、一浪して富山大学経済学部に入学した中尾は、この年、発足した「富山大学男声合唱団」に入団した。そのきっかけは、合唱団のコンダクトリーダーの中村義朗という学生が「歌を唄うと元気になれる」と励ましの言葉をかけてくれたからだった。中村は温厚かつ誠実な人柄で、すでに石川県の二水高校時代に合唱で全国優勝という実績を作っていた。しかも、その頃からすでに額が広く、指揮者としての風格を備えていた。後に総理大臣になった森喜朗とクラスメートの彼はやがて合唱界の日本的なリーダーになっていった。いつも青春の夢を描いていた彼から中尾は大きな影響を受けた。テノールで大きな声を出しているうちに食欲も出てきたが、何よりも心が晴れてきたことがうれしかった、と中尾の手記には書かれている。秋の風が吹く頃には、中尾の病は回復していった。もうひとつのエピソードを紹介する。

富山大学に入学し、青冥寮に入った頃の話である。前回、書いたとおり、中尾は哲学専攻の先輩と同室になり、その縁で哲学のゼミナールを聴くことになった。テキストはキルケゴールの『死に至る病』だったが、それがきっかけでのめり込むというほどではなかったが哲学を好きになっていった。もし中尾が病魔に侵されていなかったら、「私は恐らく『哲学』を学ぶようなことはなかったと思いますよ」という通り、或いは彼の人生の歩み方も違っていただろう哲学書を読み疲れて窓に寄りかかり沈みゆく美しい夕陽、何ともいえない風景をみて感傷に耽ったりする。そういうことが多かったのだろう。だが、それは中尾だけではなかったようだ。

青冥寮は旧制高校時代のもの、部屋に先輩たちの色々の落書きがあった。青春の一時期を過ごした若者たちの思い出の記録でもある。中尾は時々、それを見ていた。するとその中に、ちょっと変わった落書きを見つけた。『この窓から見える夕焼けの色はピカソだってルノワールだって出せやしない』小さく、「吉田実」とサインしてあった。この吉田という人物がどういう人だったかは、当時知る由もなかった。中尾は同窓会名簿を調べて、吉田実に感想を書いた。ついでに病と闘っていることにも触れた。

しかし、驚いたことに吉田から激励の手紙が来るのである。そして吉田は県知事になるのだが、もっとびっくりすることは、中尾が卒業したとき、卒業式の翌日の夜、料亭で県知事が祝いをしてくれたのである。

失敗に学べ

吉田は、中尾が将来この地方のリーダーに成れる素質をもっていると見越してのことだったろうが、次のようなアドバイスをしたという。

『君は、ちっとも囲碁が上達しないな…なぜだか分かるか』

中尾が、碁盤を見ながら『いや、不器用ですから、頭が回らないということでしょうか?』

すると、吉田が姿勢を正し、中尾の顔をのぞき込んで言った。

『中尾君、君は僕に負けたとき、何で負けたか全く反省も研究もしていないようだね。人生には、いろんなことがある。君も、これから失敗を沢山するだろう。そうしたとき、大切なのは何故失敗したかを研究することですよ』

中尾は後にインテックで業務上多くのミスが出て社の雰囲気が暗くなったとき、『失敗コンクール』をやっている。コンクールでは、「何故失敗したか、その原因の分析、どのように改善したか、そして今後の対策等」を発表し賞金を出すが、その根源に吉田があるのかもしれない。

吉田はまた、「君は農を捨て、町に出て来たが、君の心の拠り所は『農』にあり、心の根っこは、ふるさと、農にあることを忘れるな。農業が衰退したとき日本は亡びる」とも言っていたという。中尾は吉田から多くの人を紹介されている。

寮の部屋の多くの落書き、旧制富山高校と新制大学の先輩たちが卒業のときなどに書いていったものだが、中尾は吉田宛に書いたように数十人の先輩にも手紙を出している。そして、やがてインテックが全国展開する際にこの先輩たちが支援、協力をしてくれたのである。

時計の神様、正座して師に対す

もう一人、郷土魚津市の大先輩、川原田政太郎博士（早大名誉教授）とのエピソードを紹介したい。川原田は中尾の46歳も年上だったが、東京吉原の馬刺屋さんで一杯飲んだことがあった。そんな折、川原田が三百以上の特許をとったと聞き驚いたがいろいろ話を聞き、人生の指導をして貰ったという。

昭和５年（１９３０）に世界で初めてテレビの公開実験をしたことは有名だが、川原田はまた時計の神様ともいわれた。光、温度、気圧の変化を利用して動く時計を発明している。東京駅の大時計や東宮御所の電磁時計はわずかな誤差も時報の信号で自動的に修正できるということを子どものように嬉しそうにに話してくれたと中尾は言っている。波乱に満ちた川原田の人生は、ＮＨＫの朝のドラマ「凛々と」のモデルになった。

昭和47年（１９７２）の夏、中尾は川原田に魚津の旅館に呼ばれて、北陸新幹線ができたらふるさとはどう変わるか、その経済効果などについて話をすることになった。川原田82歳の誕生日だった。酒の場と違って彼は中尾が「ひざを崩してください」と勧めても終始背筋を伸ばして正座して聴いていたという。そして話が終わったとき、「あなたはいま私の師、正座は当然でしょう」と言ったというのだ。30代だった中尾は大きな感動を覚え、日頃の思い上がりを反省した。中尾の座右の銘は『正座して師に対す』である。この話を中尾は日経新聞の交友抄に書いている。

「際化」とは

中尾は、経営に「際化」の必要性を強調している。国際化、学際化の際である。中尾が若い社員にあるいは講演でよく言うのは、「世代際化」である。世代と世代がもっと交われということだ。

中尾は20歳、30歳そして50歳も離れた先輩と多く交わり、多くを学ぶべしと説く。最近は、「際化」を無視するような若手経営者が多くなったと彼は嘆いている。私も全く同感だ。

中尾は、昭和35年（1960）に富山大学経済学部を優秀な成績で卒業した。家族のために給料の高い会社を求め、日興証券に入社する。これより先は中尾哲雄の社会人としての成長ぶりを紹介しよう。

中尾の「デジタル」技術との出会い

富山大学を優秀な成績で卒業した中尾哲雄は、結核も完治し、日興証券に入社した。東京オリンピックを4年後に控えた昭和35年（1960）4月のことである。NHKがカラー放送を始めたのもこの年の9月10日だった。

第二次世界大戦終結から15年が過ぎ、東西冷戦が激化してきた。間を縫って、植民地が独立の声を挙げ始めた。アフリカで17カ国が独立宣言をしたのもこの年である。そして日本も漸く欧米諸国と互角に経済競争ができる基盤を創りつつあった時期である。しかも、沖縄本土復帰を踏まえた日米安全保障条約が話題になりつつあった。大学でも純粋な若者たちが、そうした世界の強者同士の政策や思想の対立を、わが国の独立志向的施策の矛盾へと内向的に受け止め、荒れ始める前兆の中にあった。話をその１年前に戻そう。中尾が大学を卒業する前年、昭和34年（１９５９）のことだ。彼はこの頃、大学で論理哲学に支えられた経済学の基本を学んでいた。学内の図書館や県立の図書館で得意な英文の本や雑誌や新聞を手当たり次第に読んでいた。

そうしたある日、誰も手にしていない届いたばかりの真新しい英字新聞に「デジタル」という言葉が躍っていた。その技術を使った最新の情報伝達手段が存在することを書いた記事である。好奇心が人一倍強い彼は、夢中になってそれを読んだ。そこには、渋沢智雄という人が昭和12年（１９３７）に、既にアメリカのＩＢＭという企業の日本総代理店となる権利を取得していたということ、日本に工場を建設し、間もなく「日本ＩＢＭ株式会社」という会社が誕生するというニュースが出ていたのだ。この時、中尾は《世の中が革命的に変わる》と強く意識したという。このことは中尾が若い頃に新聞の随想欄や雑誌に書いている。

ＩＢＭとはどんな会社か、知らずに入社した竹中誉のこと

余談だが、私の旧友に竹中誉という人物がいる。彼は、中尾が図書館の中で見付けた記事に掲載されていた、設立されたばかりの日本ＩＢＭに慶應大学卒業後に第一期生として入社した。その竹中はＩＢＭとはどんな会社か知らずに面接試験を受けた。ＩＣＢＭ（大陸間弾道弾）を作る会社かも知れないと思っていたという。アメリカ資本の会社だとも知らなかった。だが、英語が堪能だということもあり、その後同社の本格的創業者となった椎名武雄の片腕となり辣腕を振るい、ナンバーツーまで上り詰めた。

彼とは、自宅が徒歩20分の距離にあり、家族ぐるみで付き合った仲だ。最近、「生涯現役株式会社」という会社を創ったと聞いており、今も元気に活躍している。そして、その竹中と中尾は、20年前に私が主宰していた「これからの日本のかたち研究会」の会員なのだ。世間は狭い。中尾は、椎名とも昔から昵懇の仲で、2人は「日本ベンチャーキャピタル」という会社の役員もしている。

元に戻るが、日興証券に入社してからも、デジタルを用いたコンピュータの発達の凄さが世の中を変えるに違いないと確信する中尾は、仕事の傍らそうした情報を追うという日々が続いていた。ちなみに昭和30年（1955）に東京証券取引所と野村證券が、ユニバック（UNIVAC）というコンピュータを米国から輸入した。続いて日興証券もそして、昭和39年（1964）には富山計算センター（インテックの前身）も、同型機器を導入している。

設立して1、2年、インテックのコンピュータが何度かダウンした。その時、中尾は日興証券にお願いし、データを小型トラックに積んで上京している。高速道路のない時代、15時間もかけてだ。最初のトラックにまだ入社していない中尾が同乗したのである。

富山の中尾が九州を好きな理由と「滝廉太郎会」

中尾が入社した頃、アメリカはIBMなどがデジタル情報革命を起こしていた。日本ではアメリカに遅れること約10年、ようやく情報革命が始まる。洗濯機、冷蔵庫、テレビの「三種の神器」の人気が高まり、文化的生活レベルの向上が大きな話題となっていた。

中尾は、東京での半年間の研修後、郷里の富山支店に営業マンとして配属された。真っ先に、先輩の吉田実知事を訪問した。その吉田は、九州大学出身だったが、前述した学生寮の部屋の先輩だった。

長崎県出身で、不二越創業者で社長の井村荒喜、鹿児島県出身で一族が富乃宝山等著名焼酎蔵を営む、北陸電力副社長の西泰三（九州大卒）、更にインテック創業者の金岡幸二等、多くの証券投資のお得意先を中尾に紹介してくれた。

このように、中尾の周りには九州に縁の在る人たちが多く、「滝廉太郎会」というサロンが在った。中尾は九州に縁はなかったが、いつの間にか入会させられ、会の世話役を務めるようになっていた。このため、中尾は自然に九州人に魅せられていく。

ついでに、「滝廉太郎（１８７９～１９０３）」と富山の関係について述べておく。廉太郎の父、滝吉弘（１８４２～１９０４）は、伊藤博文の下で内務官僚を務めた後、地方官（副知事等）に転じ、神奈川、富山、大分の各県に勤務している。このため、廉太郎も明治19年（１８８６）５月神奈川県の師範学校付属小学校に入学するが、同年９月に富山県師範学校付属小学校（現在の富山大学人間発達科学部附属小学校）に転校した。この小学校は、富山城のそばにあった。こうして、小学校１～３年生の３年間を富山の地で過ごす。だが、明治21年（１８８８）５月には、大分県竹田市を経て東京の麹町尋常小学校に転じ、明治23年（１８９０）に卒業した。

卒業式で、ピアノを演奏したとも伝えられている。

廉太郎の名曲、『お正月』や『雪やこんこ』などは、後年富山での少年時代の生活を偲んで作曲したものといわれている。そして、あの有名な『荒城の月』も富山城だという説と、そのあと廉太郎が転校して行った大分県の豊後竹田城だという説が出て、論争に成ってもめたのも廉太郎会であった。結論はもちろん出るはずはない。

もうひとつ記しておこう。中尾は、実に顔が広い。例えば、昨年惜しくも他界した大分県知事平松守彦とは、通産省電子政策課長時代から長い付き合いだった。インテックの大分進出の切っ掛けでもある。先頃の、平松守彦を偲ぶ会には、IBM椎名武雄、三菱東京UFJ銀行の畔柳信雄らと共に、中尾は数名の民間人参列者の一人だった。また、平松のあとの広瀬知事とも、通産省時代から付き合いがあった。彼は熊本県知事蒲島郁夫の親友だと称して憚らないし、同時に彼が長く務めたテレコムサービス協会の後任会長になった、鹿児島出身のミロク情報サービス会長是枝伸彦も、親しい友人の一人だという。

ついでだがもう2、3人。和歌山県の仁坂知事が通産省に入省した頃、省内で「中尾は情報産業界のエースと言われていた」と言っている。鳥取の溝口知事、岐阜の古田知事とも付き合いがあり、富山県出身で北海道知事の高橋や、熊本県知事の蒲島、元岩手県知事の増田は、みんな親友と云って憚らない。

「正業に就きんしゃい」

ある時、中尾は井村に料理屋に呼ばれた。いろいろ話し合ったあとに「中尾君……君は株価の上がり下がりなどにエネルギーを使っとるようだが、そげなことではいかんとよ」

中尾は驚いて、「はぁー?」と声を上げた。その驚きをよそ目に、さらに井村が述べた。

「もっとちゃんとした正業に就きんしゃい。銀行や証券は虚業に過ぎんばい。何にも生まんとたい」と、九州弁で言い立てられた。

もちろん、井村は証券会社や金融機関の必要性を否定したわけではない。そうではなくて、中尾のような青年には、もっと違った夢が語れるような事業を、地域のために興して貰いたいと言いたかったのだろう。

当時、井村は富山商工会議所の会頭だったので、富山計算センター（インテック）の創業にも、大きな関心を持っていた。この時30才にも成っていなかった中尾に、この事業を背負う《人財》だと、白羽の矢を立てていたのかもしれない。井村は、中尾を諭すように述べたという。

「あの会社は、まだ君に給料を払えないだろう。商工会議所に先ず入って、地域の中小企業の指導をやってくれないか。そして、計算センターの経営を手伝ったらいいじゃないか」

こうして、彼は商工会議所に入所した。あわせて、不二越からも報酬を出してくれたという。期待されているという意識も働いて、中尾は懸命に働いた。商工会議所では中小企業庁認定の中小企業指導員として中小企業の指導に当たり､富山計算センターの営業等も手伝った。また企画課長として地域開発、新幹線、都市計画等に敏腕を振るった。

次はいよいよ新会社インテックへ参加を要請される話に続く。

井村荒喜との出会いが中尾を企業人に

前述したように､当時株式会社不二越のオーナーで同時に富山商工会議所の会頭だった井村荒喜に｢若い者が証券会社など虚業で満足していては駄目だ」といわれ中尾は悩んだ末、商工会議所に入った。

中尾は当時北陸電力副社長だった西泰蔵にも相談している。「井村さんは商工会議所で中小企業者の面倒を見る方がやがて経営者になっていくためにもいいのではないか、といっておられるんだよ」

滝廉太郎会で西副社長とも時折面談しているうちに西と一緒に金岡幸二と会った。金岡はすでに吉田知事の紹介で中尾の証券顧客だったが、その履歴は素晴らしいと陸軍幼年学校、士官学校を出て陸軍に入り、終戦後、東大工学部に入学している。幼年学校から東大まで富士通の創業者ともいわれる山本卓眞と同期である。この金岡がコンピュータ時代の到来を確信して富山計算センターの創立の中心となった。金岡も中尾も酒が好きで二人はよく居酒屋で飲んだ。金岡が言ったのは「コンピュータ時代がやってくる。まだ一社では高価で買ないから、専門の計算会社をつくってそこで大型計算機を導入する。市町村も含め何十社の計算を受託していく会社をつくりたいんだ。君も手伝ってくれないか」

商工会議所に転身したとたん、今度は計算会社に来いといわれたのだ。

中尾哲雄の師匠、北陸富山財界の重鎮井村荒喜

とにかく、中尾は世の中に役立つビジネスを行うための心構えを、井村から徹底的に教えられ、本格的に鍛えられた。別の言い方をすれば、将来大物に成るであろう俊英に、しっかりと帝王学を授けたといってよい。当時70歳代の半ばの井村も、中尾を我が子のように思っていたのであろう。

井村は文筆家でもありよく執筆したが、その清書や新聞社、雑誌社との連絡も中尾の役であった。ある時、新聞社から一行長いから縮めてほしいと依頼があった。中尾は井村と連絡がとれないので、句読点や副詞をとって一行短くしたのだ。翌日、井村からひどく叱られたという。「人の書いた文、吐いた言葉はその人の人格そのものだ。君のやったことは人の胸ぐらに手を突っこみ、掻き回したこと、人の人格を踏みにじったことと同じだ」と言われた。

中尾は井村から多くを学んだが、このことが一番印象に残っている、と言っている。中尾はまた、最近メールが普及し、文章は乱れてしまったが、井村の「文は人なり」の教えを固く守っている。

中尾はインテック社長、会長時代、日本の情報通信業界の会長をしており、そのことで藍綬褒章、旭日中綬章そして業界のノーベル賞ともいわれる前島密賞などを受賞しているが、受賞記念講演で「メールやインターネットはきわめて重要だが私はあまり好きになれない。通信とは信を通わせること、真に信を通わせるには、ペン、毛筆で書く」と言っている。なお、中尾は藍綬褒章、旭日中綬章ともに、受章者を代表してスピーチを行っている。

中尾は現在もテレコムサービス協会の最高顧問である。少し脱線するが、その井村荒喜とはどういう人物だったかを各種の資料を総合して簡単に紹介してみる。

明治22年（1889）、今から128年前、長崎県島原で生まれた井村は、幼年の頃から時計の歯車とかカメラ、そして電動設備など、要するに機械がどうやって作られているか、更には人間の体の仕組みはどのようにできているのかなどに、とても興味を持つ少年であり、神童と言われていた。10代になると彼は、どうしても長崎医学専門学校に入りたいと思うようになり、そのため今でいう塾（行余学舎）に入ろうとした。だが、残念ながら裕福な家庭ではなかったため、困窮する家計がそれを許すわけがなく、新聞社（長崎民友新聞）で配達員と事務員として働き、家計を助けた。

苦労して独学で技術を磨き、株式会社不二越を興す

20代に成った井村は、知人の紹介で台湾に渡り、台湾帝国製糖という会社に入社する。しばらくして

頭角を現した彼は、同社の重要な経営者の一人に抜擢されて、鉄道建設を担う責任者として「南投鉄道」という路線の敷設を実施し完成させている。

技量と資金力を得た井村は、大正14年（1925）に帰国し、自身で研究所を創り、これからの世の中に役立つと思われる種々の技術研究に取り組んだ。

そうした中で、福岡で松永安左エ門と電気鉄道を興した福澤桃介の知遇を得る。桃介の紹介で電気鋼の研究家、本多光太郎博士を紹介され、その指導で電気研磨炉「ハクソー」の材料研究に取り組むことになった。

ついに、富山の地で昭和3年（1928）、不二越鋼材工業を創立した。その「ハクソー」が、優秀国産品に選ばれた。次の年（昭和4年）、昭和天皇が、大阪市の優秀国産品展示場を視察。陛下から直々に、井村が開発した「ハクソー」の説明を仰せつかった。その栄誉を記念し、当時の天皇のお召巡洋艦の名前から、『NACHI』を同社の称号に据えた。

同社はその後、戦前戦後に掛け、ドリル、製鋼ベアリング、ブローチ盤などわが国の高度製造業の発展になくてはならない、メカトロニクスの総合メーカー東証として存続し、海外展開を含め、現在も不二越は、年商3千億円、7千人を擁する東証1部上場の確固たる中堅メーカーとして発展し続けている。

その基本に、井村が付けた東洋思想の「不二」すなわち正・反・合の中庸思想が在る。

中尾が言うには、現在の「機械工業県富山」はこの不二越によるものである。そして不二越の社会貢献は計り知れないものがある。

昭和12年（1937）には授業料免除、全寮制の不二越工科学校（現不二越工業高校）を開校し、全国から貧しくて上級学校に行けない秀才が多く集まったという。また、不二越病院も設立している。

記憶こそ人生のすべて

先にも書いたが、インテック初代社長になる西泰蔵についてもう少し中尾の思い出を紹介しておく。

Nakao

Computer man visits

MR Tetsuo Nakao, director of Techno Computer Co Ltd, is currently visiting Bangkok. He is also the Director of INTEC Inc, one of the largest computer service bureau companies in Japan. On this trip he will visit Thailand Computer Centre, Ltd., the most advanced software service bureau, presently utilising Burroughs B3700 Computer System.

バンコクポストの記事

西は「すべての基本は記憶」が口癖だった。貸借対照表、損益計算書の重要項目はすべて記憶しておけと言われ、記憶術も教わったという。中尾は、多くを記憶しておかなければ創造はできない。詰め込み教育が批判されているが、若い頃に多くを詰め込むことが重要。多くを記憶しているから、そこからさまざまなことが生まれる、そして記憶された知識はやがて自己の裡で見識に変わっていくものと信じている。「人生とは何であったか」これは人によっていろいろ回答があるだろうが、彼はふり返ってみれば記憶があるのみという。彼は、井村、西の二人の偉大な九州人から多くを学んだといえよう。井村のおかげで中尾は、イギリス、フランスそしてフィリピン、タイなど、研修に行く機会を多く与えられた。今回掲載した写真は、その幾つかである。

次は、中尾が共に苦しみ、よろこび歩んで来た金岡幸二について紹介したい。

井村と同じく中尾は既に43年間現役

いよいよ株式会社インテック創業の話題に入る。だが、その前に中尾の経営哲学の師である井村荒喜と、更に中尾自身の今までに残している名言を幾つか紹介しておこう。そう思ったのには二つの理由がある。

一つは調べているうちに二人の基本哲学がとてもよく似ていることに気が付いたこと。もう一つは、中尾が益々渾身の社会貢献をしているニュースが伝わってきたからである。

中尾は今まで藍綬褒章、旭日中綬章など多くの叙勲、受章をしていることは既に書いたが、昨年末、三度目の紺綬褒章を授与された。それは、富山大学時代に結核を患った中尾がお世話になった青冥寮の跡地に、児童館を建てるため多額の寄付をしたことによるものである。未来のわが国を支える子供たちの育成を思ってのことである。因みに、過去の紺綬褒章も教育への寄付によるものである。中尾の寄付した基金によって毎年、富山県の教師たちが海外教育視察を行っており、中尾は毎年その名誉団長を務めている。このような彼の行動の裏には、立派な経営哲学がある。

井村は、昭和3年（１９２８）に39才で不二越を創業し、82才で亡くなる迄の43年間、生涯現役の経営者だった。一方、現在81才の中尾は昭和49年（１９７４）に、38才で株式会社スカイインテックの社長に就任し、株式会社インテックの社長・会長を経て今日まで、井村と同じく43年間、現役の経営者である。現在は、株式会社アイザックの取締役最高顧問だが、会う度に元気さが増す彼を見ていると、師匠井村を遥かに超えて、生涯現役の経営者として活躍することは間違いない。

井村と中尾、この二人が経営者として生きた時代は全く異なる。だが、二人とも講演や新聞雑誌など寄稿が非常に多い。そうした中で、これは、是非紹介しておきたいという名言を数多く残している。その中からほんの一部分だが取り挙げてみる。

井村荒喜の名言

井村は、既に述べたように中尾に帝王学を授けている。幾つかを挙げてみよう。

1・経営者は、資本金を超える借金を絶対してはいけない。何処までも、自分の力でいこうという信念が要る。

2・質が良く価格が安くなければ、良い商品とはいえない。そのため不断の改革が重要。

3・私の経営は、東洋思想の「不二」に基づいている。それを、事業経営に生かすには、第一にお得意先に役立つこと、次いで従業員と資本に役立つものであることだ。

4・私心を無くして対処できるようになったのは、従業員からの教えと母の躾によるものである。

5・人生は短い。事業は、尽きることのない永遠のもの。よって、事業を永遠にするためには、日々新たに絶えず己を更新していくべし。もし、そうしなかったら、事業は人の命よりも、もっと早く老衰し短命であること間違いなし。

6・日々新たでなければ、楽しみも希望もない。人生の経営というものは、一切を賭けてただ生涯の最後のものに繋がっていくものだ。

このように、彼が残した名言のほんの一部を取り挙げたが、実に素晴らしい。特に私は最後の「6」の名言が気に入った。

中尾哲雄のことば

中尾もまた多くのことを述べているが、ここでは、十年前に日経ビジネスの巻頭言に書いていることを紹介しておこう。

1・最近、若い人たちと話をして感ずることは、目標に至るまでの「プロセス」、「過程」に関心をもっていないということ。プロセス、イコール努力である。効率主義が幅を利かせすぎて若い人が結果だけを求めるようになってしまった。

2・目標に向かって進む過程にこそ、感動、感激がある。過程が人を成長させる。実感を伴った経験だけが、自分の人生に組み込まれていく。

3・グローバル・スタンダードは「会社は株主のもの」だが、私はそう思っていない。「収入－人件費を除く経費＝利益＋人件費」である。会社は社員と株主のものだ。これは富山の売薬精神、すなわち先用後利の考えによるものだ。先にお客さまに使っていただいて、後で代金をいただく、富山売薬が300年以上、続いているのは、先用後利、倫理、お客さま本位の考え方によるものだ。私は、その思想を実践してきた。

4・売薬人たちの心得の条、「見利忘恩、見利思義」を私は、経営の信条としている。利益を求めているうちに、ついついお客さまのご恩を忘れてしまいがちになる。そのことをいつも忘れてはいけない。

私は、結核のために寮でいつも横になっていたが、よく寮のそばにあったヘルン（小泉八雲）文庫に行った。とうとう今では富山八雲会の会長を引き受けさせられてしまった。八雲（ラフカディオ・ハーン）は日本人の没して見える個性は天性の謙虚さであり、個を抑えて折り合っていく、いわゆる折り合いをつける折衷主義は、むしろ積極的な日本人の特性であると言っている。私もその通りだったと思う。

以上中尾の語録を紹介したが、特にこの最後の「折衷主義」、すなわち中庸の思想は、上述の井村荒喜の「不二」すなわち正・反・合の思想ではないか。正に、二人の子弟の考えは、時代を超えて受け継がれていると思った。ちなみに「不二越」の社名はこの「不二」からきているものであろう。

インテックを創った役職員と中尾

今から半世紀（53年）前、昭和39年（1964）1月11日、風格のある富山電気ビルの一室で「富山計算センター」の設立総会、取締役会が開かれていた。

コンピュータ時代を先取りした計算センターはわが国ではまだ数少なく、富山計算センターの設立は大々的にニュースとして報じられた。

やや興奮ぎみな顔をして出席していたのは初代社長、西泰蔵（北陸電力副社長）、代表取締役専務金岡幸二、その他は社外役員であったが、北日本放送社長の横山四郎右衛門、北日本新聞社社長森丘正唯、富山トヨタ社長品川忠蔵、日本海ガス社長新田嗣治朗、廣貫堂社長塩井幸次郎などであった。もっとも若かったのはトナミ運輸社長の綿貫民輔である。綿貫は、後に建設大臣等大臣歴任、衆議院議長も務めるが、90才になった今も元気で活躍している。

部屋の隅で中尾哲雄という若い男が鉛筆を舐めながら記録をとっていた。

日本で初めてのコンピュータ学院

このような中で中尾は商工会議所の仕事をこなしながら、富山計算センターを手伝った。そして、計算センターと共同で、日本で初めての富山商工会議所コンピュータ学院を設立し、彼自身も統計学の講師を担当した。学院は応募者が多く大変な人気であったという。

金岡社長は、経営スローガンとして「いつでも、どこでも、だれでも」がコンピュータの恩恵を受けることのできる、即ちコンピューターユーティリティーの実現を掲げてきた。そのために全国に拠点を展開し、それを通信回線で結んで行かねばならない。そしてそれゆえに通信の自由化がどうしても必要だった。

昭和45年（１９７０）には社名をインテックとするが、インテックは情報通信の独占を排し、グローバル化を目指して船出する。

こうして中尾は、全国を走り回り始める。その発展状況は、次回以降に詳しく述べるが、株式会社インテックに名称を変更するまでの間に、昭和41年に新潟、42年に東京、43年に名古屋、そして45年には仙台へと、事業を広めて行った。

社名づくりにも関与

20年以上も前のことだが、私は中尾に「この会社に入ったきっかけは」と聞いてみた。北陸電力本店とその隣に面してそそり立つ日本海沿岸でもっとも高い22階建てのインテック本社ビル（１１１メートルで通称『タワー・トリプルワン』）の最上階にある社長室を訪問した時だった。

「きっかけですか……」

と社長室の椅子から立ち上がって、窓の外に広がる立山連峰の雄姿を眺めながら、口を開いた。

「商工会議所時代、金岡幸二さんとコンピュータ学院を作ったり、毎晩のように居酒屋で飲んでいるうちにごく自然に入社していた、という感じですが、決め手はインテレクチュアル・エシュロンかな」白銀に光る立山の一角を見詰めながら言葉が続いた。

インテックの社名は、金岡がはやくから考えていたが、カタカナの社名はおかしい、とみんなに反対されていた。中尾がカルピスというカタカナの社名がある、といったら、ある社外役員から「それには食品工業という漢字がついている」といったそうだ。

居酒屋で、ＩＮＴＥＣに社名を変えるということについて、金岡は熱っぽく語った。実現に2年近くかかった。

中尾は知的集団エシュロン（echelon）と云う言葉に、特に惹かれたという。金岡は陸軍幼年学校、陸軍航空士官学校出身である。エシュロンは軍隊（梯団）を意味し、そこからとったのかもしれない。

中尾は、「計算センター」時代は非常勤の参与だったが、インテックという社名になってから、入社を決意したという。そのことを聞いた日のことを、私ははっきりと憶えている。

中尾は入社と同時に「企画調査」の責任者に任じられた。ということは、非常勤時代からすでにこの会社の事業内容に深く精通していたという証拠である。入社以前から金岡幸二の絶大な信頼を得て、社名の決定にも関わっていたからだろう。

入社してまもなく、会社は資金難に苦しむが、中尾はさらに財務、経理そして営業も担当していく。資金繰りで、夜も眠らない日が続いたということについては後で話をしよう。

金岡は祖父が官僚、国会議員を経て富山市長、父は最高裁判事を務めた名門石坂家の生まれであり、前述の陸軍航空士官学校を卒業後に従軍し、戦後は東京大学工学部計測科に入学。そこでコンピュータの重要性を学んだ逸材である。卒業後は製塩会社の技術担当役員となるが、富山の財閥金岡家の養子となり、先見性を発揮して計算センターの必要性を強く認識し、財界の面々に支えられて39才で会社を立ち上げたのである。

金岡が、未だ30才の若さで、富山商工会議所会頭の井村荒喜の下で直接薫陶を受けていた中尾を必要とした理由がよくわかった。先ず、金岡、中尾が目指したのは、金岡の持論、コンピューターユーティリティーを、どこでも、だれもが、いつでも用いることのできる情報化社会を作って行く。そのためIntellectual Echelonを担って行きたいという強い思いであった。入社前から中尾は富山計算センターの全国展開に大きな役割を果たしたのである。

インテックに込められた4つの意味を事業活動に展開

インテックという社名には次のような意味が込められている。

第一に、情報技術（Information Technology）、これは事業の基盤だ。

第二は情報システムを構築していく（Integrated Technology）、そして、先頭を切って勇敢に新たな情報手段に価値を追求していく知的集団（Intellectual Echelon）を表している。後になって中尾は社長に就任するが、そのときインテックという社名に「技術」だけでなく「人」を盛り込んで行きたいと思い、Interlinkという語を発見した。

まず、Interlink with Clients、お客様との結びつきであるが、そのむこうにいるwith Consumer、そしてパートナー企業Cooperators、さらにCorporateholder（株主）、仲間同士の連帯Colleague、そして忘れてはならないのは一般社会Communityである。これを6Cといい、新しくＩＮＴＥＣに盛り込んだ。こうして「INTERLINK」という社内情報誌はこの時、誕生したという。

こうした「インターリンク」という言葉を発見した折の中尾の姿について語った次のような文章がある。

「たった一つの英単語。それを、グループ全体を牽引する高次元なメッセージにまで高めていく、これは凄いことだと思う。このインターリンクという言葉が閃かれた、と言うか掴み取られた、その場面はこうだ。（大判の辞書を片手に）これだ、この言葉なのだと、まるで宝物が見つかった、あるいは聖人・偉人が悟りを開くかのような瞬間、しいて言えばＮＨＫの『その時歴史が動いた』という番組にも似た歴史的瞬間。それがインターリンク誕生の秘話だ」

「〝あたたかい人と人との関係を失わないよう、社名にInterlink（結びつき）の意味を盛り込むことを提唱した……〟、万年筆で自筆された『あたたかいインテックとともに』というタイトルを記している。そのことをよく噛みしめたいものである」と、インテックの宮地秀明元社長は社内誌の中で述べている。

中尾は学生時代に友人たちとジョン・メイナード・ケインズの『一般理論』の翻訳に挑戦しているが、彼はケインズの「経済学を修めるものは、同時に数学者、政治家、歴史家、哲学者でなければならない」

という言葉を、金岡と共によく語り合っていた。

入社5年後に取締役、同時に始まった経済同友会、青年会議所等の活躍

こうして、金岡の経営方針に従って、中尾は自分の人脈も生かして全国各地域に進出し、ときには地域の計算センターを統合、合併しながら、事業拡大を図って行った。その多くのエピソードを紹介する紙面がないのは残念であるが、一つ紹介するとしたら、この頃から海外にも目を向け、中尾は金岡と一緒にまだ砂利道しかなかった、そしてネオンもなかった上海に市場リサーチに出かけている。

彼は、地域のもろもろの活動にも参加、若年経営者として頭角を現していく。掲載の写真は、仕事以外でも活躍を見せる中尾の姿である。

彼の経歴を見ると、あまりにも多すぎるので、ここでは主なものだけを取り出しておこう。

先ずインテックについてだが、上述の通り昭和48年（1973）に入社した3年後には、理事経理部長兼経営管理部長。5年後の昭和53年（1978）には取締役。11年後の昭和59年（1984）には、48才で常務取締役に昇進している。

一方、社外の公職も、入社直後の翌年（昭和49年）38才で、富山青年会議所の副理事長に就いたのを皮切りに、富山県教育委員会教育長（代理）、富山市、高岡市、魚津市等の都市計画専門委員等徐々に公職が増えていく。また、同じ年に関係会社のアドインテック（現スカイインテック）の代表取締役になった。

彼がインテックの常務取締役になった頃には、富山経済同友会幹事、とやま国際センター常任理事、

富山県企業立地推進委員等々少なくとも20種類以上の公職を担う、若手のホープとなっていたのである。それは、彼が何時も口にする「人間は多くの人のお世話になって生きている。そのお返しを、真に損得を抜きにして一所懸命に行い続けること」という考え方が、その行動の全てにほとばしっているからだろう。

そして、年とともに通産、郵政はじめ中央での活躍もはじまるのである。

株式会社インテックの使命―情報化社会をつくっていくために―

西泰蔵の下で金岡が中心となって起業し、中尾が固めていった「株式会社富山計算センター」は、昭和39年（１９６４）発足以来、多くの困難を克服しつつ伸びていった。その頃、各地に、ほとんど全県に雨後の筍のように「計算センター」が設立された。

インテックははやくから新潟、東京、名古屋、仙台、札幌と次々に全国へ進出して昭和57年（１９８２）には年間売上高３００億円に伸ばし、名古屋証券取引所２部に上場、４年後の昭和61年（１９８６）には遂に東京・名古屋の１部に上場した。創業して22年目、年間売上が５００億円に達し、従業員も１千名以上になっていた。中尾は50才になり、同社の常務取締役、経理・財務、経営管理、営業という屋台部門を全て背負っていた。そして金岡も中尾も情報化社会を築き上げていこう、という使命を持って意気込みに燃えていた。

言うまでもなく、同社がここまで成長できたのは、事業目的を推進できる極めて有能な若手社員を獲得してきたことであるが、地方計算センターとしては唯一、全国展開をはかったことである。「いつでも、どこでも、だれでも」コンピューターユーティリティーを利用していくことができる情報化社会、そのためにインテックの全国ネットワークを構築していくという金岡の理念、目標があったからであろう。そして中尾が若いうちから築いてきた広い人脈が力を発揮したのである。

中尾は全国の知事や市長たちとも親交が深く、また経済人はもとより、文化関係の方々とも広いおつき合いがあり、中尾家には多くの友人が遠方からも訪ねてきている。

ファミリーコンサートの様子（1997年）

紅顔の美少年のような中尾の世直し論

中尾は、堂々と正論を吐く。「世直し」を説くのである。周りを気遣いながら、懸命によく働く。よく読み、よく書き、短歌や俳句も詠む。そして、酒もよく飲む。飲めばよく歌う。学生時代はテノール。また、飲むほどに、本音も出てくるという人物である。中庸にこの大人物をそこまで見抜くと、逆に愛嬌たっぷりの〝紅顔の美少年〟にさえ見えてくる。

特に私が、中尾という人物について評価したいのは、グローバルなネットワーク社会をはやくから金岡と共に予見した様々な面での先見性である。中尾だけでなく、インテック創業者たちの敢闘精神である。

ここでどうしても紹介しておかねばならない、有名な逸話がある。「逸話」などと言っては失礼であるが、これは、中尾自身が講演会などの多くの場面で、必ずエピソードとして紹介していることだ。ここでは、富山県民生涯学習カレッジという地方ではとても有名な学習塾が発行している「県民カレッジ叢書」の一冊になっている「中尾哲雄『二十一世紀に求められるもの』」から主に引用したものだ。

黒澤洋を動かした中尾哲雄の正論

それによると、昭和48年（1973）のオイルショック後、わが国の景気は大幅に低迷し、多くの企業が経営に苦しんでいた時である。財務担当の中尾は、資金調達難に陥りその対策に奔走していた。給料も払えなくなるすれすれの状況になったという。

銀行からは「計算センターは『その他産業』ですよ。いっぱい飲み屋と一緒ですよ。不要不急産業には貸せません」といわれた。中尾は毎日、足を棒にして銀行を回り、少しずつ借りてそれを別の銀行の歩積預金として又借りる、多くの銀行から借入れた。

そして、世の中も激動の様相が続いていた。日本は、人口が1億1千万人に達していた。沖縄返還後の日本の国家発揚と列島改造を進め、同時に国歌、国旗の制定を提言するなど盤石に見えた田中角栄内閣が、ロッキード事件で揺れ始める。そうした動きに反発し賃上げを主張する150万人デモが起き、遂には丸の内の三菱重工ビル爆破事件が発生した。年末には、田中内閣が潰れ、三木武夫が首相になった。だが、景気はなかなか戻らない。

そんな折、国（通産省）の制度融資を通じて取引のあった日本興業銀行（現在は、みずほフィナンシャルグループ）の黒澤洋部長が「これからはものよりも情報の時代」と雑誌に書いていた。それを読んだ中尾は急いで筆を執った。そして大胆にも次のような黒澤宛の毛筆の手紙を書いた。

後に興銀の頭取になった黒澤洋氏

「大胆にも」と述べたのは、黒澤とは一面識もなく、部長級であったが当時から「切れ者」として名が通っている相手に対してであったからだ。中尾にしてみれば途方に暮れている状況での、藁をも掴む行動である。

『すばらしいご達見を拝読しました。貴台のご指摘の通り、確かに「モノ」より「情報」が価値をもってくる時代が始まっています。われわれはその情報化社会の到来を経営の理に掲げて日々努力しています。しかるに銀行の窓口では、依然として不動産をはじめとする担保物件が無ければ、資金は貸せないというご方針です。われわれの持つ情報の価値を認めていただけません。これでは、大げさかもしれませんがわが国の情報化は進めることはできません。是非とも、担保のない企業の価値を認める新しい規則をおつくりいただきたく存じます』

この手紙を見た黒澤は、担当にこの産業のアメリカでの状況などを調査させた。しばらく時間が経ってから、中尾は銀行の富山支店を通じて黒澤が一度会いたいといっているとの連絡を受けたのである。

黒澤との面談が叶い、光が差して来た

「上京の時に一度、お会いしたい」という連絡であった。黒澤は真剣に中尾の話を聞いてくれた。そして銀行側の調査結果も担当者から詳しく聞かせてもらった。

黒澤は「富山支店によく言っておきましょう。頑張って下さい」と激励してくれたという。

その後、興銀との取引が徐々に拡大していった。他行との取引も徐々に拡大していった。中尾はこの

時の興銀の担当部長、課長とその後長くつき合っているという。

中尾は、会社の多くの銀行からの借入れに対し、金岡と二人保証人となり、担当の中尾だけは田舎の山林や田畑を実家に頼んで担保に入れていた。

黒澤はその後、取締役になり、やがて頭取、会長になり、金融界きっての際派の論客として有名になっていく。

それから20年たって、黒澤は会長を退任するが、その際、富山に来て、取引先の集まりでお別れの挨拶をした。パーティーが終わった後で黒澤は中尾を応接室に呼び、あの時出した毛筆の手紙を返してくれたのである。何も言われなかったが、中尾は、こんな苦しい時もあったということを忘れるな、ということであろう、と勝手に思ったといっている。それから3か月後に黒澤は逝ってしまった。たった2、3回の面談で深いおつき合いがなくても生涯忘れ得ぬ人もある、と中尾はその叢書に書いている。

それでも、オイルショックの影響は深く、世の中はインテックのような独立系の情報産業には、厳しい状況が続いていた。先述したとおり、インテックが融資を受けていた金融機関は、数十行にも及んでいたのである。

インテック発展の姿を映す広報機関誌

中尾哲雄のことを書き始めて、すでに40頁になる。それでも、彼が行って来た社会貢献のほんの一部しか紹介できていない。

さて、彼から預かった資料を読み進めて行くと、とても興味深いことを発見した。中尾が「インテック」に正式入社し、経理担当兼経営企画室長になったのは、富山計算センターという社名がインテックに変わった年、昭和45年（１９７０）10月1日から3年後の昭和48年（１９７３）8月である。インテックには、毎月発行している『広報計算センター』という冊子があり、社内だけではなく、関係方面に広報宣伝活動の一環として配布されていたようだ。その第1号は、昭和42年（１９６７）1月20日の発行だ。富山計算センターを設立して3年目である。漸く売り上げも年間4千万円、利益も1百万円と黒字になっていた。６階建ての新社屋（地鉄ビル）も完成し、新入社員を20名以上採用。社員数も１００名近くになり、創立3周年を祝った時である。

この頃から、面白いほど事業が拡大して行った。こうしてインテックは、富山・新潟・名古屋に加え、仙台と大阪にも進出。上述のように、中尾が入社する3年後には、売上高が10倍の4億円、１３３名の新入社員が入社し社員数は５００名に達しようとしていた。

同時に、この広報誌の名前も「49号」すなわち昭和46年（１９７１）1月の発行号から、『インテックニュース』という名前に変わっていた。前の年に二代目社長に就任した、金岡幸二の発想だった。だが、これも31号（通算80号）で終わる。

「情報化社会」の始まり―インテックファミリーを引っ張った中尾哲雄

中尾は、その2年後の8月（昭和48年）に入社しているが（5年前に非常勤参与になっていた）、実はこの広報誌の名前が彼の入社2カ月後に、今度は『インテックファミリー』という名前に再度変わったのだ。毎年百名近い俊英の若者が入社するようになり、社員数は７００名にもなっていたからだろう。

だが、高度成長を誇ってきたわが国に、激変が訪れようとしていた。昭和48年（1973）10月の第四次中東戦争の勃発によるオイルショックである。社会学者の林雄二郎が、昭和44年（1969）に著した『情報化社会』が爆発的に売れ始め、6年後の堺屋太一の『油断！』と共に、それぞれ200万部を超すベストセラーとなった。

奇しくも、中尾哲雄はこのオイルショックの僅か2カ月前に入社した。ガソリンや電気料金などが、一挙にしかも大幅に値上がりし、トイレットペーパーの爆買いが起き、消費物価が高騰し国民生活を苦しめる。インテックも、資金調達には苦心したが、インターネットの普及は経済が混乱する中で、その必要性が逆に求められ、事業は寧ろ順調に進んで行っていた。

例えば、広報誌『インテックファミリー』98号（昭和51年（1976）元旦号）に、掲載されている。『新しい社風を』というタイトルで、概ね次のような記事が組まれている。

『創立13年目にもなると、インテックらしい風習やクセが生まれてきた。自由でのびのび、ちょっと下剋上的だが、自由にモノが言える風習。予算達成への意欲……だが、社長の旺盛な研究心・学究心が社風に出ていない。また、野性的なバイタリティと紳士ナイト的な面も欠けている。インテックはこれから、21世紀の企業らしく、もっと逞しい社風を創るべし』

私は、〝おや？〟と思った。中尾だけでなく、同じ紙面に紹介されている十数名の幹部、その元旦挨拶のタイトルには、以下の通り殆ど暗さは見られないのだ。

「はじめにコンピューターありき！」「シェアーの拡大を！」「龍の如く大きく飛躍！」「世界に羽ばたく企業へ成長を！」「世界に羽ばたく企業へ成長を！」「よりサービスの向上を目指して！」「不況時こ

そコンピューターの有効利用を！」云々……。

広報機関誌で早くからインテックのエースと報じられていた中尾哲雄

だが、時はオイルショックの真っ只中である。世間一般の状況は、そうではなかったのだ。昭和51～53年（１９７６～１９７８）に掛けて、ロッキード事件が世間の注目を集める中、企業の倒産が続発していた。昭和52年（１９７７）だけで、負債1千万円以上の倒産が1万８４７１件に及び、負債総額２兆９８０６億円。史上最悪の年と言われたのである。

私事に亘るので恐縮だが、この頃電力会社の中枢に居た私は、電気料金の値上げに翻弄され、過労でぶっ倒れた。救急車で運ばれ、50日間の入院生活を送ったことを思い出した次第だ。当時44才だった私の周囲の状況が今でも目に浮かぶ。新聞やテレビでは、インフレと一方では消費不況という話題が毎日のように報じられていた。

インテックの社員も、当然オイルショックの影響を受けていたのだろうが、上述のように彼らは経営の上に立つ者から新入社員まで、目の前の苦しさを気にせず、未来への輝かしい希望と夢の実現に向かって、前進して行ったのだ。そして、そういう「情報化社会」の寵児《インテックファミリー》を引っ張った中心人物は、経済と経営理論を身に付けた41才になったばかりの中尾だったようだ。

すなわち、不況の中で資金調達に苦心惨憺しながらも、顧客拡大に向け大いに活躍する彼の姿を捉えた『インテックのエース、中尾哲雄』という記事が、昭和52年（１９７７）８月発行の冊子に紹介されていた。内容を簡単に紹介しよう。

『産業界が経営体質の転換を迫られている現在、当社のリードオフマンぶりを期待されているのが、中尾経理部長兼経営管理室長である。（中略）48年当社に入社以来、資金・財務管理・経営計画・予算管理などに敏腕を振るっている。（中略）当社入社後も富山県青年会議所副会長などを務め、現在も知事の諮問機関である富山県産業構造審議会委員、県教育委員長代理等に学識経験者として名を連ねており、「知的集団」を自負するインテックマンにふさわしい人材といえる。かつて高校時代には健康に恵まれず、いろいろな面で挫折感をなめ、以後健康には特に気を使い、近年極めて快調で、現在も当社野球部の主戦投手として活躍している。（以下略）』

予想通りの中尾新社長の登場

彼は、すでに紹介したように前述の記事が出た翌年の昭和53年（1978）6月、42才の若さで取締役に抜擢される。さらにその後、昭和59年（1984）5月、48才で常務取締役、平成2年（1990）6月、54才で代表取締役専務に就任している。

中尾が取締役に抜擢された頃のわが国は、苦しみの中にあった。インテックの事業活動にも少なからず影響が出てきた。彼は、正に社長と同じ会社経営の代表者として、従業員を鼓舞し引っ張って行く立場に立たされていた。同時に、社外の公職、特に情報通信事業会を代表して中央政府の諮問機関などの、要職を任されるようになる。さらに、例えば富山経済同友会の副代表幹事などの、社会貢献活動にも一層力を入れ始めていた。

そして、専務としてインテック発展のため力を注いでいた平成5年（1993）7月のことである。

インテック常務取締役時代にスイスへ資金調達へ行った中尾哲雄氏

前の日まで、元気に事業の未来を語っていたという67才の社長金岡幸二が、突然脳内出血で逝ってしまった。

当時の新聞や雑誌には、『インテック社員が誰一人として、予想もしなかった急変劇』と書いている。

思いもしなかった金岡の突然死に遭遇し、急遽中尾は社長に選任された。いずれは社長にと、内外から思われていたが、あまりにも急なことであった。

社長会長30年間の成果

前述したように、二代目社長金岡幸二の急逝は、「インテック社員の誰一人として予想しなかった急変劇」だった。そして、かねてからインテックのエースと言われてきた中尾哲雄が急遽社長に就任した。平成5年（1993）8月の新聞には、自民党の長期政権が断たれ、細川連立内閣が同じ年の5月に誕生したことと併せ、「新たな風が吹く」と評したものもあった。

その細川内閣は、僅か8カ月の短命に終わるが、中尾は社長として11年、更に会長として10年、計21年間に亘りインテックのトップリーダーシップとして、同社を富山一の大企業に発展させたのである。また、従業員も5千名以上に増え、地元の雇用に実に大きく貢献した。正に表題のように、「渾身の社会貢献こそ生涯現役の価値ありという達人」なのだ。

わが国の政治のリーダーは、中尾が社長の11年間に、細川・羽田・村山・橋本・小渕・森・小泉と7

人。会長10年間にもまた、小泉・安倍・福田・麻生・鳩山・菅・野田と同じく７人である。政治の舵取りがこれ程頻繁に交代するのは、好ましくない。

企業も同じだ。経営が上昇し安定するまでの間、トップリーダーも安定的でなければ、目標や目的達成はなかなか難しい。ただ今日のようにグローバルな激変する経済情勢下では、経営改革やイノベーションが常に求められるため、経営トップは４～６年で交代することが多くなってきた。

だが、ここは中尾哲雄の話であり、その21年間の経緯と成果を、グッと縮め端折りながら、以下具体的に同社の社報などを参考に綴ってみる。

インテック40周年の歴史に見る中尾哲雄

中尾が社長に就任して10年目、すなわち平成15年（２００３）１月11日、インテックの創業40周年の祝賀行事が、お世話になった約７００社の代表者等多くの関係者を招待し、盛大に行われた。歴史を綴る「社報」を読むと、中尾は大変な偉業を成し遂げてきたのだなと、つくづく感じ入った。

第一に、「新社長の個性とパワー」と題する、社長就任３カ月後の平成５年（１９９３）11月に発行された特集が目に付いた。

「中尾カラーは何か？」と聞かれ、率直に『人間中心の会社です。ですから、人間を尊重する施策を取る、そういう社風を作り上げていく』と明確に答えている。プロ野球の星野仙一、シティ・コープ会長のジョン・リード等著名人達の、「インテック希望の星」という期待の声が紹介されているが、ここでは岡田理奈という若い社員の声を、紹介しよう。

『新人研修会の時、みんな緊張していました。だが、社長の講演が始まった瞬間、会場は笑いの渦と化し緊張が吹き飛びました。ユーモラスなセンスをお持ちで、周りを和やかな雰囲気に包んでくれる方だなという印象をうけました。（中略）厳しい社会状況ですが、社長と共に私たちも頑張ります』

このように、如何にも全社員を取り纏め、引っ張って行かねばならない立場に立った中尾の、社員を大事にする姿勢がそのまま現れていている。以下同社の社報を中心に、彼の『新入社員挨拶』と『年頭所感・社長訓示』の2点に絞ってポイントを紹介しよう。

大型ソフト開発のイノベーションを意識した初期3年間

この会社が富山計算センターとして、企業や自治体の計算業務を受託することを目的に発足した時は、設備はＵＮＩＶＡＣ60／１２０の１台のみ、従業員は男女17名の新入社員、株主数18名、資本金は１千万円だった。しかし、それから29年を経て中尾が社長に就任した平成５年（１９９３）には、従業員は１００倍以上の３０００名、売上高も50倍の５８４億円、全国に事業所が10カ所というように大きく成長していた。このとき中尾は、これからの３年間がより一層インテックという会社が、本格的に社会に貢献していくべき時代が来たと、確信していたようだ。それは「大型ソフトウエアー」が開発され、新たな情報通信時代がやってくるということであった。このため、毎年１００~２００名の新入社員を採用し、総従業員数が４、５千名にまで増加していた状況を踏まえ、中尾が「新入社員」に語り掛けた言葉と全従業員への「年頭所感」は、以下の通りだった。

＊「この会社に誇りを持ち、〝感動的な人生〟を築くべし」（１９９４年４月入社式）

＊「今年は〝ソリューション・ビジネス元年〟、お客様とのふれあいをさらに大切にすべし」（1995年1月年頭所感）

この前年組織改革を行い、事業本部制を敷いている。

＊「世代際化」を図り、人的ネットワークを広げよう。（1996年4月入社式）新入社員と40～50代の先輩たちとの幅広い交流を求めている。

＊「大空のような『高い理想』『大きな目標』『広い心』で、生き方を考える人間になろう」（1997年4月入社式）

東証・名証1部に上場、さらに「総合IT産業」へ躍進

既に、1986年東証と名証の1部に上場を果たしており、国内外に十二分に名前が知られ、事業拡大のチャンスも増えつつあった。このチャンスを生かし、中尾はそれからの5～6年間を「第二創業の時」であり、『総合IT産業』に成長させなければならないと考えた。社報を見るとその証拠が、以下のように新入社員の入社式や年頭訓示などに示されている。

＊組織の力の源泉は『愛と連帯』、個人も企業の自らのアイデンティティーを確立しよう。平成10年（1998）4月3日入社式。

同年5月にインテックコミュニケーションズを設立し、「より高いネットワークソリューションによるサービスを提供していきます」ということを、内外に発表したと述べている。（1998年5月21日同社社報特別号）

インテック会長時「中華民国中華民国工商協進会」国際事務委員会の顧問として会合に参加した中尾夫妻

＊35周年を迎え、一億総悲観論を排しわが国再生のために努力しよう。平成11年（1999）1月11日の社長年頭所感。

中尾社長は、「わが国が生き残るためには経済の活況が絶対に必要。その鍵を握っているのは、インテックのような情報産業の発展だ。わが社が成長しなければ、日本は生き残れない」と、悲観論を吹き飛ばす発言をしている。

＊Hardwork, Footwork, Teamwork —今必要なのはマインドだ。平成12年（2000）1月11日社長の年頭所感。

＊Change for the Future —変化は力だ。平成13年（2001）4月11日入社式。中尾社長は241名の新入社員に、「信頼を通わせ、存在する国際人になれ」と述べている。

＊変化を企業体質とし、元気と勇気と創意をもって、根気強く前進しよう。平成14年（2002）1月11日年頭所感。

＊今年、IT投資が動き出す―目標に向かい前進。平成15年（2003）1月15日年頭所感。

＊新たなる航海―固い連帯感を。平成16年（2004）1月16日年頭所感。

第二創業期の基礎固め完成と新たな挑戦の始まり―中尾哲雄、会長へ！

「新しい年を迎えるに当たり―40年の歴史に自信と誇りをもとう」これは、中尾が社長に就任して12年目後3カ月で69才の誕生日を迎える、その年平成17年（2005）1月14日に行った年頭所感を報じた社報の見出し記事である。

彼はこの年の4月からインテックグループの代表取締役会長ＣＥＯとして7年間を務めた。会長を辞任後も3年間、最高顧問として社長以下の相談相手となり、今から2年前の平成27年（２０１５）3月末79才で惜しまれながらインテックを引退した。

しかし、彼の社会貢献活動は今も健在だ。

インテック創業第2期を達成し２００５年に会長就任

インテック創業期に金岡社長の片腕として社の発展に貢献した中尾は、創業第2期といわれる12年間を社長として渾身のリーダーシップをもって大企業に成長させた。平成17年（２００５）4月、69歳で後任の社長にニューヨーク支店長を長く務めた宮地秀明を選び、自分は会長に就任した。わが国が21世紀に入り、高度成熟国家となって様々な課題に直面しつつあるときだった。

この年の世情について、述べておこう。8月に行われた参議院で郵政民営化法案が否決され選挙で与党自民党が大勝し、第3次小泉内閣の誕生となる。こうして郵政民営化法、道路公団民営化法等が成立する。企業にとっては、大変重要な会社法が成立したのも、この年の6月であった。

一方、日本の人口の自然減がこの年から始まる中、小泉首相が靖国神社を参拝したことなどから、中国で反日デモが激化。国内では、2月に中部国際空港が開港し、3月愛知万博が開幕するが、その5日前の3月20日に福岡で震度6弱の福岡西方沖地震発生。4月には、１００名以上の犠牲者を出した、ＪＲ西日本福知山線の脱線事故の悲劇が起きている。

2005年「とやま起業未来塾」開校を祝って（左から初代塾長の中尾哲雄氏、富山県知事の石井隆一氏、塾頭の一柳良雄氏）

そのような中で、嬉しいニュースも在った。モントリオールで開催された世界水泳選手権で、金メダルは無かったものの日本が12個のメダルを獲得し、翌年2月に開催されたトリノオリンピックのフィギュアスケートで荒川静香が、金メダルを獲得。そして、福岡にわが国3番目となる国立博物館が10月に開館し、11月には歌舞伎が無形文化遺産に登録された。

しかし、平成17年のこの年、11月にG7は円安を容認。その余波で、みずほ証券が巨大損失を計上し、ライブドアショックなど日本経済不安の予兆が生じつつあった。

中尾哲雄、経営者賞を受賞

そうした中、ビジネス誌『財界』が、日本経済を引っ張る企業を公正な審査の上に表彰する「経営者賞」受賞者の中に、当時インテックホールディングスの会長兼社長だった中尾の名前が在った。同時に受賞した中には、後に日本経済団体連会長となる住友化学社長（当時）の米倉弘昌がいた。また同時に、作家の倉本聰が財界賞特別賞を受賞している。審査員は、堺屋太一審査委員長以下、各界の著名な有識者である。これら審査員の中尾評は次の通りであり、満場一致で推薦したと述べている。

『越中富山に本拠を置く情報システム・通信サービスの大手。置き薬の売薬人たちが江戸時代から掲げてきた商法である「先に用いていただいて後で利益をいただく」という「先用後利」の精神で全国展開をはかり、地域振興に尽力している。また中尾はわが国の通信サービス業界の会長を10年にわたって務めている。中尾は地域おこしについては永年にわたり多方面で貢献しているが、富山市が進めた次世代路面電車、ライトレールの導入についても尽力。中央との格差が叫ばれる中、富山から世界に向けている姿が評価された。』

富山を豊かにするのは「心の豊かさ」と頑張る

こうして中尾は、平成27年（２０１５）３月まで、インテックの最高経営責任者、最高顧問として務めてきた。

若手経営者育成のための中尾経営塾を開き、富山市と郷里の魚津市で熱心に若手の育成に力を注ぎ、また県の起業未来塾の初代塾長も務めている。さらには、富山県立大学の客員教授としても活躍している。

これらが認められて、藍綬褒章、旭日中綬章、そして前島密賞など多くの賞を受け、故郷魚津市と富山市の両市の名誉市民に推戴されている。

多くの活動の中でユニークなのは、「昭和の日」である。４月29日、天皇誕生日が「みどりの日」になった時から運動し、全国の理事長として「昭和の日」の実現に成功した。

富山青年会議所が発行している機関誌『kakehashi』の平成25年（２０１３）発行号の中で、当時の理事長高田健との対談記事の一部を紹介しておこう。

高田理事長の「富山は豊か過ぎて、みんなその豊かさに気付いていていない。中尾先輩はどう思われますか?」という問いに、中尾は以下のように応えている。

『豊かな富山って何ですかね。私が言う豊かさは、（中略）「心の豊かさ」です。青年会議所に、心の豊かなメンバーが沢山いたら豊かな青年会議所に成ります。心の豊かな県民が沢山いたら、豊かな県になる。そして、経営者が元気じゃないと駄目。青年会議所はもっと地域問題に注目して活動して貰いたいですね。（中略）忙しいというけれど、時間というのは無限。富山の豊かさは、東京などのせっかちな場所と違って、時間の豊かさでもあると思う。その時間をもっとうまく使って、本当に成長する富山を若い力を結集して作ろうではないですか。（以下略）』

アイザックの最高顧問で現役―日本海沿岸地域経済同友会代表幹事サミットも

平成27年（２０１５）３月、中尾から、「インテックは退任するけど現役を続けるつもりだ」という電話があった。15年も代表幹事をした経済同友会や郷里に本社がある「株式会社アイザック」の事業などである。

先ず、同友会の話。一昨年の7月、福岡同友会代表幹事の貫正義（九電会長）から同友会の仕事、手伝ってほしいと電話があった。それが10年前、〝日本海側の力を示そう〟という、中尾の提案で始まった上述の日本海沿岸地域経済同友会代表幹事サミットである。この年の山形サミットで来年は「福岡」で開催することが、リーダー役の中尾の提案で決まったという。その折、彼が貫に私との朋友関係を話したのであろう。それにしても中尾の広い人脈は驚きだ。福岡では中尾と大いに旧交を温めることができた。その後もこのサミットはしっかり続いている。

この夏も中尾は富山県の教員をつれて海外に出かけている。中尾の県への寄付によってこの先生の海外教育視察は8年も続いている。

また、中尾はロータリークラブの繁栄にも大きく貢献している。

今年で日本にロータリークラブが出来て100年になるが、この間ロータリーの発展に顕著な活動をした者として、100人の1人に中尾は選ばれたのである。

最後に株式会社アイザックについて述べておこう。彼は今この会社の取締役最高顧問である。日本海に面した富山県魚津市に、戦後の混乱期を乗り越えた一人の若者が、昭和28年（1953）、ファスナー用木箱を製造する「石﨑製函所」を設立した。石﨑由夫という33歳の多情多感なこの町のリーダー的青年である。〝この町を豊かにしたい〟という願いを込めて、彼は10年後の昭和38年（1963）には「段ボールの加工とアルミサッシの加工販売」、さらに次の10年後には産業廃棄物処理の本格展開を始めた。それぞれを拡大し、イノベーションを実施して、今やアイザックグループの売上高は300億円、従業員は一千人近くに成長している。2代目の石﨑由則は中尾の盟友であり、次々と事業所を拡大している。「地域に貢献し、従業員が心豊かな会社にしたい」というのが石﨑社長の理念であり、中尾の理想としてきたことと一致している。

この会社が17年前に開業した、神通川沿いに在る「雅樂倶」という水と緑を配した極上の温泉ホテルに先日宿泊した。支配人に、紹介したいブランドは何かと聞いてみた。即座に《美術館のようなホテル》そして、《拘りの料理》という答えが返ってきた。読者にも是非ご紹介したい。ひょっとすると、80歳を越え益々元気な中尾が、素晴らしい笑顔で出迎えてくれるかもしれない。

第7編

前 株式会社博多座代表取締役社長（現取締役相談役）芦塚 日出美 氏

電力から道州制&博多文化を懸命に追求する達人

【この編に登場する方々】（順不同・敬称略）

芦塚日出美　芦塚繁美　石原進　水戸岡鋭治　大野茂　鎌田迪貞　松尾新吾　寿柳恵美子　芦塚末太郎　芦塚繁美　芦塚文美　芦塚美穂　芦塚聡美　芦塚慈美　芦塚美子　理美子　野中　飯水　中田部長　南（電発）広村　アユレ総裁（ＥＤＦ）平松知事　馬場迫課長　都築次長　豊島副社長　安倍首相　江口ＰＨＰ所長　増田総務大臣　ドゴール　ポンピドー　ミッテラン　シラク　サルコジ　マシュノー副総裁（ＥＤＦ）ロビンソン社長　サッチャー　新関輝夫　鯉川　聡　長尾亜夫会長　川崎社長　寺崎社長　中元社長　真部社長　尾上菊五郎　松山良一　ジャニーズ　武田鉄也　浅野温子　石川さゆり　大地真央　中村梅雀　北島三郎

〔歴史上の人物〕

アルフレッド・シスレー　芦塚興之助　ルノアール　ピサロ　ナポレオン　Ｓ・ジョンソン　ボズウエル　フェルメール　七代目市川団十郎　川上音二郎　水戸黄門

電力から道州制を、そして博多文化を懸命に追求する達人

博多座社長7年間、77才の芦塚日出美

芦塚日出美は、平成29年6月末まで7年間、全国的にも著名な演劇場「株式会社博多座」の代表取締役社長を務めた人物である。後ほど詳しく述べるが、彼が福岡で生まれたのは、7が付く日の昭和14年(1939)12月27日。よって、現在77才。

このように私が拘りの数字を並べている訳は、何しろ日本人に取って7は、ラッキーセブンと称される、縁起の良い数字だからだ。

そして、その7セブンが重なるのは、特別に目出度いことなのだ。そういうタイミングで、また一人の人物を取り挙げさせて貰う私も、嬉しくて筆が一層弾むという次第である。

これは全くの思い付きであるが、芦塚が生まれた12月27日に、歴史上どのような出来事があったのか、文献に従い拾ってみた。すると、明治維新以降のことだが、日本の歴史にとって重要な、いくつか出来事があることが分かった。

*明治4年(1871)新紙幣発行を布告、東京府下に地租課税を布告。
*明治17年(1884)火薬取締規則・爆発物取締罰則制定
*大正元年(1912)第30回帝国議会開会(この年、明治45年9月13日明治天皇崩御)
*昭和12年(1937)満州重工業開発会社設立

＊昭和20年（１９４５）プレッツンウッズ国際通貨協定発効
＊昭和21年（１９４６）石炭・鉄鋼を増産する傾斜生産方式を閣議決定
＊昭和33年（１９５８）国民健康保険法公布
＊昭和35年（１９６０）所得倍増計画（高度成長政策）閣議決定
＊昭和42年（１９６７）第58回通常国会開会（小笠原返還日米合意を承認）
＊昭和44年（１９６９）第32回総選挙で自民党圧勝（第二次佐藤栄作内閣）
＊昭和53年（１９７８）税制調査会、１９８０年からの消費税実施答申…等々

一族も知人も医師、だが芦塚日出美は電力へ

ところで、これまた後ほど詳しく述べるが、彼の兄弟や大学時代の友人・知人の殆どが、医師である。それにも拘らず、彼は生まれる前から、医者ではなく電力の仕事に生涯を捧げる運命だったのかもしれないと思った。

確実な根拠が在るわけではないが、先ず先ほどのように芦塚が生まれた昭和14年12月27日の前後には、日本の運命に結び付く出来事が生じているのである。

前年の４月には、電力国家管理法が施行された。

それは、全国に数多く在った民間電力会社が、一つに統合されるという、大きな変動だった。その変動を受けたのが、九州水力電気という会社に勤めていた、芦塚の厳父の繁美だった。その激動の状況を、芦塚は母親である恵美子のお腹の中で本能的に感じていたのではないだろうか。

最近、彼とじっくり懇談する機会があったが、『大学（九州大学）に進学する時、当初は医学部に行こうと思っていましたが、結局工学部にしました』と明かしてくれた。就職先を決める際も、主任教授から『君が、九電に行かなくてどうする』と言われたという。こうして彼は、電力会社へ入社し、大活躍することになる。

彼の活躍ぶりを調べ、本人からじっくり話を聞いていると、それは単に電力会社の事業が「電気をお客さんに安定安全に届ける」、ということだけでないことが良く分かった。

電力会社の仕事は、幅広く地域社会と国家に社会貢献を果たしていくという、大きな使命を負っていることが良く分かるのである。それは、彼が国家の大事業に繋がる「道州制」の実現のために、先輩たちと共に真剣に取り組んだということが一つ。次いで、情報通信事業に取り組んだことも重要だ。さらに、持ち前の文化文芸に対する理解と実行力、そして鋭い経営能力を生かして、「株式会社博多座」の立て直しに真剣に取り組んで来たことである。

フランスに留学した国際人、芦塚日出美

今回はこれから紹介する人物の紹介編であるから、何を書くか…もう二つ程、述べておこう。

先ず一つは、彼は九州電力に入社して間もなく、フランスに留学している。電気事業は、人間の体で言えば、神経系統が安定的に存在し機能していることが何としても必要だが、電気事業も全く同じである。

送電線や配電線に象徴されるように、発電所で生産された電気を、確実にお客さんに届けるには、《系

統運用》ということが、とても大切なのである。

フランス留学前に芦塚は、上司から「しっかり学んで来い」と言われたのではなく、「国際人になるべく見聞を広めてこい」と言われた。

これまた、後で詳しく述べるが、華やかな首都パリの歴史・文化・芸術に魅了されたとともに、印象派画家シスレーが晩年を過ごした地フランスの田舎モレ・シュル・ロワン村などに魅了された。

その経験が、彼の人格形成に大きく影響したことは言うまでもない。

そう言えば、以前、同じくこの随筆で紹介した、ＪＲ九州相談役でＮＨＫの経営委員長や九州観光推進機構の会長など要職を務めている石原進も、東京大学法学部を卒業し、当時の国鉄に入社した頃、芦塚と同じくフランスに留学しているが、やはり南仏に近い自然豊かな田舎町で、優れた西洋文化を体験して来たという。

その成果が、何十年か後に現れてくる。例えば、ＪＲ九州に新幹線を導入し、また全国に先駆けて「豪華列車ななつ星·ｉｎ九州」を誕生させる。その鍵を握る列車のデザイナーとして水戸岡鋭治を抜擢したのは、石原が若き日にフランス留学で得た、何物にも代えがたい西洋文化が関係しているのではないかと、私は勝手に考えている。

似て非なることが、おそらく芦塚にもあると思っている。

三人のトップに仕えた芦塚日出美

もう一つ、この際是非この随筆で紹介したいと思っていることがある。それは、フランス留学から帰国後のことになる。

会社経営の中枢部に当たる、企画部門に一貫して所属し、経営者の事業活動に関する補佐を担当してきた芦塚が、三代のトップ経営者を補佐して、規制緩和や電力自由化の波が来る中、海外の電力会社などとの国際交流や事業を推進してきたことである。

まず、大野茂社長の時代、芦塚は部長級だったが、フランスの電力会社「ＥＤＦ」との定期交流を始めた。

次いで、鎌田迪貞社長の時に取締役だった彼は、電力自由化への対応のため、スコットランドの電力会社などと親密な交流や、東アジア環太平洋電力会社社会議の日本代表幹事会社を引き受け、アジア各国との交流やＩＰＰ事業を始めた。

さらに三人目の松尾新吾社長の時、彼は副社長として社業を補佐すると共に、松尾氏の意思を引き継ぎ、福岡経済同友会の代表幹事となって、欧州型の「地域主権の道州制」の実現に向け、九州および中央で活躍したのである。

これらのことが、大いに評価されるのは立場や内容は全く異なるが、若いころの海外留学によって得られた豊富な国際的文化という英知を、何十年かの後に、発揮することができたからだろうと、私は思っている次第だ。

こうしたことも、是非具体的に紹介していくつもりだ。

では先ず、芦塚日出美の生まれた頃の逸話等から、紹介することにする。

長崎・伊佐早武士の末裔、芦塚日出美

さて、厳父と同じ電気事業に身を投じた芦塚日出美だが、彼の風貌からひょっとすると家系は武士ではないかと直感して、懇談の折りに尋ねてみた。すると、私の直感通りだった。

「戦国時代から武士の流れを汲んでいます」という応えが返って来た。

彼の説明によると、長崎の「諫早」は、昔は「伊佐早」と書いたそうだ。その地の城主であった西郷氏に仕えた、芦塚一族は、明治維新までこの地に勢力を張っていたという。特に筆したいのは、幕末の頃の芦塚興之助という人物だ。この人が、芦塚日出美の直系先祖で、美男子の誉高かったという。だが、男前であったがために、不運であった。何とも殿様の奥方に大層気に入られたそうだ。そのことがもとで、「殿様に申し訳ない」と自害して果てたという。歌舞伎の演目になるような実話だと、幼児の頃に祖父の芦塚末太郎から何度も聞かされた。後ほど触れるが、彼が博多座の社長になったのも、何やら血筋としてのことと間接的ながら、繋がっているのかも知れないと思った。

一方、彼の母方「寿柳家」だが、同じ諫早（現在の長崎県諫早市高来町湯江）で、苗字帯刀を許されたほどの庄屋（大地主）であった。同時に、学問所を兼務していたという。その一家の才媛の恵美子は、東京の高等女学校を卒業後、幼稚園の先生をしていたが、芦塚末太郎の長男繁美と結婚した。正に、裕福な家庭同士の理想の夫婦の誕生だった。

しかも何とも二人は、いとこ同士だったそうだ。父の繁美は長崎高等商業（現在の長崎大学）に学んだ溌溂とした若者で、九州水力電気株式会社の本社に勤務する、今でいうエリートビジネスマンである。

結婚後は福岡市にある社宅で暮らした。そこで、長男として出生したのが日出美である。昭和14年（1939）12月27日のことだ。前回既に述べたように、太平洋戦争が始まる2年前、日本の歴史が急回転し始める嵐の直前だった。

両親と日出美（3歳）

「美」を好む芦塚〝医療〟一族

昭和16年（1941）12月8日に戦争が始まると、芦塚家にも変動が生じる。国家総動員法の下、父親の繁美が勤める九州水力電気が、全国を統括する唯一つの国営「日本発送電株式会社」に、吸収合併を強制された。それだけではなく、繁美に赤紙が来たのだった。妻子を残し「勝って来るぞと勇ましく」という軍歌に送られて、北支戦線（満州）に出征して行った。

残された母親恵美子は、3歳になったばかりの日出美を連れて、祖父母が住む郷里の諫早の湯江に移り住んだ。

ところで、芦塚の話を聞いていると面白いことに気付いた。出征していった父親が繁「美」で、母親が恵「美」子。長男の本人が日出「美」。皮膚科の医師になり、現在も諫早駅前で開業医をしている彼の弟が文「美」（ふみよし）。さらに、日出美の奥さんの名前が、何とこれまた「美」穂である。二人の娘も、九州大学病院の眼科医局に勤める長女が聡「美」、同じく歯科医局の次女が慈「美」…と全て名前に《美》が付いている。まだあるのだ。日出美の妹が、「美」子と理「美」子と徹底している。

これほどまでに「美」、すなわち英語で言えば、《アート》という字に拘っている一家があることに驚いて、読者の方々に紹介したいと思った次第だ。

「アート」を解してこそ、リーダーも医師も資格が在る

芦塚日出美の両親は、よほど「美」に拘りが在ったのだろう。その精神を受け継いで、長男の日出美は上述のように、我が子にも《美》を付けたのである。

閑話休題…私がそのことを是非紹介したいというのは、単に珍しいと言うだけでなく、ある重要な理由があるからだ。その理由とは何か、何故拘るのかと言えば、それは第一に今の日本に取って最も重要且つ必要なことだからだ。すなわち、これほどまでに市場経済のシステムが成熟化し、かつ高度化した状況下においては、単にコンピューターと人工知能を駆使するようなスキルを身に付けるだけでは、グローバルな競争には勝てない。ではどうするか…それが、端的に言えば《美》と繋がった話である。すなわち単にビジネスの場合だけでなく、あらゆる組織のリーダーは、「アート」を是非とも学び、それによって優れた『感性』の持ち主に成るように、「心のスキルを磨くこと」がとても大切だということを、私は言いたいのだ。

第二に、同じことが医療関係者にも絶対に必要なのだ。《美》を追求する「アート」を学ぶことが、患者さんを診る医師たちの「心の大切な道具立て」なのである。殆ど医師である芦塚一家が、《美》を好む理由が良く分かる。つい最近１０５才の長寿で亡くなられた日野原翁は、『医学はサイエンスに基づくアートである』を座右の銘にしていたと書いている。（日本経済新聞「私の履歴書」）病室を訪れ患

者に接するとき、《美》を意識し常に笑顔を絶やさず、綺麗なアート創りに心掛けたというのは、有名な話である。

残念だが、毎日の新聞やテレビのニュースが伝えるのは、グローバルな超情報化の世の中を意識し、政治家も役人も、またビジネスパーソンも、全て目の前の競争に打ち勝つためIoTやAIに頼った改革こそ必要だと、懸命に喧伝しているのが実態である。しかし、海外の著名大学が「アート」を必修科目にしているのを見ても分かる通り、美しさの発見こそあらゆる価値の根源である。わが国を引っ張るリーダーたちが、その感性を磨く努力をしなければ、日本沈没を招きかねない。もちろん最近では漸く、大手企業の中には海外留学などの折、「アート」を学んでくることを義務付けるところも出てきたようである。

こうした意味で、《美》を大切にする芦塚一家の素晴らしさを、ことさらに強調したかった次第である。そのアートの感性は、長崎の自然と文化にも導かれて育った日出美の本性とどうやら一致するようだ。彼は小中学校時代に、リーダーとして演劇や弁論などで学校を代表して活躍するようになっていたのである。

長崎の小・中学校で文化文芸に大活躍

日出美が入学した諫早の湯江小学校は、背後に名勝「轟の滝」や「多良岳」が在る。また目の前には、雄大な有明の海と雲仙岳がある。言うまでもなく、世の中は風雲急を告げる状況だったが、日出美たち子供は戦争の不安などそっちのけで、大自然の中を駆けずり回るのが日課だった。その中で日出美は才覚を生かし、いつの間にかリーダー格になっていたのだった。それだけでは満足しない日出美は、三度笠を片手に大人の輪の中に入り、踊りに熱中していたという。また、祖父母の家には蓄音機があったため、その蓄音機で、大人たちが楽しんでいる「メリーウイドウ」や「巴里の屋根の下」などの、映画音楽を一緒になって聞いていた。

また優れた才能を持つ彼は、小学校6年生の時、学業成績が特に優秀だという理由で、県知事から賞状を貰っている。そのため、周りの薦めもあり、諫早を離れて長崎市内の桜馬場中学に入学した。すると彼は、中学でも選抜されて演劇部と弁論部に所属し練習に励んだ。彼の感性は、大きな劇場などで喝采を浴びる喜びを刺激し、将来は一角のリーダーになりたいという夢を膨らませていったのである。

精神的に大人っぽく、かつリーダー的存在に

日本の敗戦から1年後、北支戦線に出征していた父親の芦塚繁美が無事復員復職し、九州配電株式会社長崎支店に勤めることになった。

当時諫早の実家から、通勤するのは無理だとして、父の繁美は今でいう単身赴任をしていた。そこで、前述の通り小さな弟妹と暮らす母親の懐から離れ、父のいる学術文化の香り高い市内の桜馬場中学に入学したのである。

親元を離れ、伯母（松角家）の家に下宿していた日出美は、自宅から学校に通っている友達に対し一種の優越感（?）が生まれたのであろうか、日出美をリーダー心に駆り立てたようだ。歩き方や態度も大人っぽくなっていったという。例えば、どんな具合に？　と聞くと、

「帽子を被り、学生服に真っ白の肩掛けカバン、それに高下駄履きですよ。そんな姿で、歴史と文化がいっぱい詰まった異国情緒の在る石畳を、カランコロンと気持ちよく鳴らしながら、良い気になっていましたね」

彼の話によると、先生から選抜されて弁論部兼演劇部に入部させられ、演劇部では主役となって活躍。「中学生で大劇場ですよ。緊張しました。しかし、失敗して喝采されることもありました。スポットライトは心地良いものでした」と、言いながら彼は笑顔になった。

しかし、彼が中学3年生に成って間もなく、一家は長崎から福岡に転居することになったのである。子供の日出美たちには、何故だかよく分からなかったが、その頃は国営の日本発電株式会社が解体され日本全国9つに分けられ、民営の電力会社になっていた。

修猷館と九大が育ててくれた〝アート心〟のめばえ

父親繁美は福岡市にある九州電力の本社に勤務することになり、市内の社宅に家族全員が落ち着いた。こうして、日出美は中学3年の2学期から、福岡市の当仁中学校に転校した。

すでに高校受験の時期であり、彼は当地の名門校、修猷館に進んだことが、彼の名前の《美》に繋がる「アート」の扉が開き、始まることになるのである。

修猷館高校の校風は質実剛健。同時に、『自分の道を見極めて大きく育て』というように、自由闊達なところがある。例えば、ガリ勉型は軽蔑される。よって、テストの直前であっても、よく遊ぶ。さらに運動会や文化祭に力を入れる者が、畏敬の目で見られる。よって日出美は、体育祭では目立ちたがり屋の仮装行列で皆を笑わせることに精を出し、文化祭の英語劇「若草物語」では格好良さを見せる練習に励んだという。

テストの後では、決まって仲間で連れ立って映画館に「洋画」を見に行ったそうである。

「当時、未知の世界、特に西洋の文化や米国発ミュージカル映画等にあこがれましてね。以来、いつか世界各国を見聞したい夢がふくらんできましたね」

これは、言ってみれば欧米の教育で大切だとされている「アート」を学べということを、実践していたのかもしれない、と私は結論付けてみている。

高校卒業後に九州大学に進んだ日出美は、ある種の「アート」を実践する境遇に一層恵まれることになる。自宅の直ぐ傍に、大学が在ったからだ。

医学部でなく工学部へ――我が家はマージャンクラブ？　音楽クラブ？

すでに述べたように、芦塚一族は、日出美の父親以外は、ほとんどが医師である。日出美が医学部に進んだとしても不思議ではない。

聞いてみると、「高校2年の頃までは、友達にも医学部に進むつもりだと話をしていました」と。では、どうして心変りがして工学部に進んだのか。日出美の親しい年上の従兄弟の中に、「これからは日本を引っ張るのは、医者ではなく技術家だ。そのためには、君は工学部に行くべし」と、会う度にしきりに説く者がいたという。「君の父親もお医者さんではなく、電力マンではないではないか」とも言ったという。確かに当時の日本は高度成長期であり、日出美も、成るほどそうだと思ったという。こうして、九大への進学は医学部でなく、工学部に。そして、電気工学科を専攻した。

大学に入学すると、当然のことながら前期2年間は教養課程である。その教養課程の建物が、幸か不幸か日出美が住む家の横に広がっていた。

大学の友人を自宅に招くのは、当然の成り行きだった。要するに、大学生の溜まり場が生まれたのだ。麻雀、音楽……何でも在り。それが、毎日のように夜まで続く。工学部本科は実験などで、日出美の帰宅は遅い。彼が自宅に帰ってみると、既に麻雀卓が出来上がっている。高校時代からの多数の友人も当然のような顔をして居るような有様である。

九大電気科の仲間

自宅を「溜まり場」に解放した両親

そうしたことを、殆ど気にせず世話してくれた母親は、やさしかったと思う。普通の家庭でも、たまに自宅を多情多感な学生たちに開放することも在るだろう。ところが、芦塚家の場合は、週末、夏休みなど殆ど毎日である。

人間は、それぞれが違った価値観や考え方を持ち生きている。だから、こうした友人たちとの交流こそ、これからの日出美の人生にとって必要であり、とても重要なことだと両親は考えていたに違いない。母親は、何時も親子丼やカレーライスを振舞った。マージャンと芸事好きだった父親は、深夜まで続く麻雀牌の音に、熟睡できなかっただろう。だが、嫌な顔もせず時には顔を出し、「どうか、調子は?」

などと声を掛けるものだから、友人達は、自宅同然の居心地の良さを感じていたようだ。

中には、音楽が大好きな者が多かった。ロックが流行っていた頃だった。芦塚家から昼間はレコードが大音響を出していた。ダンスの練習もする。それには、目的が在った。彼らは、大学の運動部の資金稼ぎの、ダンスパーティーに協力するという理由だが、実は中・高の同級生の女性グループとの社交の場だったのである。「パーティーの後も森永キャンデイズストアのジュークボックスにたむろして映画の話に花をさかせるとか『アメリカの青春グラフィティー』でした」

「やっぱり、アートですね」というと、彼がにこりとして「アートといえるでしょうか、しかし何事にも胸がふくらむ、バラ色の時代でしたね」と述べた。彼に取って、楽しく有意義であった大学生活も終わりが近づき、さていよいよ就職活動の時期が来た。

九州電力に入社し「上椎葉大学」へ

楽しかった大学生活も終わり、さていよいよ就職の時期が来た。従兄弟から、「これからの日本を引っ張るのは、医者でなく技術家だ」と強烈に薦められ、九州大学工学部電気工学科に進んでいた。なんとなく電力会社の重要性も分かるようになってきた。ある日、父親に就職の相談をし、当然九州電力に来いと言われるだろうと思ったら、「自分で考え、行きたい道に進め！」と言われ心細くなった。教授に相談すると、「君が九州電力に行かなきゃ、どうするか！　もう君を一番に推薦することに決めているんだぞ」と、一喝された。

こうして、昭和37年（１９６２）４月九州電力へ無事入社した。

上椎葉とは

日出美より8年早く電力会社に入社した私は、縁故採用だった。何故か？　今でこそ、入社試験を受けるのに、どこの大学に在籍していようと関係なく平等に機会を与えられ、本人の能力がじっくり試され合否が判定される。

だが、読者の方は驚かれるかも知れないが、今から63年前の当時は、指定校制度というものが厳然として存在した。大学によって、明確に差別化されていた。例えば東京では、旧帝国大学全部、一橋、東工大、慶応、早稲田、学習院、横浜国大、旧都立大が指定校で、それ以外の大学出身者は、入社したい企業の関係者に推薦して貰わないと入社試験が受けられなかった。そうやって試験を受け入社することを「縁故採用」と言った。

私は地方の公立大学出だから、当然縁故採用である。このため紹介者との関係を含めて、採用の合否を決める人事の担当者から内々に面接された。その折、配属先の希望も聞かれた。私はこの時、正直に思っていたことをはっきり述べた。都会から逃げたいと真剣に思っていた私は、特に山奥の水力発電所現場に行きたいと言った。当時は発電と言えば、「水力」の時代だった。そして、希望通りに、福島県山奥の水力発電所を管理する現場に赴任した。

日出美の入社した頃の九州電力は「主火水従」の時代、電力需要の変化に対応して需給調整をやるのが水力の役目、上椎葉発電所は、下流の五水発電所も含め運転責任を負う「給電の要」であったため、「上椎葉大学」といわれ、電力技術マンを鍛え上げるのにもってこいの現場だったのである。

しかしそこは、宮崎の山奥、平家の落ち人が暮らした秘境、宮崎市から日向までバスで二時間半、そして日向からバスで三時間半のたっぷり六時間の終点地だった。

「福岡からいきなり山奥に転勤淋しかったでしょう」と尋ねてみた。

「そうですね、上椎葉は平家の落ち人の里。源氏の大将那須大八郎と鶴富姫との悲恋の舞台といわれる鶴富屋敷と厳島神社はあるものの、道路沿いに役場・雑貨店、宿屋など30軒余り、あとは九電社宅と寮生20人の集落、夜はさびしかったですよ。寮は大声禁止・マージャン禁止ですが、寮生と良く焼酎を飲んで〝ひえつき節〟を歌いました。〝庭の山椒の木鳴る鈴かけてヨーホイ…〟正調ひえつき節はワビとサビのある良い歌です。しかし、自室に帰ると窓外の狭い空に輝く月と星空。そして静寂の中の川のせせらぎ。なんだか自分も鶴富姫同様に悲恋の主人公のような気になりました。しかし、当時寮生に流行りの『ステレオ』を私も手に入れてから、心も明るくなりました」

聞くところによると、日出美の父親は「入社祝い」と云って日出美が欲しがっていた大型のステレオを上椎葉に送り届けたそうだ。日出美はそれで、毎晩のように幅広いジャンルの音楽を聴き、また英会話のレコードヒヤリングにも精を出したそうだ。

上椎葉の想い出

そして、このような思い出話をしてくれた。

ある日いつものように、寮生と二人で上椎葉から少し登った山腹を歩いていたら「寄って行きなさらんですか」と声が掛かった。見るとかやぶきの民家の縁側で、一人のおばあさんが留守番をしていた。

「今日は、天気のよかですね」と言って縁側に座る。先方には九電の寮生とすぐ分かる。お茶と干物が出て、それから話の相手をする。山向こうの歩くと半日もかかる集落から、お嫁に来たそうだ。そして、未だ海を見たことがないと言う。色々と話を聞くうちに、平家の落ち人達の子孫が、代々この椎葉の山ろくで暮らした様子が分かってくる。

おばあさんに〝ひえつき節〟を頼んでみた。おばあさんの歌も、なんとなくワビとサビの味がある良い歌だ。年老いていても、どこか可愛い顔の人だった。縁側から見る前面に、谷の向こうに広がる山々の中腹に、小さなかやぶきの屋根と棚田が太陽の光を受けていた。天気の良い初秋のゆったりとした午後だったそうだ。

上椎葉発電所時代の芦塚日出美氏（後列左）

上椎葉アート大学（太陽に映える大自然・渓谷の構図と色合い）

日出美が続けた。

「昼間の椎葉はすばらしい世界です。太陽の光が降り注ぐ山々の輝き、椎葉湖に映えるその姿、谷間の向こうの山腹にたたずむ小さな棚田とかやぶき屋根の民家、谷に下れば、空に伸び出す木々の枝葉と岩・石と水流が織りなす〝渓谷の構図〟とその〝色合い〟太陽の恵みを受け、四季折々、朝昼夕と変化する活きた絵画の世界でしたね。この大自然の懐の中で男ばかりの寮生と山を登り、里を走り、椎葉湖をボートで渡る。それは、太陽の下で大自然相手とした、すばらしい青春でした」

なるほど、私の想像どおり、日出美にはその当時自覚はなかったかも知れないが、この椎葉での3年間が彼のアート心を育み成長させたものと思う。そこで、彼に『上椎葉アート大学』卒の称号を与えることにした次第である。

こうして3年間が過ぎた時、辞令が出た。25歳になった昭和40年（1965）4月〝都会に戻って来い〟だった。北九州支店の電力課。ここで、管内の電力設備の計画・通用や設備診断など幅広い現場経験をすることになる。

電力の司令塔〝給電課〟これぞ男の生きる道

こうして、都合5年間の日出美の現場研修は終わった。この時28才の彼を待ち受けていたのは、本社の工務部給電課というセクションだった。読者に、分かり易く説明すれば、「電気」という商品を買って頂く全てのお客さんに、契約通りに間違いなく商品をお届けすることを、統括している部署と言ってよい。

電気は、ご存知のように、スイッチを入れると同時に、明かりが点かなければ、〝あれ、停電かな！それとも電球が切れたかな〟ということになる。別の言葉で言えば、その《電気という商品は、光の速さと同じスピードで発電所から送られてくる品物》である。しかも、10分間なら10分間、1時間なら1時間、24時間なら24時間…連続して同じ性質の「電気（電流と電圧）」を消費者に供給してくれないと、照明が瞬きしたりして、この商品は役に立たないのである。工場のモーターの回転スピードが変動したら、規格どおりの製品を作ることはできない。「給電課」とは、そうしたことにならないように、しっかりとその全体を監視し指令をするセクションである。何を指令するのか？　そこで日出美は何をして

いたのか聞いてみた

組織的には「給電課施設係」という部署で、お客様にお届けする電気の品質を保つため「自動電圧、周波数制御装置」や、送電線や発電機の不測の故障時に、これを自動的に把握して電力の安定供給を保つ、「系統保護装置」や「系統安定化装置」の開発・設置・試験・運用を行う技術分野に従事したとのことだ。当時、昭和47年（1972）に彼が開発した西部系統安定装置は後に電気学会から「画期的」だとして表彰されている。

「今考えると懐かしいです。野中・飯永という頭の良い先輩の指南をえて『我々は、目立たないが、電力安定供給の核心にいる。これぞ男の生きる道』と思っていました」というのだ。

ところがその直後、彼のその後に間もなく2つの人生に画期的な出来事が生まれる。

祖母の「日産ブルーバード」プレゼントで遂に見合い

芦塚日出美の人生に、二つの重大事が発生する。

第一は結婚、第二はフランスへの留学という出来事だが、先ずは最愛の人となる美穂夫人との見合いから取り挙げよう。

九州電力に入社し、宮崎県椎葉村の山奥にある『上椎葉大学』といわれた水力発電所に3年間、次いで北九州支店の電力課に2年間と、電力技術マンのプロになるべく入門。実務経験を続け、本店に配属された。それは、既に述べた通り、入社5年後の28才の時だった。同期が次々に結婚し始めた頃である。

友人の結婚には、「良かったな、おめでとう」と、日出美は披露宴で歌やスピーチを披露する。だが、自身の結婚については、あまりその気がなかった。

小学校の頃から可愛がってくれた祖母から、「日出美！　早く身を固めて曾孫の顔を見せなさい」と、責められ出した。両親も、それを聞いて気にするようになる。

父親が、「どうだ、そろそろ見合いの相手を探そうか」と、日出美に相談するようになってきた。すると日出美は、『うーん、だけど…車がないからねー、その気になれない』と、軽妙な言い訳をしていた。

彼はこの頃、無性に車が欲しかった。その理由は、もしも素敵な彼女が現れた時に、颯爽とドライブをしたいという夢があったからだ。

高校時代から映画館で見た、洋画のシーンが深く残っていたのだろうか。だが、未だ入社６年目の日出美には、給与の何倍もする車は高嶺の花の存在だった。ところが、彼が驚くことが起きた。

何と祖母が、中古車ではあったが立派な日産のブルーバードを買ってくれたのだ。しかも、当時としては珍しい真紅の車だ。こうして、彼の逃げ口上も効かなくなってしまった。

後輩の大学生と見合い、そして結婚

見合い相手は、厳父が選んだ女性だった。

「知り合いの紹介だが…会ってみるかね」と、言われた。弟や妹たちも、お父さんの言う通りと賛成する。要するに家族全員から、外堀を埋められ、遂に日出美は観念した。

父親から渡された写真と履歴書を見て驚いた。何と相手は、まだ大学生だという。どう考えても若い。逆に、胸がときめき出した。日出美の伴侶となる美穂夫人は、九州大学の農学部農芸化学科４年生であ

結婚前の芦塚日出美氏と美穂夫人

り、高校・大学の後輩だった。

こうして見合いの場を設け、両親たちに見送られ二人きりでデートということになる。当然のことながら、祖母が買ってくれた真紅のブルーバードの登場である。

日出美はこの日のために、運転の練習に励んだ甲斐あって、助手席に座った彼女は、『運転、お上手ですのね！』と感心する。彼は『イヤー、習いたてですよ』と、謙遜しながらも満足顔であった。

ところが…、である。いつもは、難なく登り切る坂道を登り切って、正に颯爽と走ろうとした途端に、車が急停止。エンストである。エンジンルームから湯気が噴出している。開けてみると、ホースに穴が開きお湯が漏れていた。

工学部出身の日出美だが、専門外の話。さてどうしたものかと、彼の頭が真っ白に成りかかっている時だった。大学4年生の彼女が…、『私に任せて下さい』と言うではないか。日出美に、ハンカチなどを持ってこさせて、何とも上手に手際良く応急修理をやって退けたのだった。その手際の良さに、日出美は驚くばかりだったが、『どこで、教わったんですか？』と聞いて、腑に落ちた。彼女も車が好きで、大学の自動車部に所属していると言うではないか。これで、決まりである。若いがはきはきして懸命に修理する姿、そして名前が美穂と《美》が付くのだ。

こうして、翌年の美穂の卒業を待って、二人は目出度くゴールインした。間もなく、前述の通り二人の子宝を授かることとなる。

フランスに行って、電気と文化を学んで来い

第二の出来事について、述べよう。結婚し気持ちも落ち着き、本店給電課で電力系統を安定に運用する技術集団の仕事に従事して6年目、『これぞ男の生きる道』と鼻息も荒くなりつつあった昭和47年（1972）、日出美が33才になった年だった。

わが国が正に日の出の勢いで成長していた頃であり、既にアジアの中の寵児日本が、世界に向け堂々とＧ７と言われるトップリーダーに躍り出ていた。よって、電気事業も世界を意識し始めていた。

日出美は何時ものように『これぞ男の生きる道』と、その日の朝も元気に出勤した。すると、部長室に来るように、という連絡があった。何か拙いことでも起ったのかなと思いながら部長室のドアをノックした。

すると、中田部長（後に副社長）から、『芦塚君、君は来年フランスに行ってもらうよ』と、言われたのである。

『なんだ、アメリカではないのか…』と思ったが、言葉を飲み込み『分かりました』と返事をし、挨拶して外に出ようとしたとき、中田部長が言った。

『君を受け入れてくれるフランス電力公社は、われわれが担当している電力系統の計画・運用に関しては、世界一なんだよ。しっかり勉強してきてくれ』

彼が、『はい』と言って下がろうとすると、部長がさらに続けた。『君、せっかくフランスに行くんだ。仕事も良いが、とにかく西洋文化を体感して、うんと見聞を広めてきなさい』

語学研修、そして憧れのパリへ

当時、電力会社の技術系の俊英たちは、多くはアメリカに行かされていた。何しろ、東西冷戦の中、日本を支配した連合軍のアメリカは、日本を経済大国にし欧米諸国に匹敵する盟友を、アジアに築きたかったのである。文明国に育てるには、何としても「電気、電力」がきちんとしていなければ、産業も市民生活も成り立たない。こうして、積極的にアメリカ政府と民間企業は、日本の若者の教育に力を注いだ。その証拠に、現在でも政・官・財・学の各分野で、リーダーとして活躍している人たちの中には、少なからずアメリカに留学し鍛えられた者が多い。

当然、九州電力も多くの若者をアメリカに送った。だが、この会社は欧米双方に目を向けて、英知を吸収しようという遠大な構想を当時から持っていた。その候補に、日出美が選ばれたのだろう。日出美はそれまで、フランス語は全く知らなかった。とにかくフランス語が出来なければ、電力公社での研修はもちろん、フランスの文化も吸収できない。日出美の頭が回転し始めた。次の年昭和48年（1973）4月から、海外電力調査会所属で、東京に単身移住。午前中は日仏学院。午後は、アテネ・フランセで語学研修とフランス文化を学ぶ。夕方は、個人レッスン…という具合で、日出美の「フランス語漬け」の生活が始まった。今までの《これが、男の生きる道！》ということから、いつの間にか、すっかり『一つの言語を極めることは、一つの文化を知ることとなり！』という、新たな人生の目標が目の前に現れたのだ。こうして、フランス留学の準備は進められた。

次号に詳しくふれるが、この年の秋、例のオイルショック騒動につながる第4次中東戦争が始まる。

それを経験することなく、この年の8月日出美はさっそうとパリに旅立って行った。もし、秋の出立があと半年遅れていたら、フランス留学は中止になっていたと思う。いってみれば、「運の良い男」である。

二つの幸運に恵まれた、芦塚日出美のフランス留学

こうして、日出美は成田から胸を高鳴らせながら、愛妻や子供たちに見送られて憧れのフランスに向け勇躍出発した。昭和48年（１９７３）４月のことである。

『さあ、来た来た！　華のパリだ……という感覚でしたね。生まれて初めての海外でした』と、彼は45年前のことを思い出しながら、満面の笑みで話してくれた。

そして日出美は、何とも二つの吉兆に恵まれた。

第一の吉兆は、留学先がＥＤＦ（フランス電力公社）だったことだ。これは、誠に幸運なことだった。何故なら、フランスの電力会社は政府が運営していた。現在でもそうだが、フランスをはじめヨーロッパ諸国は役人天国。よって、公的機関（ＡＣＴＩＭ）から『特権付身分証明書』を発行されたのだ。

フランスの歴史、文化に関する資料を受け取り、パリ５区のカルチェラタンに在る「Interlangue」という仏語学校に通うことになった。

余談になるが、福岡市内に『16区』という著名なフランス菓子店が在るが、そこのオーナーは、日出美が滞在した15区の隣の16区にある菓子店で働いていたそうだ。日出美同様に、若き日に懸命に修業をした人であろう。

日出美はオイルショックの激動直前、フランスへ

二つ目のラッキーな出来事とは何か。それは、日出美が留学した昭和48年（1973）の秋、突然やって来た出来事と関係する。日本国中が、ひっくり返るように大騒ぎをした『オイルショック』である。彼は、その前に日本を離れたのだ。10月6日、第四次中東戦争が始まった　石油産出国の集まりOPEC（石油輸出国機構）が、突如として石油の輸出をストップした。国内で使用する石油の殆どを、中東などOPEC諸国からの輸入に頼っていたわが国は、彼らが突き付けた今までの10倍以上の石油価格値上げを飲まざるを得なかった。そのことは、日出美が勤務する九州電力の電気料金にも影響し、大幅な値上げをすることとなる。

当時、電力会社に勤務していた私は、日出美と違い、もろにその影響を受けた。中東戦争勃発の日の前日、石油燃料調達の担当課長として、ちょうどジャカルタから100㌖ほど東のプルタミナの石油輸出基地が在るチレボンという町に単身出張中だった。前日まで、現地の所長はとても友好的であり、基地内を案内してくれ、盛大な懇親会まで開いてくれた。ところが、翌日の朝になると、宿泊していたホテルの従業員までもが態度をガラリと変えた。ちっとも言うことを聞いてくれない。約束の時間になっても、ペルタミナの所長が現れない。何故だろう？　と不思議に思っているところに、案内役の某商社の職員が飛んできた。インドネシアは、OPEC穏健派ではなかった。

『直ぐに支度をして、私の車に乗ってください……この国と戦争が始まりそうになったのです。下手をすると、拘束されかねません』と言うではないか。今から、44年前のことだ。幸いそういうことにはな

らなかったが、携帯電話など在るはずもなく、国際電話もなかなか繋がらない時代である。道で擦れ違う通行人が何となく怖い顔に見える中を、約3時間掛かって空港にたどり着き、そのままシンガポールに脱出したのだった。

フランスの長期エネルギー戦略（原子力）—パリの魅力を満喫

この時フランスでの日出美はどうだったか聞いてみた

「この時のパリは、近隣の国に比べ以外と平静でしたね。間もなくＥＤＦの企画部門のクチュリエ氏に面談しましたが、彼曰く『フランスは、英・独と異なり化石燃料資源がない。したがって、国策として原子力発電一辺倒で開発計画を進めている』として、仏国標準ＰＷＲ型原子力を正六角形の国土にバランス良く毎年4～5台動かす『長期電源開発計画』、その絵姿を見て感動しました」。

その後、十数年で電源の八割が原子力としたが、その計画実現力と安全・安心運転を続ける力も特筆すべきであろう。この時、日出美は、超長期を見据えたフランスの「長期エネルギー戦略」に美学を見出したのかもしれない。

最近思うのは、6年前に、日本は原子力発電所の大事故を経験したが、国民の苦難を乗り越え、フランス同様に、安全・安心を前提に「原子力大国の復活」を追求すべきということだ。そうすれば、日本も明るい未来が待っているはずだと、今から50年後の日本のリーダー達に遺言的に述べておこう。

元に戻ろう。カルチェラタンのフランス語学校は、毎日8時から13時まで授業があり、途中近所のカフェでティータイムがある。様々な国の学生が片言の仏語でお国自慢をする『何だか不思議で和やかな雰囲気でしたよ』と日出美が述べた。ある日、日出美に「面白い寸劇をみせてやろう」と、南米から来たスペイン語とポルトガル語を話す人、それにイタリア人の3人がそれぞれ自国語で話をする。……するとお互い何となく良く通じるのだ。日出美には分からないが、彼等は「ほらね」と得意そうな顔をする。考えてみれば彼等は皆ラテン語系、言ってみればわが国の方言のようなものだと、日出美は納得した。

日出美は放課後の殆どを歴史と文化と芸術の街、パリを歩き廻った。パリはゴシックの教会からバロック様式の城館まで、各時代の粋な建造物を残し、マロニエの街路樹に被われた石畳の道や躍動的な彫像のある広場、緑に被われた公園の数々、これらが調和して落ち着いた十九世紀の街並の姿に止めている。

粋な城館の中は、博物館や美術館で約六十、他に記念建造物三千、各時代の教会が百五十在る。日出美は政府発給の特権的身分証明書で入館し、この街のアートの匂いをしっかりと嗅ぎ取っていた。

「黄色から褐色へと変化する枯葉、これらが躍動する彫像をもった白っぽい石のバロック風城館と調和し、セーヌ川に映える姿は美しいですね」

と、語る日出美、そして、次のような彼の言葉が続いた。

「本当のパリの魅力は、そこに住む人の生き生きとした生活や表情、喜怒哀楽が豊かな下町にありますね」

パリでの日出美の滞在先は、15区にある長期滞在者用の安ホテルである。そこには、2人の日本人、南（後の電発役員）と広村（劇団の研修生）と云う人が居て、3人でカルチェラタンやモンマルトルの下町レストラン、シャンソンバーに通った。ギターやアコーディオン片手の流しに、日出美はいつも「バラ色の人生」をリクエストし、安ワインを飲んでいたという。

「とうとう、私のテーマソングになりましたよ」

と言って、しばし笑顔の後、私に〝あなたは？〟と問いかけるような仕草をしたが……

即座に私の方から「歌も下戸ですよ」と言う羽目になった。

さて、読者に是非紹介しておきたい場所が在る。

モレ・シュル・ロワン村

土日は学校が休みＡＣＴＩＭは留学生のためロワール川域めぐりをはじめ、数々の格安ツアーで田舎を紹介し、これにも感動していたという。

モレ・シュル・ロワン村の風景

初秋のある日、日出美はＥＤＦ定年間際のデルフォント氏に、「私の好きな村でご馳走しよう」と案内された。着いたところが、パリから南東40キロメートルのモレ・シュル・ロワン村。ドアを開け、奥の窓側のテーブルへ案内されるにつれ目前に広がる光景に魅了されたという。

「ゆるやかに流れるロワン河の上に、大きな古い石橋や城門と古い教会がどっしりと佇み、橋の中洲の水車小屋の水辺には、１人の老人がゆったりと釣り糸をたれている。これらは木々の緑や空の青さと相まって一幅の絵をなしていました」と。

ここは、印象派のアルフレッド・シスレーが40代でこの村に引き籠り、１８９９年亡くなるまで、ひたすら自分の信ずる印象派初期の美学を守り、この村の絵を描き続けた所であった。

アルフレッド・シスレーとの出会い

前回紹介した美しきモレ・シュル・ロワン村に日出美は「感動しました。印象派のアルフレッド・シスレーが、私が眺めている風景と全く同じ絵を描いていたんですからね」

そして、日出美の解説によると、もともと印象派の画家は１８７０年頃から、皆セーヌ河周辺の風景画を描く仲良しで、太陽の光を浴びた自然の情景や市民の日常生活を生き生きと描写し脚光を浴びたとのこと。その後、モネは大聖堂や睡蓮、ピサロはパリ市街や産業化の様子、ルノアールは人物中心をモチーフとして、各々色彩、形態、筆のタッチなど画風を進化させ、その時風の成功者への階段を登った。その中でシスレーだけは、このモレ村に籠り、１８９９年に亡くなるまで、ひたすら自分の信ずる「印象派初期の美学」を守り、この村の絵を描き続けたが、生前脚光を浴びることはなかった。その後も日出美は、パリに出張する機会を得るとフランス訪問の証として度々、このモレ村を訪れたという。

時代はずっと後になるが、ＥＤＦのアユレ総裁が来福した折、日出美がモレ・シュル・ロワン村の話を出したら､総裁は「あそこは私も大好きな村だよ。君はフランス人の心が分かっているね」といって、二次会では「オーシャンゼリーゼ」など歌いあって意気投合したという。それから1週間したら、この村とシスレーに関する本を3冊送ってきた。その気配りに日出美は又、感動したそうである。

原子力も資源もない日本は哀れ

日出美がフランスでの調査研修を終えて帰国した頃のわが国の電力会社は、急激な石油価格の高騰を受けて、電気料金の値上げ申請に追いまくられていた。彼の勤める九州電力も同様で、原子力は玄海一号がまだ建設中であった。

当時の日本は哀れだった。私も当然のことながら、その渦に巻き込まれ、昭和49年（１９７４）と昭和51年（１９７６）の電気料金の値上げに、寝る暇もないくらい追いまくられていたのを思い出す。何しろ、バーレル当たり１・２ドルだった石油の輸入価格が、24ドルさらには30ドル以上に、すなわち20～30倍以上に跳ね上がったからだ。ガソリン価格だけではなく、石油に関係する消費物価が値上がりし、企業も赤字、貿易収支も赤字に転落。企業の中には、従業員の給与も払えないというところが出てきた。消費者団体や政治家、それに商工会議所などの経済団体までが、電力会社に押しかけてきた。〝電気料金の値上げ反対〟である。だが、石油の価格高騰は、電力会社のせいではない。「我々も同じ被害者だ」と言っても、〝民衆は、藁をも掴む気持ちだ。値上げはするな〟と云うことになる。国会が荒れ、遂に値上げの比率を圧縮せよということになってきた。そのしわ寄せが、電力会社の中でも特に燃料購入を担当している部門に、押し寄せてきた。その正に担当課長だった私は、他電力のためにもっと頑張り、不眠不休で役人と数字をぎりぎり擦り合わせながら、役所の課長の部屋に２週間も泊まり込むこととなる。40代の若さだったが、遂に過労死寸前となり、救急車で病院に運ばれ50日間の絶対安静入院となった。

ついでながら、九州電力の貫会長も当時30代の若さで料金原価担当だったそうだ。設備計画などで、非常に苦労した。資源のない日本は、今後は原子力が頼りだと、当時のほとんどの国民が主張していたことを思い出させてくれた。

中央電力会社の正に担当責任者だった私の経験は、あまり自慢にならない。だが、何故我が国が、原子力大国を目指し、今日まで来たのかという訳を、是非とも今の若手政治家や官僚や青年諸君に知ってもらいたいと云う思いが、最近益々強くなっている。

熊本支店から企画部設備計画課長へ

さて、オイルショックの騒ぎが漸く収まった昭和54年（1979）夏、39歳の日出美は熊本支店電力課長となった。熊本県の隅々まで電気を安定安全に供給することが使命だ。ここは東に阿蘇九重の山々、西に有明海と天草諸島があり、九州のちょうど中心だ。日出美は、電気主任技術者も兼ねていたため、よく管内を見て回ったが、このころの印象が、「九州の州都に相応しいのでは」という気持ちにしたのかもしれない。

次いで3年後の昭和57年（1982）、日出美42歳の時、本店の企画部設備計画課長となる。火力・水力・原子力の全発電所設備と送電・変電という全輸送設備の全てを今後どのように新増設も含め効率的に設備形成していくかという、いわば電力会社の屋台骨造りを任される参謀本部勤めである。最大の課題は、先のオイルショックで相当に値上げされた電気料金をいかに下げていくかということであった。

当時の電力会社は、地域独占の公益事業、まだ適正報酬前提の「総括原価料金認可制」で、毎年3月、次年度以後の「施設計画」（長期電源開発計画および各設備の長期投資計画）の通産省（エネ庁）のヒヤリングがあり、これを承認してもらう必要があった。毎年各社とも関係役員・部長総出で最大のイベントであるが、日出美達はその事務局参謀の役割であった。

難しいのは、不透明な経済情勢の中で、長期の電力需要想定をどうみるか、これに合わせて、地元合意から建設期間の長い各種電源をどのように新増設していくか、そしてどう効率的に電気料金を下げていくかなど、なかなか大変な仕事であるが、日出美はここで5年間勤めた。

そのような中、電源開発戦略目標として「最適電源構成比（ベストミックス）」を設定し、これに向かって効率的な開発計画を進めた。つまり、「各種電源の運転特性、燃料供給の安定性および経済性、環境面から、最適な電源設備構成比として、原子力30％（発電量は45～50％）、揚水10％、水力・地熱10％、残り50％を火力（石炭、ＬＮＧ・石油を１／３）として開発計画を進めてきたとのことである。

このことが後の、施設計画ヒヤリングでエネ庁から「九州電力は電源ベストミックスの日本一の優等生ですね」と褒められ、電気料金もその後日本で2番目に安い電力会社になったという。

行動する電事連から大分支店長へ

昭和62年（１９８７）日出美47歳の時、電気事業連合会工務部長となった。当時電事連は「行動する電事連」といわれ、原燃サイクル事業、原子ＰＡほか電力業界の「旗印」およびリード役であり、通産省はじめ、各省諸団体とも良好な関係にあった。日出美は「東京は素晴らしいし恐ろしくもない。あるいは、日本を動かすこともできるのでは！」と思ったそうだ。

かぼす大使に任命される

こうして日出美は平成4年（1992）52歳で大分支店長になった。そこには4選目で元気いっぱいの平松知事が「一村一品運動」に加えて、産学官連携による二一世紀に向けての新たな地域づくりを目指す《東九州軸》に加えて《第二国道軸＝豊予海峡連結》構想の気勢を挙げていた。日出美も『知事の構想に大賛成です。魅力のある大分の地域づくりにがんばります』といって、夏祭りや九重清掃運動、更にチャリティーショー等に率先して参加し、地域の人々とも大いに交流した。

3年が経ち、本店の部長となり転勤、その挨拶に知事を訪ねると、「あなたは今日から『大分県かぼす大使』に任命します。今後ともどうぞよろしく」と言われた。

芦塚日出美の水中遊泳の夢

21世紀の開幕の折、といっても2002年（平成14年）だから、16年前のことである。この年、九州電力の常務取締役（企画担当）になっていた日出美は、福岡で開催された「（アジア）電力産業大会」(Conference of Electric Power Supply Industry) の主催会社事務局長役を務めている。

当時社内で一番の「海外通」といえば、かつてフランス留学の経験がある、日出美ではなかっただろうかと思われる。既にその4年も前から準備が始まっており、彼はあの持ち前の明るさで、しきりと欧米や東アジアと海外を渡り歩いていたので、その武勇伝には事欠かないだろう。そのことは、後ほど述べる。

だが、まずはその前に是非とも、読者にご紹介したい日出美の武勇伝?　がある。それを、紹介する。というのは、彼は驚くなかれ〝スキューバーダイビング〟を「こよなく愛する」、その名手の一人なのである。「こよなく愛する」ということは、テクニックではなく、その心情である。そのためか、『私は、空中遊泳の夢を見るんですよ……空中を平泳ぎでスイスイと泳いでいるんです。もっとも、泳いでいる夢の中に送電線が現れ邪魔することもあります。それでも、この夢は心地良いですよ』、と語ってくれた。

彼が大分支店長になって、しばらく経ってからである。日出美は、社内の40代の元気溌剌の課長連中を集めて、親しく懇談していた。そうした折のある日、日出美が『この辺は山も自然も良かけど、海も潜ると綺麗かろうなあー』と、酒杯を傾けて言った。

すると、その言葉を受けて元気の良い馬場迫課長がこう言った。『支店長！　思い切ってスキューバーダイビングのライセンスを取りに行きまっしょ！　大分県南の海中には、サンゴ礁がいっぱいの良か海があるそうですよ』と。

スキューバーダイビングのライセンス（Cカード）を取得

この若手課長の言葉に誘われて、『よし、やろうか！』と言ってしまった。ところが……である。自宅に帰って、日出美が奥方にそれとなく話したら、まず、〝えっ〟という絶句！『そんな危ないことは、止めてください。最近、フィリピンの近くでも、ダイビングツアーで何人も亡くなっているし、私まだ未亡人にはなりたくないですからね』

部下に約束したものの、家族から猛反対されたとも言えず、生返事を繰り返していた。しかし、それから数日後、馬場迫課長が元気良く日出美のもとへやって来た。

『支店長！　都築次長もお誘いしたら、一緒に行くそうです。入学金は、私が立て替えておきました』

もうこうなったら仕方ない。引くに引けなくなって、覚悟し50の手習いを始めることにした。

ライセンス取得には5日間学校に通わなければならない。しかし、入学金を払い込んでも半年間、昼は「地域の電力安定供給と地域の発展の為」の仕事、夜も「懇親会」の仕事で一度も学校に顔を出さなかったという。そうしているうちに、次長と課長に福岡転勤が内定した。「はよ学校に行かにゃ、福岡からは通えんばい」という事で、三人揃ってせっせと通学し始めた。講習はプールで、背中にボンベを担ぎ泳ぐのだが、日出美曰く

「息の仕方にコツがあるし『マスククリア』といって水中眼鏡の中に入った水を鼻息で吹き飛ばすのも結構難しい。また、足ビレも厄介なもので、ターンする時、次長の頭にぶつけて大変でした」

このような成績の悪さゆえ、5日の予定が8日かかってやっと卒業のお許しが出たそうだ。

海中の美「深島」

大分県南の蒲江の南東20キロメートル沖に「深島」という無人島があり、サンゴ自生の北限として、様々な熱帯魚が生息するという。日出美達はライセンス取得後、度々ここを訪れ、特に澄んだ冬の海中に魅了されたという。

「永野さん、当時本当に別世界を知りました。まず、気持ちは弾むが、しっかり息を整え、ザブーンと

船の舷から後ろ向きに落ちます。そして、少しずつＢＣ（浮力調整ジャケット）の空気を抜きながらゆっくりと10メートル、20メートルと潜って行きます。そこは海の底、サンゴの間をスズメ鯛の青やチョウチョウウオの黄色い縞が動き、クマノミが隠れんぼします。しかし、人懐っこい魚の群れは体につきまとい、カサゴは静かに海底に佇んでいました。ふと水面を見上げ、大の字になると、太陽が銀色の円盤となって水面で揺れている。静かで平穏で美しい世界でした。その中を上下左右、自由に遊泳できる中性浮力の世界、これが、私が初めて知った別世界です」

　どうやら、日出美は大自然の山のアート（上椎葉）に次いで海中のアート（深島）を体得したようだ。

東アジアに目を向けて

　さて、本店に栄転し、取締役企画部長になって2年、１９９８年（平成10年夏）、東京電力の荒木社長から、

「今秋以降のＡＥＳＩＥＡＰ（東アジア西太平洋電力協会）の日本代表の理事を九州電力が引き受け、4年後の２００２年福岡で大会を開催したらどうか」という相談が、東電企画経由で来た。早速、鎌田社長に相談すると「今後当社が海外事業展開するのにプラスになるかも」ということで、九州電力が引き受けることになった。

　そして、「この大会は2年に一度というが、最近始まったばかりで歴史は浅い。しかし、各国が国の威厳を賭け、海外から賓客対応等で国際交流の実を上げつつあるようだ。当社もこの機会に毎年の理事首脳会議へ出席するなど、積極的にアジア各国とも交流を進め、海外事業の展開を進めること」との役

員会指示となった。

日出美の企画部長時代は、1988年、電事審の中間答申で「小売部分自由化」「小売託送制度」など、電力自由化の変革期になり、これらの対応を含め電源開発、設備投資、料金対応など「経営計画」すなわち会社全体の運命を左右するような重要かつ必要な仕事の責任者でもあった。

当時、日出美は、「世の中は『自由化』と同時に『グローバル化』の時代に入った。AESIEAP理事会社をテコに東アジアに輝くような電力会社になれると良いな。欧州におけるフランス電力公社のように……」と思っていたそうである。

東アジア訪問

こうして、日出美はこの年の11月、タイで開催された第3回CEPSI（電力産業大会）に、4年後の準備調整の名目で5人の企画部員と初めて訪問となった次第である。開催地はバンコクから南へ車で2時間の海辺の保養地パタヤ、17カ国から2千人が参加して4日間、発表会や展示会、それにお国自慢の民族衣装や楽器による数々の舞踊ショー、まさに国をあげての「おもてなし」であった。

当社の豊島副社長が、次期の日本代表理事に選出され、一行は色彩豊かな寺院や客殿も見物したが、タイの人々の穏やかな〈タイスマイル〉も印象的だったという。

次いで2年後のフィリピンでの大会には、鎌田社長も出席し、その雰囲気を実感する。こうして、さらに2年後にこの大会の福岡での開催が極めて有意義且つ盛大に行われた。

この4年間の間に、徐々に日出美は海外との交流からビジネスの歩調を高めていったが、そのことは幾つかの武勇伝的なことと共に後述する。

芦塚日出美と道州制

２０１９年5月に、わが国の改元が行われることが国会と政府によって決定された。それは、国の第三の維新の切っ掛けになるだろうという意見が出てきている。

だが、第一の明治維新、第二の戦後復興の場合とは様相が全く違うというのだ。理由は、第一第二の場合は、欧米に見習えば良いという確かな手本があった。だがこれからの第三の維新においては、見習うべきモデルやシステムが全くないからだ。では、どうすれば良いか。モデルがなければ、自ら考えるしかない。そうして、逆に日本が世界のモデルとなる、そう考えるしかない。成功しても失敗しても、世界各国の参考になるだろう。そう考えて、雄々しく頑張るしかない……というのが結論だ。私はそのヒントの一つが、かつて日出美たちが創ろうと奮闘した『道州制』ではなかろうかと思う。

ところで今回の連載のため、博多座に居る日出美を訪問したのは、彼が代表取締役社長を務めていた昨年5月上旬だと記憶している。

彼は忙しい時間を割き、快く面談してくれた。同時に、劇場内の関係者以外は立ち入ることの出来ない場所を、律義に案内してくれた。その際に日出美が最も強調して語ったのが次のことだった。

『私の今までの人生の中で、電力ということを別にすれば、《道州制》の実現に一番力を注いできました』

ＩｏＴやＡＩを駆使する時代だから、昔の話をしても始まらないと思われるだろう。

しかし、それは勘違いである。グローバルな仮想空間のネットワークという「かたち」が、世界共通であっても、世界には約２００の国があり、言語もそれぞれ違うのと同様に、インターネットに掲載されているものの重点の置き方や価値観などは、それぞれ当然に違ってくるのだ。

自己責任の時代は地方の時代――ＩＴの価値観はそこから生まれ出る。

ＩＴの時代にＩｏＴやＡＩを駆使するということは、あらゆる意味で情報のやり取りにおいて、基本的には「国境のない世界」が出現していることを意味する。すなわち、そこでは正に国家という仕組みに関係なく、自己責任で情報を処理していることを意味するのである。またそれは、システム的に中央統制型ではなく正に『地方地域』が自ら責任を持って、事業を推進するしかないということだと解釈出来よう。

2008年秋 福岡経済同友会幹事（前列右）

さて、かつて日出美が追求した「道州制」と、これから取り挙げる「道州制」とは、果して同じと考えてよいのだろうか。同じだろうと云う意見もあるし、これまでの考え方通りではないという意見もあろう。

そこで、先ずは日出美たちが果たした歴史の足跡を若干紐解いてみることにした。今から12年前の２００６年2月、小泉内閣は地方制度調査会を開き、「道州制度導入が適当」と答申を受けた。これにより２００７年2月安倍内閣は、『道州制ビジョン懇談会』という名の諮問機関が設置した。この懇談会は、学識経験者と各地域の経済界代表によって構成された。

実は、その中に、当時九州経済同友会の代表として福岡経済同友会代表幹事だった日出美が、メンバーの一人に選ばれていた。日出美は、現在NHKの経営委員会委員長である石原進たちと共に、平成19年（2007）から22年（2010）まで4年間、同友会の代表幹事を務めている。この4年間は、日出美にとっては「九州を代表している一人だ」、同時に「国のために、役立つことをすべし」という、意気込みに燃えていたと言えよう。当時、67才だった日出美である。その意気込みと目指す方向が、ガッチリと噛み合ったのが、正に《道州制》の推進ということだったのである。

猛勉強の果て〝ミスター道州制〟の異名を取る

さらに続けて、道州制の実現に力を注いだ日出美の足跡を追ってみよう。

＊2006年9月　安倍首相は「3年を目途に道州制に道筋をつける」と表明、担当大臣を設置。

＊2007年2月　安倍首相は「道州制ビジョン懇談会」をスタートさせ、委員長に江口PHP研究所長を指名。

＊2008年3月までに、意欲的に17回の会合を開き、同時に地域別の懇談会やシンポジウムを開催して道州制の概念、目的、制度設計や国と地方の役割分担、さらに導入のプロセスなどを取りまとめ、増田総務大臣に中間報告書を提出した。

＊この間九州は、日出美の積極的な行動もあって九州地域戦略会議で《九州モデル》を取りまとめている。

日出美は熱心に、九州各地と中央まで出掛け、市民や経済界人に、「地方がいかにして自らの地域特性等を活用して産業政策や社会資本整備を考え、地域の活性化を図るか、住民満足度の高い社会政策を進めるか、これには地域のことは地域で考えて決める自立経済圏が望ましい」さらに、「国の権限は外交防衛など国家特有の役割に限定し、内政に関しては地方が自治行政権、自治立法権（条例制定権型の道州制です」。このため、日出美のことを九州では《ミスター・道州制》と称する状況であった。

こうしてこれからいよいよ国民運動を展開し、2年後すなわち２０１０年には「道州制基本法」を制定するための、最終報告書を纏める。……そういう段階になって、２００９年夏、「道州制」の実現は突然怪しくなり出した。政権交代が、その原因である。２００９年に政権を取った民主党は、「地方は重要だ」と言いながら道州制に、ブレーキを掛けた。32回におよんだ道州制ビジョン懇談会は解散となった。

２０１１年3月には、東日本大震災が起こり、こうした地方を中心とする政策論争は、立ち消えとなってしまった。

「九州は一つ委員会」と「九州地域戦略会議」

道州制基本法の策定まであと一歩という折に政権が交代し、実現することなく沙汰止みになったことは残念だが、しかし日出美たちが取り組んだ成果は、その後の九州経済団体の活動に非常に大きな良い結果を残したといえよう。その中から二つを取り上げてみよう。

第一は、「九州は一つ委員会」である。これは、日出美がいまだ代表幹事になる前の経済同友会企画委員長時代、すなわち２００４年に道州制時代へのキャッチフレーズとして生まれたものである。正に、九州は全国のトップを切り、道州制に向け先頭に立とうという意欲によるものだった。

もちろん、その推進に当たっては、従来の都道府県がやることと、道州制で一つになった例えば『九州の州行政』が取り扱うものとを、どのように配分するかなどの実践的なことが検討された。今では、《九州は一つ》ということが、1千2百万人を擁する九州地域全体の九州経済同友会における、大きな行動規範として役立っていることは言うまでもない。

第二は、『九州地域戦略会議』だ。ここで、道州制の議論が、中央と地方において本格化する前に、2006年10月「我が国の将来のため道州制の導入が必要」と合意している。

この戦略会議も、その後は道州制だけでなく、九州は一つという精神のもと、九州各県知事と同じく九州経済連合会との、正に九州の政治経済文化など全体の政策課題を討議し推進する組織として、現在も積極的に活動してきている。

道州制は九州の文化だと言い続ける芦塚

政治は混迷している。日本だけでなく、世界中が情けないほど《我》を張り合っている。それぞれが自分の主張が正しいと言い張り、目先の戦術に揺れている。それぞれが皆、自分が正しいと思っている。《中庸》さらには、《寛容》の精神というものが無い。しかし、放って置くわけにはいかない。

昨年末の選挙では、野党側の敵失で政権を継続維持している自民党だが、残念ながら国民が信頼できるような目標が無い。綺麗な言葉は在るが、〝どういう国にするのか〟という大きな未来図が無い。はっきり言えば、グッと胸を打つような《品格の有るメッセージ》が無いということだ。

そのためか、マスコミやジャーナリズムの知恵者が、勝手にその真意を予言したりしている。これでは、日本が本当に生き残れるのかどうか心配になって来た。

　こういう中で、日出美と道州制について話し合ってみた。

「永野さん、確かに今、地政学的なリスクや各国のナショナリズムの台詞の中で、道州制の議論は時流に乗らないかもしれませんね。しかし、『九州自治州構想』は九州の意志であり、九州の文化なのです」と日出美は続ける。

　九州は1960年代「九州はひとつ」の理念のもと、九州経済連合会が創立され、九州地域が一体となった。社会資本整備や産業振興策の提言を活発化させた。70年以降は、西日本を考える会などが「九州自治州構想」

九同友道州制調査団（2007年5月フランス プロバンス・アルプコートダジュール州庁および州議会訪問〈州都マルセイユ〉）（前列中央右側が芦塚日出美氏）

や「九州共同体構想」を唱え、平松前大分県知事の「九州府構想」などの提言が続いていた。

　2005年春は、九州各界が道州制に向け開花。まず九州同友会の「九州自治州構想」に続き、九州経済連合会や九州知事会が「道州制研究会の成果」を発表、また、九州市長会が「九州府構想」を発表した。

　これを受け、九州地域戦略会議（鎌田議長、金子副議長）は、同年10月九州各県、市長会、経済四団体が参画する「道州制検討委員会」を、発足させ「九州における道州制の必要性と目指すべき姿」の検討を開始した。2006年10月「道州制の九州モデル」提言を、全会一致で承認そして合意し、これを九州の意志として全国に発表した。

「永野さん、麻生・古川知事はじめ九州七県の全知事、それに九州市長会、そして鎌田議長はじめ九州の経済四団体が一同に会し、『我が国に道州制の導入が必要だ。九州の目指す道州制モデルはこうだ』と合意し全国に発信したのは、画期的なことであり、これが九州の魂、九州の文化ですよ」

日出美は、この時期４年間に４回、九州同友会の道州制調査団を結成し、協調型連邦制のドイツ、単一国家型道州制のフランス・イタリア・スペインの地方自治の政府や議会などを訪問し、その道州制の実態や動き、そして課題などを調査・研究している。

日出美達は、この西欧の道州制文化を参考にして、九州の歴史・実態に合わせた「道州制の九州モデル」という文化を創出したようである。

歴史から見れば〝道州制という『幕府』〟

１６００年、関ヶ原の戦いで勝利した徳川家康が、政権の座に就いた。その上で、『徳川幕府』の体制が整ったのは５代将軍綱吉の元禄時代だから、約４００年前だ。その頃のわが国の人口は約１千万人である。それは、現在の九州全体の人口１千２百万人に匹敵する状況だったわけだ。

最近、面白い本を読んだ。今のハーバード大学では、日本の歴史文化への関心が高いということが書いてあった（佐藤智恵著「ハーバード日本史教室」中公新書ラクレ）。その理由に「日本には長い歴史の中で、武士道と言われる『仁政』すなわち「思いやりの有る政治」が、江戸幕府の元で行われていた。もちろん、国家の守りや外交は厳しくしていたが、決して『封建鎖国制』や『専制的政治』の世の中では無かった」という見方に、とても興味があると言う。その根拠として挙げているのが、幕府すなわち中央政権は各地方を預かる「大名（藩）の政治や経済や文化的行為」には、殆ど口を出さずに自主的自治権に任せていたことである。このため、現在の都道府県に当たる各藩の藩主（今日の知事）は、幕府に納めることを定められた年貢以外は、寧ろ自由に知恵を出し合って豊かな文化と経済を発展させていったというのが、真実だというのだ。

よって、人口が10倍に成った今日の姿で判断すれば、正に「道州制」という地域地方別の昔でいう《幕府体制》が、全国に幾つか在っても良いはずである。例えば、『九州府』という幕府がある。しかも、今やIoTとAIとを駆使しなければ、政治も経済もそして文化も成り立たない時代である。各県知事の自主的自由闊達な活動の成果が、九州府（幕府）である地方政治の地域的統括力によって大きく生み出される時代であると言える。

道州制「九州モデル」は欧州の単一国家型道州制

「なるほど、永野さんの徳川将軍からの地方自治論おもしろいですね。それでは、ナポレオン時代からのフランスの地方統治をみてみましょう」

1799年、ナポレオン軍事独裁政権は、地方統治のため、フランス国土（日本の1・5倍）に100の「県」を設定した。この「県」は48時間以内に馬車で往復出来る範囲を人工的に設定したものであるが、当時としては民主的改革として周辺諸国や明治政府も取り入れた。

1960年ドゴールは「県」を単純にグループ化した自立経済国（22）にし、ポンピドゥがこれを特別公共団体とし、1982年ミッテランが地方分権法を制定して、正式に『県』の上に『州』制度（22州）を導入した。この目的は社会・経済がグローバル化する中で、地域の経済開発や社会資本整備の政策決定力を強化するためである。さらに、2003年シラクは憲法を改正して「州」を憲法上も広域自治体と位置付け国から地方への権限移譲や税財源の移譲を進めた。

そして、10年サルコジは地方自治改革でⓐ広域自治体の州に県を融合ⓑ基礎自治体は、自ら行政能力アップした市町村共同体の二層制にした。なお、22の州を13州に統合するとしている。

「永野さん、フランスは、ナポレオン時代からの中央集権的な国家統治の良い面も残しながら、社会経済のグローバル化やリージョナル化に合った地方自治改革（道州制）をゆっくり、しかし着実に進めてきていますね。フランスでも地方分権問題は常に議員の政争の具にはなっていますが、歴代の大統領はぶれないで同じベクトルで進んでいますね」

どうやら日出美の話を聞くと道州制にも、フランスの文化や政治美学を見い出しているようだ。

懐かしい大野社長との思い出のパリ

さて、話は20余年前に戻る。日出美が九州電力企画部長の時である。当時の大野社長とフランス電力公社との交流協定に調印するため訪欧した。

大野社長は岡山出身だが、九州大学卒業と同時に九州電力株式会社へ入社した人物である。「人・物・環境にやさしく」をモットーに穏やかでかつ未来を見る目を持った大人物であった。調印式は、パリのEDF本社で先方のアコレ総裁との間で行った。「日本とフランスはエネルギー資源がないので、両国とも原子力開発、環境保護、電力市場の規制緩和を乗り越え共に発展していこう」と合意した。

日出美は、若い時のEDF留学以来、敬愛する会社との正式な交流関係に喜んだ。調印式の夜は、E

DF主催の高級フランス料理店でのディナーパーティーをセットされていた。大野社長は「俺は苦手だなあ。芦塚君どうにかならんか」といわれ旧知のEDF事務方に「大野社長は時差で体調が」と言ったら「分かった」と急遽カクテルパーティーに変更、短時間ではあったが大変な友好ムードであったそうだ。

「永野さん、大野社長は日本での電力の規制緩和の前夜、フランス電力公社を交流に選ぶ先見の明のある方で、同時に私共にも自然体で接するやさしい人でした。カクテルパーティーの後は、パリの下町カルチェラタンの日本居酒屋で日本酒とメザシで元気、元気で遅くまで気勢を上げて飲みました。翌日はゴルフ好きの大野社長とパリ郊外の『アプルモン』ゴルフクラブへ。広々とした森のコースで秋晴れの良い日でした」

電力規制緩和・自由化の時代を迎えて

冒頭に紹介したとおり、日出美は1997年の鎌田迪貞社長誕生から6年間、取締役企画部長および常務取締役としてまた2003年松尾新吾社長誕生から4年間代表取締役副社長として計10年間を九州電力の役員として経営に参画している。97年といえば、公正取引委員会が「電気事業の規制緩和と競争政策の導入」を提言した年であった。以来、電気事業審議会等の議論を経て①特高需要の部分自由化②小売託送制度③料金値下げの届出制④事業規制の撤廃（経営多角化可能）となった。さらに03年①部分自由化の拡大②送配電監視中立機関③卸電力取引市場の設立などを決定し、05年4月、この「日本型自由化制度」を開始した。

この制度は、制度設計議論が進む中で、「電気の特性」を踏まえた「電力の安定供給」という観点、それに英国の「発送配電分離」や米国の一部の州での「全面自由化」での失敗等を踏まえ、「発送配電分離だけは避けるべし」という有識者のおよび電力の良心により収まった、まさに世界に誇れる「日本型電力供給システム」と評価された。

最近私は、「地域別発送電一貫体制」こそ、日本固有の歴史と文化を踏まえた品格のある物理的にも正しいシステムだと主張する本を数冊書いている。だから日出美が述べたことを踏まえてここでも正論を述べたいところだが……ここは我慢して日出美の話を続けることにする。

電力自由化の幕明けに鎌田社長の誕生

97年鎌田社長が誕生した。鎌田社長は、小倉高校から京都大学経済学部を卒業して、九州電力に入社された「知の人」といわれている。社長就任時「電気事業はこれから規制緩和・自由化の議論がすすめられるが、我々の基本使命は良質・低廉な電気を、環境保全を図り、安定的に供給することである。公共事業を担う『高い志・温かい心』でもっと行動してほしい」と挨拶。このように鎌田社長は海外の自由化状況にも関心が深く、日出美は良く同行した。

誇り高きスコティッシュパワー社

スコットランド人は、自らを「スコティッシュ」と呼ぶ誇り高きケルト民族である。

S・ジョンソンは辞書の「カラス麦」の項に「イングランドでは馬が食べるが、スコットランドでは人間が食べる」と付け加えたら、弟子のボズウェル（スコットランド人）は、「だからイングランドでは馬がすぐれ、スコットランドでは人間が優れている」と切り返したとか。

さて、99年秋、英国のスコティッシュパワー社は、発送配電一貫体制のまま、イングランドウェールズの全面自由化に参入するところであった。すでに米国のオレゴン電力やイングランドの配電会社および水道・通信会社などを買収し、世界の十指にあがる電力会社といわれていた。

このS・P社を育てあげたロビンソン社長は、誇り高きスコッティッシュで、会食でも鼻息が荒く、「自由市場では攻められる前に攻めの事業を展開すべし」「経営とは各部門のパフォーマンスとリスクを常にチェックし、これをコントロールすること」と力説してたが、銀盃を片手に「ミスターカマタ、私が九州電力を飲み込んだ時に、又、この盃で乾杯しようね」ともちかけ、すかさず鎌田社長が「いや、私が貴社を飲み込んだ時に又乾杯しよう」と切り返した。社長側近のCFOと4人の会食は強烈で愉快であった。

その後、日出美は、06年S・P社を訪問した。英国全体の自由市場の中、管内電力需要は往時の6割、経営不振に陥り、スペインのイベルドローラ社に買収される寸前であった。あの誇り高きスコティッシュの影はなくなっていた。

欧州電力界の覇者フランス電力公社

同年秋、鎌田社長と訪れたフランス電力公社（EDF）の相手は、精かんで温和なマシュノー副総裁代理であった。EUの電力自由化指令に遅れながら準備中であったが、既にロンドン配電会社やドイツで4位の電力会社（ＥｎＢＷ）を買収し周辺諸国に原子力による安価な電力を輸出し、欧州電力界の覇者となっていた。

マシュノー氏曰く、「鎌田社長、ＥＤＦの安定供給と競争力保持は、持てる原子力と発送配電の一貫体制です。これによりＣＯ^{2}の公益的課題も対応しています」と。

その後、日出美は社員同行で数回、ＥＤＦの経営戦略や国際事業担当などの副社長を訪問している。04年、ＥＤＦは、ＥＵ電力指令に従い、送電会社ＲＴＥとして法的分離したが、実質的には垂直一貫体制を保持し、国内需要は10％程度開放したものの欧州電力市場の25％をＭ＆Ａなどで占め、また、全世界でＩＰＰ事業等を展開していた。

「永野さんの著書にも紹介してありますが、サッチャーの始めた英国電力の発送配電分離・自由化は、結果的に原子力発電をフランスのＥＤＦ、火力発電をドイツ人のＥＯＮが所有し、送配電も欧州各国の電力事業者に買収されるなど、英国の『電力』という基幹産業は、ＥＵ諸国のものですね。国民は良く納得しているなあと感心していました」

続けて日出美が云う「鎌田社長に同行したら必ず時間をみつけ絵画美術館に行かれますね。北欧電力取引の先駆者『ＮＯＲＤＰＯＯＬ』を訪問した時もムンク美術館でじっくり。フェルメールがお好きで、以来私もフェルメールの大ファンになりました」。

海外ＩＰＰ事業の推進

99年、メキシコ「トゥクスパン2号（50万キロワット、ガス火力）」のＩＰＰ事業の話がきた。発電所建設から運転まで行い、メキシコ電力庁に25年間の電力供給責任をもつ本格的なIPP事業である。ファイナンススキームの検討・交渉にあたり、カントリーや事業リスクをどう取るのか、社内で賛否両論あったが、鎌田社長の決断のもと無事01年12月、運転開始し、以後順調に運転している。

松尾社長誕生「天行健」

03年6月、松尾社長が誕生した。松尾社長は熊本高校から東大法学部を卒業して九州電力に入社された「知の人」である。社長就任時からの好きな言葉は「天行健」。

この時、日出美に与えられた使命は4点。

①電気事業連合会の統合政策委員会幹事会（副社長会議）へ出席し自由化などの電力の諸問題の検討協議を行うこと

②アジアAESIEAPの日本代表執行理事として国際的活動を続けること

③九州経済同友会で「九州自治州の実現」に向け、努力すること

④情報通信本部長となって、通信事業経営回復に取り組むこと

左から松尾氏、芦塚氏、鎌田氏（会食にて）

九州電力は90年、電話事業に参入したが、業績不振となり、02年九州通信ネットワーク（QTNET）債務超過が懸念されこの対策として200億円の減増資を行ったが、その経営回復が大きな課題であった。九電の経営陣の中には、「東電同様に、もはや通信事業から撤退すべし」という意見もあった。しかし、日出美たちは、「インターネットの普及拡大などで、確実に『いつ

でもどこでも』の『ユビキタス社会』が来る。当社はこれに活用できる高速・大容量光ファイバー網をもっている。情報通信事業は成長する」と主張し、九州電力の社内関係部門とＱＴＮＥＴと一体となってＦＴＴＨブロードバンド（ＢＢＩＱ）などを積極的に展開した。

こうして07年には、漸く黒字化に漕ぎ付ける事になったが、その年の６月松尾社長から「九州通信ネットワークを引続きたのむ」といわれ、九電副社長からＱＴＮＥＴの代表取締役社社長になった次第だ。

松尾新吾と芦塚日出美

頁の都合で、いよいよ芦塚日出美の物語も最後に近づいた。そこで今回は、数多くある日出美の人生劇場の中から、松尾新吾と関係する逸話を中心に紹介することにしたい。

私が九州電力のエグゼクティブアドバイザーだった、２００５年当時の役員名簿を見ると、会長鎌田迪貞、社長松尾新吾の次に筆頭副社長として芦塚日出美の名前が載っている。いずれも、会社を代表する取締役であり、日出美の役割は会長や社長を全面的に補佐することであった。昔の言葉で言えば、もちろん実行力を持ったという修飾語を冠しての話だが、言ってみれば《影武者》的な極めて重要な存在である。

当時は、２００６年からわが国の会社法が新設されるのを前に、企業統制、会社と株主、コンプライアンス、企業の社会的貢献、そして自己資本比率やＲＯＥなどが大きな課題として取り上げられていた。当時、ホリエモン事件とか村上ファンド問題といったような話題が、多く浮上していたことも関係が在る。当時私は、福岡大学の新関輝夫副学長に依頼され、コンプライアンスや企業統制などについて20

〜30名の有能なゼミ生を対象に、毎週2クラスの講義を行っていたので、当時のことは今も鮮明に覚えている。このゼミ生は、なかなか優秀であり卒業後福岡商工会議所で活躍している鯉川聡の他、西日本シティ銀行や新出光などに入社し、頑張っているものが多い。

博多文化文芸の仕掛人

会長の鎌田迪貞とのエピソードは、前回紹介した。さて、今回取り上げる当時社長の松尾新吾の経歴と芦塚日出美の経歴をそれぞれ見てみると、どういう訳か会社の役員に就任して約15年間、二人は何となくいつも上下連なって同じ仕事に励んできたように見える。

松尾に聞くと『そうかな……そうかも知れない』と認めた。今度は日出美に聞いた。即座に『正に、その通りです。密接な関係で仕事をさせていただきました』と言うではないか。さらに、次のように付け加えた。

『自由化など電力経営戦略全般の課題、海外の電力会社との交流と海外事業推進……それに、道州制の積極取り組みでしょう。ほとんど松尾さんの指導のもとに頑張りました』

『もう一つ、最も重要なことがあります』と日出美が続けた。

『文化文芸をこよなく愛し続けているのも、松尾さんが師匠のような存在だったからです』

確かに日出美の出自から既に紹介した通り、医者の家系でありながら、学生時代から演劇やミュージカル映画に親しみ、麻雀も特技とする。九電入社後もフランスの印象派画家の故郷を愛し、かつモンマルトルでシャンソンを好む人物だ。しかし、それを上回るのが、松尾新吾かも知れないと私は思っている。

学生時代から麻雀に明け暮れたという松尾は、業務命令で上司から仕込まれたのが初手で、今でも30曲余りの和洋韓中のカラオケを歌詞を見ることなく、正確に完唱するという。小唄を嗜み、博多の清元の会の会長を務め、毎年開催される博多清梅会の発表会では、彼が真打として最後のトリである。私も毎年必ず発表会に足を運び、昔々役人だった未だ30そこそこの父親が同じように吟じていたのを懐かしく思い出しながら楽しんでいる次第だ。

弁慶役：松尾氏　富樫役：芦塚氏（福岡チャリティー歌舞伎にて）

福岡名士劇を開催

２００８年初夏のことだ。福岡市誕生１２０年、商工会議所開所１３０年を記念して、「福岡チャリティー歌舞伎」を博多座で開催することになった。

この呼び掛けに、当時九州電力会長の松尾新吾、九電工会長で商工会議所会頭の河部浩幸、ＪＲ九州石原会長、西日本鉄道長尾会長、西日本新聞川崎社長、テレビ西日本寺崎社長、博多座中元社長、九電眞部社長などが支援と同時に、役者として名演技を繰り広げ、満員の会場を沸かせた。その成功には、著名な尾上菊五郎が監修・指導に当たった効果も大きい。

日出美も持ち前の技量を発揮し、彼らが自前に結成した「カッパ会６人衆」で前座の股旅日本舞踊を踊った他、本題の歌舞伎「弁天娘女男白浪」の鳶頭清次役を、見事にこなしている。

こうして、機運はさらに盛り上がり、是非来年もと云うことになり、資金集め等で大変ではあったが、何とか公演に漕ぎ付けたのである。

『もっと、素人離れの演技を遣ってみてはどうですか？』と、指導する菊五郎が松尾に囁いたのが切っ掛けで、歌舞伎十八番の代表作とも言われる、「勧進帳」を演じる手はずが整った。

この時松尾新吾は、深慮したと言う。『やるからには、立派にやり遂げたい。気の合った相手が要るが……』

胸中に浮かんだのは、長い間一緒に苦労を重ねて来て、しかも文芸演技に長けている日出美だった。こうして、この年の福岡チャリティー歌舞伎の『勧進帳』では、松尾新吾が武蔵坊弁慶、日出美が富樫左衛門を演じることとなった。

ボツワナ訪問の折の大稽古

同年7月下旬、三井物産の九州支店長から副社長になり、外交能力をかわれてアフリカのボツワナ共和国（面積は日本の1・5倍、人口188万人）の特命全権大使になった松山良一から、是非交流使節団を派遣してくれないかと、当時九州経済連合会の会長だった松尾に要請があった。ボツワナは、世界一のダイヤモンド鉱山を保有することもあって、政府がその資金を活用して、教育、医療、社会インフラ整備に努力しており、教育水準も高いという。

日程を調整し、7月下旬に松尾が団長になり、15名の「南部アフリカ経済事情調査団」がボツワナを訪問した。松山大使の案内で、同国首脳との会談と交流、それに自然豊かな国内を見て回り、アフリカの素晴らしさを発見した一行は、無事７日間の旅を終えて帰国の途に就いた。その途中に、ヨハネスブルグ空港にて約１時間半のトランジットの時間があった。

空港での掛け合い練習

実は、松尾と日出美は成田を出国した時から、「勧進帳」の練習をしていたようだ。歌舞伎は「掛け合いの言葉」の遣り取りと「間合い」が、最も重要かつ必要である。とくにこの勧進帳では、お互いの《呼吸（いき）》が合ってないと観客は拍子抜けになる。二人は、旅の合間を見ては、掛け合いを繰り返し練習したという。

その圧巻が、空港での出来事になった。待合室で、二人の日本人が大声を張り上げて何かやり合っている。喧嘩騒ぎだと思ったのか周りに人が集まってきた。それに気付いた松尾が周りに向かって言った。『We are Japanese [Kabuki] actors. We are『Training now』すると『Oh I see』と周囲が明るくなった。２人は、更に練習を続けたという。

その成果もあって、当日は見事に二人が息の合った演技を披露し、大向こうを唸らせたのだった。このチャリティー歌舞伎を、オリンピックの支援のためにも復活再開すべきだと云う声が強くなってきている。

さて次は、いよいよ日出美の博多座再建の活躍を中心に取り上げることとする。

博多座立て直し役に就任

8年ほど前、福岡市から松尾・九経連会長が「博多座の経営再建を託せる地元経済人は誰かいませんか」と相談され「ぴったりの人がいます」と即答し、当時ＱＴＮｅｔの社長だった芦塚日出美を推薦した。

「永野さん、びっくりしました。全く知らない演劇興業の世界ですからね。しかし演劇の表舞台と興業の裏舞台を知るうちに、『人が活きいきと夢の舞台を造り、感動を与えて、消える』感動創造の世界に魅了されました」。

日出美が、社内外に発したメッセージは、〈お客さまの多様なニーズに対応し、歌舞伎・ミュージカル・芝居など年間でバランスの取れた演劇を企画し、集客力と収益性が期待できる演目を選択する〉〈新ジャンルの開拓および演劇の自主制作や共同制作化に努め、博多座以外の劇場での外部公演を展開する〉〈良質で多様な演劇公演を目指し、中期および年度事業計画を策定して、各月演目、各部門の目標管理を徹底する〉であった。

こうして、日出美は生来の文化への好奇心と九州電力で培った経営手法をもとに、「芸どころ博多の復活の美学」を追求することになった次第である。

芸どころ博多の復活

江戸時代文化の華、歌舞伎は、１８３４年七代目市川団十郎が、中洲中島町に舟で乗り込み、興業を行ったとの石碑がある。以来、中洲を中心に芝居小屋が並び、明治時代に入って、永楽座を始め次々に常設劇場が開設された。このことから福岡・博多の文化・芸能の発祥は歌舞伎であり、これが歓楽街中洲の始まりといわれている。

１８９６年、近代演劇の祖・川上音二郎（博多出身）が新劇活動を始めると、博多の芝居人気は一気に盛り上がりをみせ、１９１０年西洋風の演劇場として開設した旧「博多座」の柿落しをこの川上一座が努めている。しかし、数々の大型劇場も大正時代に入ると、活動写真の普及によって映画館に転向し歌舞伎の最後の殿堂「大博劇場」も１９７２年閉館した。

こうした中、福岡・博多で本格的な歌舞伎演劇公演を行う常設劇場の復活を望む声が高まり、興行界と地元財界、当時の桑原市長が合意して、99年6月、全国初の公設民営の劇場「博多座」が開設された。劇場は福岡市が取得し、地元経済界と東京の演劇興行界と福岡市の出資によって、株式会社博多座が設立され劇場運営と興行を行っている。

東アジアに輝く演劇文化の殿堂を

博多座の創業・企業理念は「良質な演劇を上演して、お客さまに満足を与え地域文化の発展及び発信基地を目指し、国際化を推進する。これにより、心豊かな生活と潤いのある社会に貢献する」とあり、毎週全社員出席の朝礼で唱和している。

「永野さん、先輩は博多座に西日本随一の舞台設備を造りました。そしてこの企業理念は、『東アジアに輝くような演劇文化の拠点を目指せ』といっています。博多座はがんばります」

船乗り込み

さて、博多座の劇場設備は歌舞伎・ミュージカル・宝塚・芝居等、あらゆる公演に対応できる舞台（幅40メートル×奥行22メートル）と舞台機構があり、役者たちが「気持ち良い」という音響、照明設備や楽屋、そしてお客さまに喜んでいただけるよう快適な場内（客席１４９０）、化粧室、売店などを完備している。

博多座創立以来、６月は松竹の大歌舞伎が定番である。江戸時代からの名家役者の襲名披露公演として、伝統的な歌舞伎十八番などのお家芸が披露される。初日開幕前には、恒例の「船乗り込み」が博多川で開催される。大歌舞伎に出演の役者に博多券番、そして公募で選ばれた市民らが、手漕ぎの舟10隻に分乗する。色とりどりの幟をはためかせた舟は、両岸に勢ぞろいした鐘や太鼓、笛の囃子と三味線が響く中、ゆっくり進む。すると、両岸につめかけた２万人の見物客から大きな歓声が沸く、これが、芸どころ博多の夏の風物詩となっている。

２月は若手歌舞伎役者による花形歌舞伎が定番である。新旧とりどりの意欲的な演目を上演。これも初日開演前の２月３日、櫛田神社恒例「豆まき行事」に花形歌舞伎出演の役者が登場、大勢の市民が沸く。これも博多の冬の風物詩となっている。近年は「ワンピース」など新作歌舞伎や舞踊歌舞伎公演を幅広い世代に楽しんでもらい博多座界隈が人出で沸く。歌舞伎は「芸どころ博多」の要である。

「江戸時代からの伝統的な歌舞伎も常に役者さんが磨きをかけ、進化させており、日本人の心を打ちます。同時に、若手役者中心の革新的な取り組みも若い観客層を引き付けています。歌舞伎は新旧が織りなす幅が広くて奥が深い、日本人の心と伝統の美の世界です」

西洋発祥のミュージカルも音楽文化が造る美の世界

博多座のミュージカル公演は、近年夏場に東宝の「欧州発、大型ミュージカル公演」、冬場には「米国発ミュージカル公演」そして、10月に「ジャニーズ公演」、5月が「宝塚公演」が定番となっている。「ミュージカルの原点は、欧州のオペレッタが、米国のショーと融合してブロードウェイの劇場街として発達したとのことで､米国発のミュージカルは楽しいですね。しかし､近年の欧州発ミュージカル『レ・ミゼラブル』や『エリザベート』などは音楽文化を進化させています。美しい印象的な旋律が、登場人物の心のうちを描き出し、人々に感動を与える『音楽が芝居をする世界』ですね。ジャニーズの『EndlessSHOCK』も、躍動的なエンターテインメントのミュージカルの世界で、本当に魅了されます。それから、宝塚。少女歌劇団からは百余年、まさに『清く正しく美しく』の夢の世界です。宝塚の作品制作力、生徒力（演技努力）、そして公演・経営力、世界に類のない日本のミュージカルの世界ですね」

演劇制作・興行会社になった博多座

博多座は、6年前の2012年3月、自主制作第1号の「時代劇版101回目のプロポーズ」を公演している。武田鉄矢、浅野温子主演で往年の人気テレビドラマを熊本城下の時代劇にしたてた舞台版である。以後、里見浩太朗の長崎を舞台にした「水戸黄門」、石川さゆりの「はかた恋人形」など、この6年間で14本の自主制作作品を公演し、このうち4本は新歌舞伎座など他劇場でも公演している。この1年では、大地真央、中村梅雀の「夫婦漫才」、初の和製ミュージカル「舞妓はレディ」や石川さゆりの「夫婦善哉」を制作公演している。

「近年博多座も公演企画力・公演力が強くなりました。自主制作では、自分達が望む演目、役者、演出家などの協力が可能であり、地方色も出され、制作コスト（公演原価）もコントロールできます。これが、収支改善の要となりました。演劇興行界に制作者として仲間入りしましたが、ますます他劇場との協力、共存関係が重要になりました」

地元色の強い自主制作は、中洲の明太子「ふくや」夫婦と博多山笠を描いた「めんたいぴりり」や有名な精華女子高校を題材にした「熱血！　ブラバン少女。」公演があり、また、開場以来毎年恒例の「北島三郎特別公演」も12年から北島三郎の理解・協力を得て、明治座などと共同制作化し、大成功を収めている。

「北島さんは『ただお客さまに喜んでいただくこと』をモットーに公演され大勢の年配の観客が『今日は良かった、元気が出た、来年また来るね』と満足して帰られます。北島さんは、恒例の１２０名の団員慰労会をリハーサル室で催され博多座も案内を受けました。そのかくし芸舞台で、北島さんが『旅姿三人男』を歌い、合わせて踊った『三度笠』が最高の思い出です」

博多座は12年度から5年連続の黒字化を果たし、日出美は晴れて社長卒業となったが、地元では「博多座を黒字にした男」といわれている。

あとがき

父親が、今話題の「忖度」で揺れる行政官僚の端くれだったため、敗戦直後の転勤に伴って一家は、焼け野原の首都に移住。私は11才でしたが、それから60年間東京で暮らした後、71才の時に郷里の福岡に戻りました。振り返ってみると、よくも〝まあー〟あの大都会の中で揉まれながら、元気に働いていたものだなあー、というのが実感です。

しかし、そんな中で郷里に帰って私が〝ハタ〟と気付いたのは、それぞれの分野で大変な「著名人」であっても、メディアに登場するタレントやスポーツ選手たちと違って、一般的にはそうした「著名人」の方々は、地方でも東京でも全国的には余り知られていないことが、とても多いということでした。

毎月2回発行される『財界』誌は、元々人物を紹介するという伝統があります。連載を社長で主幹の村田博文さんから、頼まれた時に、そのことを相談しました。では、「著名な人だが無名人」というタイトルで、そういう人たちを順次ご紹介してみてはどうかと、村田さんから提案されました。私が賛成すると、「とても有意義なユニークな企画だ。面白い！」ということになった次第です。ついでに煽てられました。「もしも、500回書いて頂けたら、〝財界特別賞〟のようなものを贈呈しますよ！」……それならば、張り切らざるを得ないとなった次第です。

その時から、ほぼ欠かさず掲載されていますので、すでに320回程になりましたが、500回に達するには、まだまだ相当に時間が掛かります。それでも、これまでの話ですが、毎回登場する主人公だけでなく関係する方々を入れると、既に1千名以上の著名人をご紹介しています。ですから、少しは何らかのお役に立っているのではないかと、多少自負している次第であります。

ところで村田社長は、この「著名的無名人」の効果をもっと高めようという狙いで、『財界』の誌面でご紹介した内容を、少しずつ纏めて単行本として発行しています。過去15年間に、3年に一度の割合で5回発行していますので、今回は6冊目ということになります。（注）この他、蒲島郁夫熊本県知事、河部浩幸氏（当時福岡商工会議所会頭）などは別途単行本を発行しております。

さて、この度ご登場いただく7名の著名的無名人の方々は、今まで以上にとても多彩です。それぞれの勤務先は、大学・神社・メーカー・商社・先端産業・ベンチャー事業・文化興行事業と真に多彩です。しかも、この7名の方々は、いずれも自らの役割を弁《わきま》え、地域地方から21世紀日本を背負いつつ、新たな発展に役立てようと、懸命に努めておられる達人だと思います。よって、今回の書籍の副題は、『21世紀日本を、地域地方から背負う覚悟の達人たち』としました。

それでは、以下お一人ずつ、筆者である私との関係を中心に、簡単にご紹介しておきます。

最初の久留米大学の理事長兼学長の永田見生先生は、言うまでもなく大変な人格者であり、同時に現在も、臨床医として現場に立たれている著名な整形外科医です。私の郷里でもある福岡県久留米市に、ブリヂストンタイヤ創業者の石橋正二郎氏らの援助で創設された医学校が大きく発展し、今や6学部13学科、附設中・高校、臨床検査専門学校の学生数8千名を超す総合大学となりました。

開校90周年目を迎え、この4月28日記念式典を行ったところです。永田先生は大学時代にラクビーの選手として活躍、久留米大学医学部を卒業後、准教授そして教授を経て医学部長から学長、さらに昨年より理事長を兼務する傍ら、厳父が開院した福岡県大牟田市に在る永田整形外科病院を引き継ぎ開業して居られます。本書には厳父それに才媛の奥方のこと、さらに名門明善高校などの交友関係を含め、ご紹介させて頂いています。

世の中が「人生百年時代」を迎えると言われる今日、医学部はもちろん人間健康学部などそれぞれの学部に学ぶ学生たちが、地域社会の益々の発展に役立つ人財に育つよう、渾身の努力をして行くという永田先生の意気込みを、編集しながら強く感じている次第です。

株式会社ブロードリングの代表取締役社長の榊彰一氏は、まだ40代ですが、彼が28～29才の頃から早くも静脈産業と云われる廃棄物の利用、特に当初から「パソコン」の再生利用に目を付け、そのノウハウを取得する中で、事業の拡大を多角的に進めて行かれました。その頃の大変な苦労の様子をリアルに、種々紹介しております。

朝日生命へ入社後、スピンアウトして当初はパートナーであり、現在副社長の村上崇氏と僅か2人で始めたパソコンの再生利用販売が、壁に突き当たった時に助けてくれたのは、朝日生命のＯＢたちであったそうです。多くの強力な顧問団を創り、多方面に亘って榊氏のベンチャー的事業が、間違いなく前向きに進むように、積極的な協力を惜しまなかったということが、極めて印象的です。

そして、今や都会のビルから出てくる全ての廃棄物を、出来るだけ地球環境の改善に役立てていることを評価しています。すでに、全国的に事業を展開されており、今後の更なる発展を期待しているところです。

各地に八幡神社が数多くありますが、九州の福岡市に在る筥崎宮（筥崎八幡宮）は、九州だけに留まらず、全国でも名だたる神社の一つであると言われております。ここで紹介した筥崎宮の権宮司田村邦明氏は、宮司をされている田村靖邦氏のご長男として、現在懸命にその発展に尽力されている姿が、とても頼もしいと私は思っております。

邦明氏は、数年前から私が主宰する私的サロン「明徳研究会」に入会されましたが、大変な知識人であると同時に、若いにも関わらず堂々としていることに感心している次第です。

本文を読んで頂ければお分かりの通り、邦明氏は「神道」を奉じる極めて著名な神社の長子として生を受けましたが、幼少の頃は別の道に進もうかという意識も在ったようです。しかし、少年期を迎えた頃から厳父の跡継ぎをすることに成るだろうと、意識するようになったと語ってくれました。人生の岐路に立ち、覚悟を決めるようになる経緯は、多くの読者の共感を呼ぶものと考えられます。

ついでに述べれば、厳父の田村靖邦宮司は、本書の第1巻に登場しています。

イフジ産業株式会社取締役会長の藤井徳夫氏とは、5年ほど前に福岡・大連未来委員会主催の大連訪問の折、初めてお会いした方です。

とても、バイタリティーの在る方で、帰国後お会いした際、食品産業の中で「液卵」を製造販売する主要なメーカーであることを知り、本社と工場を見学させて頂きました。

創業者でもある藤井氏は、九州大学卒業直前に厳父が急死したため、既に決まっていた一流企業への就職を諦め家業の養鶏事業を引き継ぎ、事業を拡大して行かれました。しかし、卵は運搬する途中で割れて不良品が出るという解決策を探ることに、執念を燃やされました。その検討研削の中から生まれた考えは、「いっそのこと、全部潰して《液卵》にしてはどうか!」という逆転の発想でした。それが、ニュー・ビジネスとして大きく発展するきっかけになったというのです。

すでに、同社は東証1部に上場するほどの事業に成っており、海外への進出を含め九州福岡を代表する地域のカンバン企業の一つに成長しております。

三菱商事株式会社常勤顧問（雑誌掲載当時）の亀崎英敏氏は、福岡県山門郡山川村（現みやま市）の出身であり、私が現在も親しくお付き合いをしている朋友の一人です。

亀崎氏は、三菱商事の代表取締役副社長を経て、日本銀行の政策委員会審議委員を5年間、さらにABAC日本委員（APEC民間代表委員の組織）を5年間務めて来られた方です。

亀崎氏のご紹介で目を引くことが3つありますが、いずれも彼の秀でた能力と努力の賜物です。一つは、大学入試の失敗を乗り越え、全国英語弁論大会で優勝したのを切っ掛けに、会社入社後は勤務地のロシア語やドイツ語を完全習得し、体を張って活躍したことです。亀崎氏が、APECの民間委員を長く務めたのも語学が堪能だったことも、大いに関係してると思います。2つ目は、組織の三菱と言われる中でも、亀崎氏は先輩後輩や関係者を大事にしてきた稀に見る人脈豊かな人格者だと云うことです。本書の中でも、幾つか具体的にご紹介しております。よって、既に退職をして組織を完全に離れた今も、自然体で多くのサロンを主宰されておられます。3つ目は、生家の在る生まれ故郷の郷里（現みやま市）を大事にされていることです。観光大使を務めるなど市長をはじめ、多くの故郷の方々との結びつきは、今も絶えることなく続けておられます。本書の中では、同市の企業家等を含め、詳しくご紹介しております。

今回の登場人物の中では、企業家としてもまた地域社会の代表者としても、最も豊かな経験を経て来られたのが、現在富山県に本社を置く株式会社アイザック取締役最高顧問の中尾哲雄氏です。中学生の頃、すでに富山一の秀才だと折り紙を付てられながら、病に倒れたハンディーを乗り越え、一流証券会社に入社されたものの郷里富山と交流する中で、世の中の変化に気付かれました。それは、「情報化社会」の到来と云うことでした。

遂に21世紀は、底知れぬ情報化社会一色に「激進」しつつありますが、中尾氏は60年以上も前に「情報化社会」の到来を察知し、事業推進に挺身して来られた人物です。よって、こうした中尾氏の努力が、今日のわが国の素晴らしい社会構造を創り上げる一助に貢献したことは、間違いないと思います。私とは、30年以上前に東京で研究所の所長をしていた頃、同研究所の勉強会でお会いして以来の朋友であります。

しかも、中尾氏はいち早く自らの進む道を決断して、地域社会に密着して正に独立独歩の道を開拓しようとしていた、デジタル計算会社の株式会社インテックに転身したと述べております。入社後は、懸命にトップを補佐して事業改革にそれこそ身を粉にして働く中で、遂に同社の中興の祖と言われるまでになったのです。その後中尾氏は、選ばれて自ら30年以上インテックの経営陣並びにトップの座に付いています。

同時に富山県の経済同友会代表幹事を25年間に亘り務め、さらに母校富山大学をはじめ中国など海外を含めて、多くの大学等で有識者として極めて勇敢に、有効な改革提言等の実践をされてきました。このため、郷里に魚津市、富山市の双方から名誉市民に推薦されておられます。最近、福岡で私が主宰している研究会「明徳研究会」に、入会されました。

昨年まで、九州では最大の文化文芸の興行会社である株式会社博多座の代表取締役社長を7年間勤めて来られた、芦塚日出美氏（現取締役相談役）は、私が15年前郷里に帰って以来の朋友関係で在り、しばらく前から前述の中尾氏も入会された研究会に、参加されております。

芦塚氏は長崎県諫早の出身で、家系を見ると殆どが医師をされておられますが、唯一同氏の厳父のみが電力会社に勤められた関係から、芦塚氏も迷いながらも、九州電力株式会社に入社し、40年間以上に亘り同社に勤められました。最後は、代表取締役副社長に就任し、わが国の電気事業の改革改善に多くの実績を残しておられます。

芦塚氏の経歴の特色を見て、私からご紹介する特徴は、次の2点です。

第一は、幼少の頃から文化文芸に対する感性にとても優れて居られる状況が、見られることです。その素養は長じるに連れて高まり中学高校さらに九州大学に進んでからも、一貫して学校の文化祭などでリーダーとして、自ら演劇を演出し演じてきたと云うエピソードを、本文中にも紹介しております。その素養が、最後は「博多座」のリーダーに結び付いたと云う、何とも羨ましいというか、寧ろ微笑ましいような状況であると、感じております。

第二は、会社の幹部に付くころから、経済同友会のなど地域経済団体の幹部として活躍されましたが、芦塚氏の感性は鋭く、21世紀は「地方の時代」ということを自ら発信し、そのためには「道州制」が必要であると言う主張を、積極的に提言されていることです。芦塚氏は、若い頃会社から選ばれて、フランスに留学していますが、それを機に同国の文化文芸をこよなく愛するようになったと言うのです。特に、19世紀印象派の画家アルフレッド・スフレーの故郷を留学時代に訪れたのを機に惚れ込むようになり、現在もしばしば訪れておられます。

今回の出版に当たっても、財界研究所の社長兼主幹の村田博文氏に、種々アドバイスを受けましたことを、誠に深く感謝しております。また、原稿を取り纏めて頂いた同社編集部の畑山崇浩氏には、細かいところまでチェックして頂き、有難うございました。さらに、秘書の廣田順子さんは、今回も取りまとめの連絡や原稿の整理などに最後まで、努力して貰い本当に助かりました。その後を新しい秘書の仲原朋美さんが引継いでくれております。また、今回取り上げさせて頂きました7名の方々には、『財界』に掲載させて頂いた当時の内容を、現在の時点での齟齬などが無いかどうかを含め、検討して頂きまして、誠に恐縮しております。以上それぞれの方々に対し、改めに心よりお礼を申し上げます。

二〇一八年六月吉日

永野　芳宣

【著者紹介】

永野芳宣（ながのよしのぶ）〔久留米大学特命教授〕

1931年生まれ。福岡県久留米市出身、横浜市立大学商学部卒業、東京電力常任監査役、特別顧問、日本エネルギー経済研究所研究顧問、政策科学研究所長・副理事長、九州電力エグゼクティブアドバイザーなどを経て、福岡大学研究推進部客員教授。久留米大学特命教授。他にイワキ（株）特別顧問、（株）正興電機製作所顧問、立山科学グループ特別顧問、ジット（株）顧問、ＴＭ研究会名誉会員などを務める。

■主な著書

『小泉純一郎と原敬』（中公新書）、『外圧に抗した男』（角川書店）、『小説・古河市兵衛』（中央公論新社）、『「明徳」経営論 社長のリーダーシップと倫理学』（同）、『物語ジョサイア・コンドル』（同）、『日本型グループ経営』（ダイヤモンド社）、『日本の著名的無名人Ⅰ～Ⅴ』（財界研究所）、『蒲島郁夫の思い』（同）、『３・11《なゐ》にめげず』（同）、『クリーンエネルギー国家の戦略的構築』（同、南部鶴彦、合田忠弘、土屋直知との共著）、『ミニ株式会社が日本を変える』（産経新聞出版）、『発送電分離は日本国家の心臓破壊』（財界研究所）、『くまモン博士、カバさん―蒲島郁夫、華の半生―』（同）、『日本を滅ぼすとんでもない電力自由化』（エネルギーフォーラム）、『過信―踊る電力列島の危機《最後の作戦開始》』（財界研究所）、『きれいな地球にする覚悟』（同）、『「感覚文明」の始まり』（同）ほか、論文多数。

日本の著名的無名人Ⅵ

2018年6月26日　第１版第１刷発行

著　者　永野芳宣

発行者　村田博文

発行所　株式会社財界研究所

［住所］〒100-0014　東京都千代田区永田町2-14-3東急不動産赤坂ビル11階
［電話］03-3581-6771
［ファックス］03-3581-6777
［URL］http://www.zaikai.jp/

印刷・製本　図書印刷株式会社

ISBN 978-4-87932-130-5

定価はカバーに印刷してあります。